张 岩—著

# 中国主流媒体国际传播的创新路径研究

中国国际广播出版社

## 图书在版编目（CIP）数据

中国主流媒体国际传播的创新路径研究 / 张岩著. —北京：中国国际广播出版社，2023.12

ISBN 978-7-5078-5522-7

Ⅰ.①中⋯　Ⅱ.①张⋯　Ⅲ.①传播媒介－研究－中国　Ⅳ.①G219.2

中国国家版本馆CIP数据核字（2023）第237153号

## 中国主流媒体国际传播的创新路径研究

| | |
|---|---|
| 著　者 | 张岩 |
| 责任编辑 | 屈明飞 |
| 校　对 | 张娜 |
| 版式设计 | 邢秀娟 |
| 封面设计 | 郭立丹 |

| | |
|---|---|
| 出版发行 | 中国国际广播出版社有限公司 ［010-89508207（传真）］ |
| 社　址 | 北京市丰台区榴乡路88号石榴中心2号楼1701 |
| | 邮编：100079 |
| 印　刷 | 环球东方（北京）印务有限公司 |

| | |
|---|---|
| 开　本 | 710×1000　1/16 |
| 字　数 | 270千字 |
| 印　张 | 19.25 |
| 版　次 | 2023 年 12 月 北京第一版 |
| 印　次 | 2023 年 12 月 第一次印刷 |
| 定　价 | 58.00 元 |

本著作系教育部人文社会科学研究青年基金项目"基于网络数据采集视角的中国图书海外影响力评测指标研究"（项目编号：19YJC860053）、辽宁省教育厅高等学校基本科研项目"百年大变局下中国主题出版物国际传播效果评价及提升策略研究"（项目编号：LJKMR20220423）阶段性研究成果。

# 目　录

# 绪　论

　　随着新媒体技术的不断发展，全球的媒介形态都在发生着巨大的变革，社交媒体平台逐渐成为互联网时代的重要传播渠道。面对机遇与挑战，传统主流媒体从拓宽传播渠道、优化传播内容等多方面提升媒介影响力。习近平总书记在"5·31重要讲话"中提出讲好中国故事，传播好中国声音，展示真实、立体、全面的中国，是加强我国国际传播能力建设的重要任务。①面对当下紧张的国际局势与跨文化沟通的差异，我国主流媒体如何增强自身国际传播能力，提升国际传播效果是亟须关注的课题。党的二十大报告指出："加强国际传播能力建设，全面提升国际传播效能，形成同我国综合国力和国际地位相匹配的国际话语权。"②这是根据我国实际国情和国际社会现状，为增强中华文明传播力影响力作出的战略部署。在中国跨越式发展与积极对外开放的背景下，我国主流媒体需要承担起自身的传播任务，从传播策略、传播内容、传播手段等方面提升我国国际传播整体能力，挖掘讲好中国故事的有效方式。

---

①　新华网.习近平主持中共中央政治局第三十次集体学习并讲话［EB/OL］.（2021-06-02）［2023-12-28］. http://www.cppcc.gov.cn/zxww/2021/06/02/ARTI1622594657617104.shtml.

②　习近平.高举中国特色社会主义伟大旗帜 为全面建设社会主义现代化国家而团结奋斗：在中国共产党第二十次全国代表大会上的报告（2022年10月16日）［M］.北京：人民出版社，2022.

我国正处于世界百年未有之大变局与实现中华民族伟大复兴战略全局的历史交汇期，国际传播面临着前所未有的压力，也孕育着重大发展机遇。积极开展国际传播的主流媒体作为深度阐释我国政策方略、价值主张、国家形象的窗口，在国际传播中承担了讲好中国和中国人民的精彩故事、推动中国文化与世界文化交流互鉴、展示真实立体全面中国、建构人类命运共同体的重要使命。基于这一传播目标和价值定位，在"能力—效力"协同框架下，创新考察我国主流媒体在海外社交平台的"在地性"传播策略，深入研究主流媒体在国际传播中的"何以可能"和"何以可为"，具有重要的现实意义和研究价值。

首先，从外部环境看，当下的中国正处于世界百年未有之大变局的重要战略转型期，国际经济、科技、文化、安全、政治等格局发生深刻调整，世界进入动荡变革期。大国力量对比的变化必然带来国际秩序的革故鼎新，国际舆论角力日益激烈，国际话语权的争夺和传播秩序的重构已成为不可忽视的重要命题。其次，从内部动力看，党的十八以来，我国初步形成了国际传播的顶层设计和"大外宣"格局，国际传播能力得到有效提升。习近平总书记"5·31重要讲话"是继党的十九大强调"推进国际传播能力建设"后，对我国国际传播事业作出的新擘画、新论断，也是对继续推进我国国际传播能力建设提出的新要求。最后，从行业发展看，中央全面深化改革委员会第四次会议强调要着力打造一批形态多样、手段先进、具有竞争力的新型主流媒体。主流媒体在中国国际传播进程中承担着重要使命和责任，也是向世界传递中国声音的重要渠道。伴随着全球范围内社交媒体的发展，基于平台化功能的话语交流空间逐步成为新的舆论场。近年来，我国主流媒体不断探索创新表达，进行多层渠道、多种形式的国际传播能力建设，利用新的技术手段和平台路径调适自身的内容生产与传播模式。

传播力决定影响力，话语权决定主动权。在机遇与挑战共存的当下，我国加快构建具有中国特色的国际传播体系，进行多元主体、多层渠道、多种形式的国际传播能力共建，加强国际传播过程中的各层级各要素之间的协同与联动，形成完整的传播共同体，推动实现更加扎实的、系统的、有效的国际传播。主流媒体更加需要不断根据最新的国际局势和科技发展变革，优化国际传播的整体方案和具体措施，构建自身独特的媒体形象，增强在国际社会的话语权和影响力，从而成为我国国际传播能力建设中的中流砥柱。

本书集中探讨主流媒体在中国国际传播进程中承担的重要使命和责任，选择了四大类八个典型案例开展研究，范围涵盖广播电视台、权威报社、通讯社和出版机构等，将研究背景置于全球范围内社交媒体迅猛发展的环境下，尤其关注基于平台化功能的话语交流空间对全球舆论场的巨大影响。通过数据挖掘和情感分析等研究方法，创新考察我国主流媒体在海外社交平台的传播主题、策略与效果。在中国跨越式发展与积极对外开放的背景下，深度探索我国主流媒体如何承担起自身的传播任务，从传播策略、传播内容、传播手段等方面提升我国国际传播整体能力，挖掘讲好中国故事的有效方式。

# 第一章　行动者网络理论视域下CGTN海外社交账号传播

中国国际电视台（China Global Television Network，简称CGTN）于2016年12月31日正式成立，其前身为中央电视台英语国际频道，是由国家创办、面向全球播出的新闻国际传播机构，担负着传递中国声音的重任，开播仅1年时间，全渠道视频点击量便已超过3亿，位居中国主流媒体之首。同时，CGTN是中国主流媒体在YouTube平台上活跃度最高、粉丝量最高、传播效果最好的。本章主要采用行动者网络理论，分析总台GCTN YouTube账号的创新传播策略。

## 第一节　CGTN YouTube账号的行动者构型

截至2023年4月，CGTN在YouTube平台上的粉丝量突破300万，发布视频数量超过10万条，视频被观看近20亿次。CGTN旨在为全球观众提供准确及时的新闻报道和丰富的视听服务，促进中国与世界之间的沟通和了解，加强中国与其他国家之间的文化交流和互信。随着5G、物联网等技术的发展，以及人们生活节奏的加快，单纯的文字和图文信息已经不能满足人们的需求，视频逐渐成为主流传播以及人们社会性认知的最重要的媒介表达形式，作为在 YouTube 平台上订阅数最多的主流媒体，CGTN 也肩负着讲好中国故事的使命。CGTN 利用新闻媒体的专业性以及其隶属于中央广播电视总台所带来的资源优势，汇集了全世界超过 70 多家权威媒体机构和 2 万家主流网络媒体的资讯，代表中国主流意见面向世界发声，客观、理性、真实地报道新时代中国的经济和社会发展情况，促进国际社会更好地了解中国，倾听中国声音。

随着 CGTN 国际传播战略的调整和受众人群的逐渐扩大，CGTN 在 YouTube 平台创建并运营的账号不断增加，除了主账号 CGTN，还创建了 CGTN LIVE、CGTN Français、CGTN Europe、CGTN en Español、CGTN America、CGTN Arabic、CGTN Africa、CGTN на русском、CGTN Sports Scene、CGTN Documentary、CGTN Nature 等 10 余个账号，形成了分语言、分区域、分题材、分类型的全方位媒体矩阵。鉴于各账号运营情况差别较大，各自侧重的受众及内容均有一定的针对性，本章仅选取主账号 CGTN 进行研究，涉及的相关数据均为 CGTN 主账号下的数据。

行动者网络理论①（Actor-Network Theory，简称 ANT）是由法国社会学家布鲁诺·拉图尔（Bruno Latour）、米歇尔·卡龙（Michel Callon）和约翰·劳（John Law）提出并完善的，最初是用于分析科学技术和知识的理论，现已广泛应用于经济学、社会学、传播学等不同领域。该理论认为社会就像一张动态发展的网络，任何社会现实都是通过不同行动者之间的互动形成的。行动者网络理论主要解释了行动者、转译、网络三个核心概念。行动者是指任何通过制造差别而改变了事物状态的东西，不仅指人

---

① LATOUR B，LAW J，HASSARD J. Actor network theory and after［M］. Malden：Blackwell，1999.

类，也包括技术、思想、程序等非人的物体，并且行动者具有能动性和广泛性，处于不断的角色变化中，因此要到具体的行动中去评估行动者的作用。转译是指行动者互动的方式和过程。在行动中，行动者都带有不同的意图，要想让其他行动者加入自己的行动网络，就需要通过转译将自身目的转换成其他行动者的语言，从而确保目标达成。这个过程中需要了解其他行动者的问题和需求，并通过劝说、协调、承诺等方式满足其需求，从而建立稳定的关系，建立起行动者网络。网络指的是"一系列的行动"，也可称为异质性网络，由行动者联结而成，处于流动变化的状态中。网络的形态是开放的，内外边界没有清晰的划分，其大小主要取决于联系的多少，联系越紧密，则网络越复杂，影响的范围越广。行动者是网络的联结节点，通过节点的联系越多，则该行动者的节点位置越重要。通过描述行动者的网络路径，能够解释事物的互动、变化过程。行动者网络理论给新闻传播领域的研究带来了新的研究视角。该理论更加注重传播过程中的技术、平台等非人类因素与社会之间的互动，而不是局限于以人类行动者为主体的传播活动，并通过其"网络化"的特性，寻找到了这些人类行动者与非人行动者在传播活动中的联结之处，使其整体处在一种动态变化中。利用行动者网络理论对 CGTN 的国际传播进行人类行动者与非人行动者的全面分析，能够更好地寻找二者在传播过程中的平衡与取舍，从而实现最佳的传播效果。

## 一、CGTN YouTube 账号的人类行动者

根据传播过程的五个构成要素中涉及人的部分，CGTN YouTube 账号的人类行动者可划分为账号运作者（传播主体）、视频内容主体（传播信息）、账号关注及互动者（传播客体）三类。

## （一）账号运作者

CGTN 是中央广播电视总台所属的面向全球播出的新闻国际传播机构，而 YouTube 作为目前海外民众使用率最高且以视频分享为主的社交平台，是 CGTN 对外宣传的关键媒介渠道。

根据 CGTN 的官方信息，我们可以将其账号运作者粗略地分为新闻主持人、新闻记者、编辑与制片人，以及账号的运营人员。这些人员共同负责内容的策划、产出、上线，形成完整的媒介链条。CGTN 的账号运作者是账号内容的最直接接触者，也是内容选择、推荐与分发的关键决策者，是对账号运营及媒体形象建构有着决定性作用的人类行动者。

## （二）视频内容主体

根据视频的具体内容类型，CGTN YouTube 账号上传的内容包括国家领导人的出访或视察记录、国内外热点新闻事件、在国际范围内产生较大影响的中国事件，以及对中国民众的写实报道和传统文化类专题纪录片等。对视频内容主体中涉及的人类行动者，我们也可以粗略地划分为中国普通民众、CGTN 电视节目的新闻主播和记者、热点新闻事件的主人公等。

CGTN 的内容从题材类型到语言地区都在逐渐丰富，视频中涉及的主人公逐渐遍及世界各地。作为国际传播的重要阵地，CGTN 不断向世界讲述中国的故事和新的发展变化，让国际社会能够更加了解中国的实际情况和先进技术、政策等，因此视频内容的主体占比最高的仍然是中国的普通民众，他们是数量最为庞大的人类行动者。

## （三）账号关注及互动者

自 2013 年 1 月 24 日账号注册以来，CGTN YouTube 账号已有约 300 万订阅者。由于账号关注及互动者的 IP 并未进行展示，无法将受众准确地按照国家进行分类。因此，笔者将根据互动者在评论中所使用的语言进行大致的判断。根据对账号下的视频评论语言进行筛选，中文、英语、法语、西班牙语、葡萄牙语、意大利语、土耳其语、泰语、朝鲜语、日语、印尼语、捷克语、加利西亚语、阿拉伯语、波斯语等语言均有覆盖，再结合评论中提及的自身所处国家或城市，可以见得目前CGTN在YouTube平台上的受众已覆盖全球大部分地区。这些受众参与视频评论或社区内容互动，或将视频向外传播分享，为CGTN提供了热度加持，更有利于内容在算法策略下的优先推荐，因此，这些账号的关注及互动者也是CGTN YouTube账号的人类行动者的一部分。

## 二、CGTN YouTube 账号的非人行动者

在CGTN对外展现中国形象、传递中国声音的过程中，除了账号运作者、视频内容主体、账号关注及互动者等人类行动者，还存在一些可能会被人忽视的非人行动者。它们在潜移默化地向受众传递信息，例如品牌形象建构的图片和文字元素、内容的主题分类、视频内容中的非人元素等。虽然本书并未对这些非人行动者在传播过程中所起的作用和影响程度占比做直接的评估，但其对探究CGTN YouTube账号的国际传播效果的影响也是不容忽视的。

### （一）品牌宣传元素

根据YouTube平台官方的设置及分类，每个频道下的品牌元素主要包括三部分：头像照片、频道顶部的横幅图片以及视频播放器右下角的视频水印，另外还可以设置一段纯文字版的频道介绍。由于YouTube平台自身能够人为调整的页面呈现存在一定的局限性，CGTN在这方面也并未进行较多的设计。

CGTN YouTube 频道顶部的横幅图片为以中央广播电视总台标志性的办公大楼为中心的北京东三环 CBD 的全景图。首先，中央广播电视总台办公楼是北京市的一个地标性建筑，使用其作为 CGTN 频道的主页背景能够很好地体现 CGTN 的中国属性。其次，高楼耸立的画面也是对中国日新月异高速发展的证明，能够彰显中国当前的经济社会发展现状，向国际社会更好地展示中国形象。作为主页上的横幅图片，这张照片就是 CGTN 的整体形象代表，也是中国形象代表，是对受众进入 CGTN 频道产生的第一印象有着十分重要的作用的非人行动者。

我们通过选取 12 个国内外权威的主流新闻媒体 YouTube 频道顶部的横幅图片（图 1-1），并对其进行比较，来分析 CGTN 横幅图片对品牌形象塑造的优劣情况。《泰晤士报》《华盛顿邮报》《人民日报》和本章所研究的 CGTN 均采用了带有地标建筑的图片作为主页上的横幅图片，这些图片带有浓厚的国家特色，能够展现其背后的国家形象。

BBC、CNN、《泰晤士报》、美联社、《华盛顿邮报》、《纽约时报》、《朝日新闻》及 CCTV 都在横幅图片上直接展示了其 Logo 或名称，更加凸显媒体机构自身，尤其是 BBC 和《朝日新闻》，横幅图片上仅在纯色背景下使用了其 Logo，这种方式需要平台用户对其有一定了解，在此基础上才更能发挥凸显媒体自身的作用。法新社和路透社则选取了其在过往的新闻报道中所拍摄的新闻照片，对其进行拼合后作为横幅图片，体现了其作为新闻机构的权威性及其内容的丰富性，这种方式能够增强受众的信任感。由此看来，CGTN 的主页横幅图片虽然展现了城市和国家风貌，但是并没有体现出自身的属性和特点，作为传播过程中的非人行动者，其品牌传播中的媒介形象塑造技巧还需进一步提高。

图 1-1　主流新闻媒体 YouTube 频道主页横幅图片

除此之外，CGTN 的头像照片及视频水印均选择了其品牌 Logo 图片，即带有品牌名称 CGTN 4 个字母的图片，这些非人行动者在平台内 CGTN 自身频道以外的位置进行分发时更能凸显其媒体品牌，从而引导受众进入主页订阅频道或让受众对其产生基础印象。因为这类图片尺寸较小，图片上无法展示过多信息，所以几乎所有媒体都会中规中矩地使用其品牌 Logo 图片。

### （二）栏目版块设置

专题栏目是新闻内容策划的出发点。在国际传播过程中，有规划的系列专题策划更能将本国文化呈现给外国受众，在逐步的接触、认识与了解中实现跨文化的传播。CGTN YouTube 账号要在平台上呈现什么样的主体内容和怎样呈现这些内容都是其在进行国际传播、传递中国声音过程中的核心非人行动者。根据 YouTube 平台自身的功能开发，我们也可以将其栏目版块分为两类，一类是视频版块，另一类是社区互动版块。

CGTN 的频道主页视频可大致分为五个部分：功能性新老用户版块、热点话题版块、专题栏目版块、CGTN 电视节目版块、其他功能性版块。

功能性新老用户版块是 YouTube 平台自有的功能，针对用户是否订阅当前频道而设置分发不同内容，未订阅 CGTN 频道的用户将会看到 CGTN 的官方介绍视频，而已经订阅 CGTN 频道的用户看到的则是运营者挑选的一条近期上传的热门且意义重大、能够展现中国国家形象的视频内容。热点话题版块会创建多个热点话题版块，例如习近平主席的出访报道、神舟飞船的航天新闻、2022 年北京冬奥会相关新闻等。除了实时热点话题，这一类版块还会推荐国际社会关心的中国话题，对于国外媒体的某些失实报道，CGTN 选择主动出击，通过专题版块展现真实现状，让质疑不攻自破。CGTN 在专题栏目版块设有 *Facts Tell*（《真相放大镜》）、*China Kungfu*（《中国功夫》）、*The 1.4 Billion: Gen-Z*（《十四亿分之一：Z 世代在中国》）、*C the difference*（《寻声记》）、*Chinese Food Tour*（《中国美食之旅》）等专题栏目，通过这些系列专题栏目诠释其"以中国视角看世界，让世界'See the difference'（看到不同）"的宗旨，介绍中国文化、讲述中国故事、用中国视角去客观地看世界和历史，从而增加国际社会对中国的认知，使其逐渐产生对中国文化的认同与理解，达到国际传播的目的。CGTN 电视节目版块包括 *The Point with LIU Xin*（《视点》）、*World Insight*（《世界观察》）、*Dialogue*（《对话》）、*The Hub with Wang Guan*（《舆论纵贯线》）等热门电视节目，通过流媒体在社交平台上分发电视节目，能够增强受众对 CGTN 的权威性的认可，并与 CGTN 官方电视频道的流量互相补充，让受众沉浸在 CGTN 媒体矩阵中，实现多方面、多渠道的全方位触达，从而形成良好的传播效果。其他功能性版块主要指短视频、热门视频等自动生成类的版块。后文将对热门视频进行内容分析，进而研究其转译的现状。

除了主体的视频内容版块，还有社区互动版块，可以与受众进行更深入的互动从而提升受众黏性。这些内容虽然是由人类行动者创造并上传的，但在传播过程中，其作为展示性内容呈现在受众面前时，又是非人行动者。正是人类行动者与非人行动者相互间的交织和作用才能完成整个传播过程。

### （三）视频画面及文本内容

除了CGTN频道主页上的各种主题版块和品牌信息元素的呈现，作为在视频社交平台上运营的媒体账号，最为重要的非人行动者是视频画面及文本内容本身，视频内容是串联起人类行动者与其他非人行动者的决定性非人因素。

CGTN上传至YouTube平台的视频画面主要包含两部分，一部分是由官方精心加工制作的PGC内容，另一部分是从用户参与创作的视频新闻中筛选出来的UGC内容。PGC内容的关键部分是新闻演播室录制时的视频片段，包括演播室主持、记者出镜、专家连线、现场采访等环节，形式较为正式，但作为官方微加工的视频，制作上也更为灵活，通常是采用背景音乐配上字幕的呈现形式，画面右上角会标明事件发生的时间、地点，有时也会插入对专家或当事人进行采访的画外音等内容。同时，CGTN也有另一部分精心策划制作的专题栏目、Vlog、微电影等视频PGC内容，这些内容的画面更加丰富，尤其带有大量中国风元素，体现中国文化的特色。除此之外，CGTN还通过其自建的特约记者渠道，号召全世界的用户共同创作视频新闻，并筛选出其中一些优质的作品上传至其官方账号，这些视频内容的右上角均带有CGTN stringer的专属图标。UGC新闻属于原生态视频，来源多为监控设备或是旁观者手机记录，这些内容力求还原真实的现场，画面单一，剪辑较少，甚至画面晃动严重，较PGC新闻而言制作相对粗糙，对于这部分视频，其画面中也会标明事件发生的时间、地点等信息。

上述品牌宣传元素、栏目版块设置、视频画面及文本内容均属于CGTN国际传播过程中的非人行动者，在国际传播过程中起着不可忽视，甚至决定性的作用。在科技飞速发展的时代，技术手段的升级并没有削弱人们对内容的需求，相反，随着认知水平的提升，人们越发追求优质的内容。除了优质的内容，如何将其呈现出来也是需要重点关注的，只有将优质内容与有效的可视化呈现形式相结合，才能够将传播效益最大化，而这些优质内容及其呈现形式也是 CGTN 国际传播过程中的非人行动者。

# 第二节　基于文字与图像的内容转译分析

布鲁诺·拉图尔认为："如果一个信息被传播了，那就意味着它被转译了。"①在 CGTN 的 YouTube 频道下，一个又一个的视频、图文内容完成了信息的传播与转译。行动者网络理论中最为关键的概念就是转译，即通过对内容的二次解析或加工，形成新的意见再次进行传播，使得这一过程反复循环、螺旋扩散。

尤其在我国主流媒体国际传播的过程中，由于存在历史差异、文化差异、意识形态差异，以及西方长期占据国际社会话语权，部分海外受众无法理解中国观点并产生认同，CGTN 作为国际传播的主流媒体代表，对内容的转译方式及其效果对中国官方面向国际社会发声具有一定的参考和指导作用。因此，本节将着重对 CGTN YouTube 账号的内容进行分析，从文字和图像两个方面着手，研究其在面向海外传播时是如何对信息进行转译的，并分析其转译效果，从而对 CGTN 上传 YouTube 平台的内容进行归纳总结与整体性评价。

CGTN YouTube 账号自建立起的全周期内累计发布视频 10 万余条，目

---

① LATOUR B. The pasteurization of France［M］. London: Havard University Press，1988.

前每日发布视频数量可达30条，平均每月发布视频近1000条，本书选择对 CGTN YouTube 账号的前100个热门视频进行详细的内容分析，此热门视频以观看次数为判断基准，截至2022年9月28日，前100条热门视频观看次数的最低数据为256万次。

## 一、CGTN YouTube 账号对文字的转译

文字是最古老的传播方式之一。作为一种基础媒介，文字带有更为明确的传播目的，不仅同等条件下表达的信息最为丰富和清晰，也提高了传播本身的广度和范围。作为表意符号的文字通常被称作传播思想的媒介，这是一种观念媒介而不是物质媒介。自古以来，人们发明各种各样文字均是为了传播观念。世界上有两种文字系统，即象形文字和字母文字。施拉姆在《传媒·信息与人》一书中认为：文字系统的不同代表了东西方两种不同文化心理。[①]那么，CGTN 是如何跨越东西方的文化与认知差异，利用文字这一基础媒介将中国文化对外进行转译的呢？CGTN YouTube 账号涉及对文字内容进行设计的部分，根据 YouTube 平台本身的功能进行分类，包括内容主题、语言特点，以及社区互动。

### （一）内容主题

从内容主题角度来看，CGTN 发布的内容涉及各个领域、各类学科，覆盖面较为广泛。我们对 CGTN YouTube 账号前100条热门视频进行内容采集与主题分类，可以大致将其分为经济政治、社会生活、科技文体、医疗健康、军事、趣味及其他七种类型（表1-1）。

---

[①] 宣伟伯.传学概论：传媒·信息与人［M］.余也鲁，译.北京：中国展望出版社，1985：11.

表 1-1　CGTN YouTube 账号前 100 条热门视频的主题分类（截至 2022 年 9 月）

| 主题类型 | 视频数量（条） | 所占比例 |
|---|---|---|
| 经济政治 | 7 | 7% |
| 社会生活 | 37 | 37% |
| 科技文体 | 8 | 8% |
| 医疗健康 | 18 | 18% |
| 军事 | 4 | 4% |
| 趣味 | 21 | 21% |
| 其他 | 5 | 5% |
| 总计 | 100 | 100% |

　　由表 1-1 可知，所占比例最高的为社会生活类内容，占比达到 37%，可见这类内容极受海外受众的喜爱。社会生活类内容较为广泛，前 100 条热门视频中的社会生活类内容主要包括交通事故、火灾爆炸、救援行动及偷盗事件等，标题中含有 "accident"（事故）、"rescue"（救援）、"security"（安全）等高频词，多数为突发事件且与日常生活和生命安全相关，并伴有一定程度的人员伤亡。根据标题中的高频词进行分析，CGTN 在对这类内容进行转译时，会使用情感色彩较为强烈的词语让受众从标题中感受到事件的紧迫性，从而引发其点击和观看的兴趣。中国及印度的此类事件数量较多，尤其是印度，在前 100 条热门视频中涉及印度的视频累计 9 条（表 1-2），其中有 7 条视频属于社会生活类内容，单类型下占比高达 77.8%。该类型下播放量最高的视频标题为 *Boy uses umbrella to prevent elevator door from closing, causes free fall*（《男孩用雨伞阻挡电梯门，导致电梯坠落》），播放量达到了 4555 万次；播放量最低的视频也有 302 万次，标题为 *Watch: Escalator accident kills a woman who lifts out her child at the last moment*（《观看：妈妈在扶梯发生事故前的最后一刻

托起了孩子》)。

表 1-2　CGTN YouTube 账号前 100 条热门视频涉及国家 / 地区分类( 截至 2022 年 9 月 )

| 涉及国家 / 地区 | 视频数量（条） | 所占比例 |
|---|---|---|
| 中国 | 77 | 77% |
| 印度 | 9 | 9% |
| 美国 | 3 | 3% |
| 俄罗斯 | 2 | 2% |
| 英格兰 | 1 | 1% |
| 澳大利亚 | 1 | 1% |
| 意大利 | 1 | 1% |
| 巴西 | 1 | 1% |
| 冰岛 | 1 | 1% |
| 伊朗 | 1 | 1% |
| 日本 | 1 | 1% |
| 菲律宾 | 1 | 1% |
| 泰国 | 1 | 1% |
| 总计 | 100 | 100% |

　　由表 1-1 可知，趣味类内容占比 21%。这类视频多数与动物相关，满足了受众喜爱动物、热爱自然的共同价值观，尤其是涉及中国的视频，其中有 6 条视频与熊猫有关。这一类型视频标题的高频词包括 "cute"（可爱）、"panda"（大熊猫）等。该类型下播放量最高的视频标题为 *Cute Alert! Clingy pandas don't want to take their medicine*（《可爱警报！黏人的大熊猫不想吃药》），播放量达到了 1544 万次；播放量最低的视频标题为 *Farmer whistles and his chickens fly down for the feast*（《农民吹着口哨喂鸡》），播放量为 259 万次。

由于 CGTN 除了报道社会热点新闻的职责，还肩负着传播中国声音的任务，从中国视角报道国家领导人的相关动态和中国政治相关事件、会议与法律法规的内容也数量较多。另外，在前 100 条热门视频中出现的科技文体类视频也集中于对中国文化和中国发展进步的宣传，内容主要包括 CGTN 自制的系列专题 "The Kung Fu Shaolin"（"少林功夫"）等，以及中国当前的发展现状。经济政治类和科技文体类出现的最高频词均为 "China"（中国）。例如 *China's Mega Projects: Transportation*（《超级工程：交通网络》）、*This is China: Episode 1 of the Hong Kong-Zhuhai-Macao Bridge*（《这里是中国：港珠澳大桥》）等。

## （二）语言特点

语言是人类最为重要的沟通媒介，人类借助语言将各种文化成果保存并传播。东西方由于语言、文化、思维方式等存在较大的差异，如何跨越这些差异，使用合适的词语、语法和句式将中国的思想文化讲述给世界，是以 CGTN 为代表的主流媒体必须要面对的难题，也是讲好中国故事必须攻坚的课题。根据对 CGTN YouTube 账号前 100 条热门视频进行分析，其标题及内容文本的语言带有情感强烈、关键词突出、表述完整等特征。

CGTN YouTube 账号视频标题十分注重感叹号、问号等能够表达强烈情感的标点符号的运用，以此来引发读者的共鸣、激发他们观看视频的兴趣。例如 *Cute alert! Giant panda cuddles with keeper during shower time*（《可爱警报！大熊猫在洗澡时和饲养员拥抱》）、*How are wind turbine blades transported to mountains?*（《风力涡轮机叶片是如何运到山上的？》）等，这些标题使用了感叹号或问号来加强情感色彩的表达，希望能够借此对人们观看视频时的情绪进行前置的议程设置，让观看者进入视频创作者所构建的情境中，从而产生正向的情绪反馈。疑问式语句还能通过设置问题引发观看者的思考，从而吸引受众的观看兴趣、让受众带着问题观看视频，并在观看和思考的过程中主动寻求答案，增强了受众在接收信息过程中的主观能动性。除了标点符号的运用，CGTN还会在标题中使用"Thrilling"（惊悚的）、"Touching"（感人的）、"Shocking"（震惊的）等词语来增强标题本身的情感表达。

CGTN还会使用大量的小标题作为标题关键词突出展示，后面配以"："或"|"等说明性标点符号，再用正常的信息主题对小标题进行补充与解释，这样既能使其更加醒目地吸引观看者的点击，又能让其看起来成系列化，使频道的整体内容建构得更加立体。例如 *Impossible Challenge: How to calm babies in 5 seconds?*（《不可能挑战：如何让宝宝在5秒内安静下来？》）、*Touching Moment | There are no heroes here，we just want to get our jobs done*（《感人瞬间 | 这里没有英雄，我们只是想完成自己的工作》）、*This is China: Episode 1 of the Hong Kong-Zhuhai-Macao Bridge*（《这里是中国：第一集港珠澳大桥》）等标题，都采用了这种小标题的形式。通过这种方式对同一系列或同一类内容进行整合，既能够方便受众搜索系列内容，又便于信息呈体系化传播。尤其有利于涉及中国发展现状与中华文化内容的持续输出，增强受众对同类内容的黏性。

CGTN YouTube 账号面向的受众为整个国际社会，因此其发布的内容以英语为主，而英语和中文在表达方式与语句顺序等方面有诸多不同，若要将视频标题和内容进行更好的转译，就需要深耕英语语言中的词汇、语法的使用场景。为了符合英语本身的语言习惯，CGTN通常会使用较为完整的表述阐释内容，在标题中将"5W"新闻要素至少阐明3个。现阶段CGTN依然处于建立自身媒体公信力、塑造自身形象的阶段，代表着中国形象进行发声，因此标题整体较为规范，无过分夸张的现象出现。例如 *Hero biker saves girl having seizure during traffic jam in Thailand*（《在泰国一个英雄骑手在交通事故中救了突发疾病的女孩》），该视频新闻的标题清晰地阐明了五要素中的何地（where）、何事（what）、何因（why）和何人（who）。这种完整的表述方式既能更清晰地呈现内容，又能对整个CGTN国际传播过程中的互动和交流产生了十分积极的作用。

### （三）社区互动

1887年，德国的社会学家滕尼斯在《共同体与社会：纯粹社会学的基本概念》中提出了"社区"这一概念，[①]但此时的社区研究还局限于传统的现实社区中。伴随着互联网技术的出现，20世纪90年代，英国学者霍华德·莱茵戈德（Howard Rheingold）在《虚拟社区：电子疆域的家园》一书中最早提出了"虚拟社区"的概念，他指出虚拟社区是以虚拟身份在网络中创立的一个由志趣相投的人们组成的均衡的公共领域。借助互联网技术的不断创新与发展，社区的社交属性被逐渐凸显，用途也更加广泛，"虚拟社区"更加趋近于"互联网社区"。YouTube虽然是以视频内容为主的平台，但依然具有强烈的社交属性，其产品功能本身的设计也加入了社区这一版块，可以通过转发视频内容、发布图文信息等形式与社区用户进行互动，并支持内容的修改与再编辑。

CGTN YouTube账号下的社区版块截至2022年9月28日累计发布了197条互动内容。社区版块是CGTN自主控制的，能够通过转载视频、发布图文、设置选项投票等方式，对视频内容进行二次解说与转译，是最直接的能够尝试如何与海外受众进行互动、探索转译最佳方式的平台。CGTN起初利用社区版块对其"Job Challenge"系列视频进行辅助宣传，即在社区版块发起不同场景下最喜欢的职业投票活动为该系列视频创造话题，同时在发布选项引导的过程中，转载视频内容并加以更丰富和详细的

---

① 滕尼斯.共同体与社会：纯粹社会学的基本概念［M］.林荣远，译.北京：商务印书馆，1999.

介绍，从而让受众提前了解视频内容，并由此引发观看视频的兴趣。

2022年9月，CGTN发布多条关于孔子诞辰的信息，通过对孔子的介绍提出一个相关问题，引导海外受众参与投票，以提问互动的方式增强海外受众对以孔子为代表的中国文化以及儒家思想带来的影响的了解和认识，从而引导其更加深入地认识和认同中国。在中秋、大暑、夏至等节日、节气，CGTN也以图文信息的形式介绍中国传统节日的由来和习俗，并配上节日、节气的相应图片，图中标示该节日、节气的中文及英文名称，让海外受众不仅可以通过文字信息了解中国传统节日、节气，还可以通过图片来延展想象，感受中国传统节日、节气的氛围。

通过对CGTN在社区版块发布的所有内容进行分析，我们发现，凡是涉及介绍节日的内容都能够引起海外受众强烈的互动与参与，尤其是中国的传统节日、节气。伴随着自然规律制定的节日、节气能够引起海内外较多的共鸣，进而对中国文化产生初步的理解。而与传统节日、节气相似的中国功夫类话题则未表现出良好的互动，在这类内容中，CGTN并未选择对功夫本身进行更好的转译，而是选择了主要对 *China Kungfu*（《中国功夫》）的栏目版块进行引流，因此相关投票参与度也较低。可见CGTN对于社区版块的使用仍然在不断的探索中，还需要在利用社区版块对内容进行二次转译与通过视频本身的内容转译信息间寻找平衡。

## 二、CGTN YouTube 账号对图像的转译

处在互联网时代中心的视频产业正在如火如荼地发展，从社会发展的角度来看，视频不仅是一种休闲娱乐的媒介载体，也是创造价值的生产要素。视频行业的蓬勃发展既是自身传播方式与交互技术的改进，也给各行各业带来了全新的发展机遇。与其他媒介形式相比，视频媒介具有更强的

现实感与说服力，尤其是短视频的兴起使得视频内容生产更加便捷、用户参与生产的门槛更低，而且在信息的传播等方面发挥着独特的作用。在算法技术的发展下，依托视频平台的内容分发更加智能。从视觉说服的角度来看，短视频在视觉层面提高了不同文化背景受众的"解码共通性"。同时，情感属性是社交媒体和短视频的共同特征，二者将视听语言和新媒体相结合，将传播"情感卷入"最大限度地释放。[①]视频的重要性已经不言而喻，因此 CGTN 在国际传播过程中使用何种视频、如何加工视频，以及怎样向海外受众展示，都是在研究其 YouTube 账号对图像转译的过程中需要探讨的部分。

## （一）视频时长

相对于国内抖音、快手和哔哩哔哩等短视频平台来说，YouTube 的整体视频时间更长一些。网络视频节目可按照时间的长短分为长视频、短视频和中视频。长视频又称为综合视频，主要指网络剧、网络综艺和网络电影等，时长一般在30分钟以上；短视频的时长一般控制在5分钟以内；中视频的时长一般在30分钟以内。经过对比多种短、中、长视频的分类方式，结合目前国内外各视频平台的实际情况，本书将主要以中国互联网络信息中心给出的分类来进行后续研究。

通过对 CGTN YouTube 账号前100条热门视频进行分析，将100条热门视频按照时长分为短视频（5分钟以内）、中视频（5—30分钟）、长视频（30分钟以上）三类，其中短视频有91条，中视频有4条，长视频有5条（表1-3）。由此可见，受到海外用户喜欢的九成都为短视频内容，这与当下人们普遍热衷于消费短视频而排斥长阅读/长观看的习惯较为一致。短

---

① 董媛媛，田晨.社交媒体时代短视频传播与国家形象建构［J］.当代传播，
2018（3）：28-30.

视频带有易制作、高产出、见效快等在平台分发的显著优势，CGTN深谙这一特点，许多短视频内容都是将其完整的新闻节目进行剪辑，制作出单个新闻事件并配上合适的标题进行分发，增加了可分发的内容池，提升了分发命中率，从而实现平台内更广泛的内容推广。

表 1-3 CGTN YouTube 账号前 100 条热门视频时长分类

| 视频类型 | 时间范围 | 视频数量（条） | 所占比例 |
|---|---|---|---|
| 短视频 | 5 分钟以内 | 91 | 91% |
| 中视频 | 5—30 分钟 | 4 | 4% |
| 长视频 | 30 分钟以上 | 5 | 5% |
| 总计 | — | 100 | 100% |

## （二）画面展示

在CGTN上传的视频中，画面上最为直观的展示可以包含出镜人物、字幕、叙事方式和视频来源，其中最基础的分类就是视频来源，CGTN会根据不同的来源选择不同的加工方式来进行内容的转译。根据UGC和PGC的基础内容分类，笔者大致将CGTN YouTube 账号前 100 条热门视频分为以下七种来源：UGC视频、UGC直播、PGC电视节目、PGC官方新闻、PGC官方直播、CGTN自制、监控录像（表1-4）。

表 1-4 CGTN YouTube 账号前 100 条热门视频的来源（截至 2022 年 9 月）

| 视频来源 | 视频数量（条） | 所占比例 |
|---|---|---|
| UGC 视频 | 24 | 24% |
| UGC 直播 | 3 | 3% |
| PGC 电视节目 | 6 | 6% |
| PGC 官方新闻 | 12 | 12% |
| PGC 官方直播 | 2 | 2% |

续表

| 视频来源 | 视频数量（条） | 所占比例 |
| --- | --- | --- |
| CGTN 自制 | 24 | 24% |
| 监控录像 | 29 | 29% |

由表1-4可知，CGTN YouTube账号前100条热门视频来源占比较大的为UGC视频、CGTN自制和监控录像三类。基于公共性和分享性的理念，当前许多官方新闻都会采用用户拍摄的UGC新闻。UGC新闻是指在视频平台上由用户自主创作的新闻资讯类内容，一般为时间长度在5分钟以内的短视频，包括新闻线索发现、手机拍摄、上传（平台审核上传）等流程。[①]从内容主题的角度对视频进行分析，发现多数热门视频都为突发事件且与日常生活和生命安全相关，这类视频官方难以获得第一手的现场视频画面，因此UGC视频便成为最直接的方式。这种方式还大大节省了新闻策划、拍摄制作的流程。CGTN对这些来自各国的UGC视频进行简单加工——添加时间、地点等关键信息的大字字幕和CGTN品牌标识后进行上传，以展现最直接的第一手现场画面。除了UGC视频，还有一个获取第一手现场视频画面的方式——监控录像，监控录像以直观的形式展示了现场情况，并且自带时间和地点等标注，这类视频自带较强的信息可信度，降低了转译的难度，从而提升CGTN作为新闻媒体的公信力，更加有利于媒介形象的塑造。

此外，CGTN自制也是占有较大比重的视频来源。CGTN自制的视频内容依然是以中国的发展变化、特色文化等为主，这类视频转译难度较大，当涉及与西方存在差异的视角时，需要利用画面及字幕进行信息

---

① 和莹.短视频UGC新闻生产研究及模式反思［J］.青年记者，2020（9）：40-41.

的转译，以便于西方国家受众理解。例如在视频 *China's Mega Projects: Manufacturing*（《超级工程：中国制造》，这是 CGTN 自制的宣传中国的超级工程系列短片）中关于制造业介绍的一集，全集旁白为英语配音，中文对话会配有英文字幕，人物讲话也会标注姓名与身份。制作组从海外受众最熟悉的带有"中国制造"标签的商品画面切入，整体采用倒叙的叙事方式，引出运送货物出海的轮船，再通过轮船制造的画面引出中国当下电子信息技术的发展。近些年"中国制造"的标签已经在国际社会深入人心，但对于中国高精尖技术的发展，海外人士还存在一定的质疑，因此将与他们生活息息相关的事物作为切入口，能够迅速拉近与观看者之间的距离，增强视频内容对他们的吸引力，从而使其逐步接受并认可中国技术、中国制造以及中国文化。作为讲述中国故事、传递中国声音的内容，这类 CGTN 自制视频从话题到画面构成，再到人物选择和剪辑方法，都经过缜密的策划，以此来呈现最佳的传播效果，真正做到让世界了解中国。

# 第三节　异质性网络的建构方式与效果

行动者网络理论中的"网络"与互联网或社会网络中的"网络"一词意义不同。该理论中的术语"网络"专为此理论命名所用，早于互联网术语"网络"。该理论中的"网络"指的是通过各种方法将行动者之间的互动和关系"框架化""概括化"，形成一个局部的、实用的、聚焦的体系。该术语也表示各实体之间发生关系或互动的转型、转译或转换。当有人考察"社会性"（社会，社会力量）时，并不是要看"大局"，而是着眼于实体之间小的、局部的、直接的关联图，这与互联网或社会网络的定义恰恰相反。①行动者网络理论认为，"行动者网络"在本质上属于一个异质性网络，在这一网络中存在多种类型的人类行动者与非人行动者，而其异质性网络的构建主要依赖于转译本身的过程。

在 CGTN YouTube 账号的国际传播过程中，起着主导作用的人类行动者利用非人行动者，通过视频、图文的形式将包括中国历史文化、中国思想观念、中国政治政策等在内的多种不易表达和理解的意识形态领域话题，转译给海外受众，吸引其他的人类行动者观看、评论、转载，甚至对内容进行二次加工，即加上自己的见解和看法再次进行转译，在这不断创造非人行动者的过程中，人类行动者阵营逐渐扩大，由此循环往复形成整个国际传播过程的异质性网络。同时，伴随着传播过程的延续，整个网络也在不断扩大，不断产生新的人类行动者和非人行动者，转译的形式和路径逐渐多元，从而使其源源不断地向外扩散。

## 一、CGTN YouTube 账号的网络建构方式

米歇尔·卡龙（Michel Callon）曾提出：转译包括通过问题化（problematisation）、旨趣化（interessement）、招募（enrollment）和动员（mobilization）四个重要环节。②CGTN 国际传播这一网络中的关键行动者首先通过创造特定内容吸引其他行动者的关注，同时尝试将这些特定话题加入整个网络议程，这就是"问题化"的过程，是海外受众对中国文化产生认同的基础。然后通过"旨趣化"和"招募"的方式实现成员的扩散，进一步扩大影响力，这种"旨趣化"和"招募"的方式在互联网中也可理解为

① LATOUR B, LAW J, HASSARD J. Actor network theory and after[M]. Malden: Blackwell, 1999.
② LATOUR B, LAW J, HASSARD J. Actor network theory and after[M]. Malden: Blackwell, 1999.

利用流量增长的锚点来促进粉丝数量的增加。最后通过"动员"的方式推动目标的实现，即对中国文化和意识形态产生理解与认可。由此可见，CGTN YouTube 账号国际传播的实质就是通过转译的方式，将不同的行动者进行联结，从而组成异质性网络的过程，其建构方式主要可以从扩大规模与提升质量两方面进行分析。

### （一）裂变传播扩大网络规模

社交媒体以裂变的网状传播为主要传播模式，这种去中心化的传播模式形成的根本原因在于社交媒体的分享功能，即让每一个用户都成为传播者和中继站。分享的行为本身在 Facebook、Twitter、YouTube 等社交平台的推荐算法中占有较高的权重，导致算法推荐产生"马太效应"：越有吸引力的文章分享越多，进而被更多地推荐，带来更多的流量。研究显示，海外社交媒体上有7种类型的内容更容易被分享，分别是让人大笑的、鼓舞人心的、可爱的、原创的、令人惊骇的、令人吃惊的和怀旧的。例如标题为 *Cute Alert! Clingy pandas don't want to take their medicine*（《可爱警报！黏人的大熊猫不想吃药》）的视频播放量超过1500万次，标题为 *Impossible Challenge: Gymnastics Boy Arat Hosseini from Iran!*（《不可能挑战：来自伊朗的体操男孩阿拉特·侯赛尼！》）的视频播放量超过7500万次。

通过裂变传播的方式进行"动员"，人类行动者的扩张带动非人行动者的生产，利用情感、利益、心理的多重激励，推动更多的行动者加入网络过程。在 CGTN YouTube 账号的网络建构过程中，图文信息与短视频新闻结合，以视觉效果冲击西方受众，内容中不断添加社交化、日常化的标签，有助于进一步提高受众参与互动程度和用户黏性。用户通过评论、点赞或转发，帮助优质内容进行二次传播或帮助带有中国元素、中国符号的消息在个人社群内进行裂变式传播，从而改善中国国际传播的"虚拟环境"。把用户视为"社群"，在进行国际传播时就不能将传播者和接收者视为二元对立的主体。在社交媒体上，传播者应把长久以来被视为"他者"的用户作为讲好中国故事、传播好中国声音的潜在传播者，打造中国声音传播的共同体。

### （二）资源整合提升网络质量

承载着国际传播功能的视听资源不断移动化、碎片化、即时化、场景化、智能化发展，配合受众阅读习惯，突破受众获取低效的瓶颈，打破行业壁垒和专业门槛，进一步缩小国际传播的信息鸿沟。5G技术释放了互联网的传播潜力，推动了图表、短视频、直播等新传播形态产品，使内容短小精悍且传播高效，主流媒体海外平台账号也日渐凸显传播全方位、全天候的特征。

CGTN依托中央广播电视总台的信息与技术资源，充分发挥新媒体技术应用优势，推进技术、内容、管理、渠道、经营的全方位融合发展，使传播效益及资源共享实现最大化。针对YouTube平台这一传播渠道，CGTN在其内容中进行更加符合平台传播特征的筛选后再发布传播，使大量的重要新闻可以迅速产出多条"直击现场"的图文消息与短视频，在提升内容生产质量的同时，借助YouTube平台的算法推荐机制，迅速形成极强大的传播影响力。除了信息来源的质量有保证，CGTN YouTube账号还在VR、AR、大数据等技术加持下提升了账号内容与传播的质量。例如，数据新闻《数读两会·法治中国》（图1-2）是CGTN在2019年两会相关报道中专为社交媒体平台打造的90秒短视频，该视频回顾了40年来的最高人民法院工作报告和最高人民检察院工作报告，借助可视化技术，拓展报道主题的深度与广度，从中发现打破常规思维的新闻故事。

图 1-2 《数读两会·法治中国》视频截图

通过新媒体技术的发展与应用，CGTN YouTube 账号在其行动者网络建构中，将多方资源充分利用整合，拓展信息来源与视频生产方式，从内容到手段拉动网络中视频、素材等非人行动者质量，从而构建更加高品质的行动者网络。

## 二、CGTN YouTube 账号的网络建构效果

拥有着社交媒体属性的 YouTube 平台，设置了评论、转发、分享、点赞等互动功能。对这些行为数据进行分析能够在一定程度上反映 CGTN YouTube 账号的行动者网络建构效果。网络依托传播与转译形成，因此本章从传播广度、传播参与度和传播认同度三个层面设立传播效果指标，同时结合既有研究和 YouTube 平台本身的特点，对 CGTN YouTube 账号前 100 条热门视频进行效果分析，以单条视频点赞数来体现传播广度，以单条视频评论数来反映传播参与度。传播认同度通过视频下的正向评论来反映。

### （一）CGTN YouTube 账号内容的传播广度

根据对 CGTN YouTube 账号前 100 条热门视频的点赞数进行统计，点赞数最高的视频为 *Kid duo shock audience with their rendition of "You*

*Raise Me Up"*(《儿童二人组表演的"你鼓舞了我"震惊了观众》)，累计收到点赞26万次；其次为 *Boy uses umbrella to prevent elevator door from closing，causes free fall*(《男孩用雨伞阻挡电梯门，导致电梯坠落》)，累计收到点赞22万次。

如表1-5所示，本书根据CGTN YouTube账号前100条热门视频点赞数的中位数划定了5个点赞数量范围：1万以下、1万—3万、3万—5万、5万—10万、10万以上，其中1万—3万的点赞数量占比最多，近一半的视频点赞数都集中于此区间，而有13条视频达到了超过10万次的点赞量。通过对这些高点赞数视频的内容进行分析，我们发现，文体类和动物相关的视频较多。艺术体育和动物是世界人类拥有一定共识的不分国界的内容，受众层面较为广泛，且不易引发消极情绪或负面反馈，因此点赞数量较高。

表 1-5　CGTN YouTube 账号前 100 条热门视频点赞数

| 点赞数量（次） | 视频数量（条） | 所占比例 |
|:---:|:---:|:---:|
| 1 万以下 | 13 | 13% |
| 1 万—3 万 | 43 | 43% |
| 3 万—5 万 | 24 | 24% |
| 5 万—10 万 | 7 | 7% |
| 10 万以上 | 13 | 13% |

视频的点赞数量受到视频播放量的影响，因此视频平台通常会使用赞播比对视频受欢迎程度进行衡量，例如国内抖音平台赞播比超过3%会被判断为可推荐视频内容，通过对CGTN YouTube账号前100条热门视频的赞播比进行计算，同时结合海外用户的使用习惯和YouTube平台本身的功能引导设置，粗略将CGTN视频赞播比良好线设置为1%，这100条热门

视频中共有18条视频的赞播比超过了1%，其中点赞量超过10万的视频有9条，赞播比较高的视频内容主要以趣味类视频为主，动物相关的内容较多。由此可见，CGTN YouTube账号的视频内容传播广度相对较低，对于中国声音的传达并未产生良好的传播效果。

### （二）CGTN YouTube 账号内容的传播参与度

根据对CGTN YouTube账号前100条热门视频的评论数进行统计，评论数最高的视频为 *The lockdown: One month in Wuhan*（《武汉战疫纪》），累计评论数为28601条（表1-6）。

如表1-6所示，本书根据CGTN YouTube账号前100条热门视频评论数的中位数划定了5个评论数量范围：1000以下、1000—3000、3000—5000、5000—10000、10000以上，发现评论数量1000—3000条的视频数量最多，评论数量1000条以下的视频也较为集中，可见评论数量大体的范围都在3000条以下，而评论数量达到10000条以上的视频共8条。通过对高评论的视频内容进行分析，我们发现，与经济、政治、国家政策相关的视频内容更易引发较为热烈的评价与讨论。

表 1-6　CGTN YouTube 账号前 100 条热门视频评论数

| 评论数量（条） | 视频数量（条） | 所占比例 |
| --- | --- | --- |
| 1000 以下 | 34 | 34% |
| 1000—3000 | 35 | 35% |
| 3000—5000 | 9 | 9% |
| 5000—10000 | 14 | 14% |
| 10000 以上 | 8 | 8% |

除了评论数，点赞数与评论数的比例关系（赞评比）也是视频平台衡量互动效果的重要指标。例如国内抖音平台重点视频的赞评比阈值大体为

10%—50%，低于10%的内容则可能会被减少算法推荐。因此，综合参考海外用户的使用习惯和YouTube平台的特性，粗略将CGTN视频赞评比良好线设置为15%，这100条热门视频中共有13条视频的赞评比超过这一数字，其中有3条视频的赞评比达到了50%以上。在这13条视频中，7条与军事政治话题相关，2条与公共卫生话题相关，可见涉及政治相关话题的视频拥有良好的互动性。CGTN YouTube账号前100条热门视频的整体传播参与度相对较高，涉及意见分歧或产生较大反转的内容都能引发较多的评论，产生话题热度。

### （三）CGTN YouTube 账号内容的传播认同度

传播认同度是衡量CGTN YouTube账号国际传播效果最为直观的指标。从CGTN YouTube账号前100条热门视频中筛选出与向国际社会传达中国声音相关的24条视频（表1-7），分析其正向评论数量及其占比，从而判断CGTN YouTube账号内容的传播认同度。由于平台政策和流量控制等，笔者发现用户端并不能展示与显示数量相符的全部评论，并且每条视频的评论数量都较多，除了大量的一级评论，还有对于评论进行回复互动的二级评论，综合考虑此次数据包含的正向评论仅指代前端展示出来的一级评论，传播认同度采用单条视频正向评论数/单条视频总评论数的方式进行计算。

表 1-7　与中国形象强相关的热门视频传播认同度

| 视频标题 | 传播认同度 | 视频标题 | 传播认同度 |
|---|---|---|---|
| China updates national anthem video | 46% | CMG reporter visits infected medical staff in Wuhan | 44% |
| Full video: China's grand military parade marks PLA 90th birthday\| 中国人民解放军建军90周年阅兵 | 56% | This is China: Episode 1 of the Hong Kong-Zhuhai-Macao Bridge | 56% |

| 视频标题 | 传播认同度 | 视频标题 | 传播认同度 |
|---|---|---|---|
| President Xi inspects poverty alleviation achievements in SW China | 47% | Chinese President Xi and Russian President Putin takes the CRH to Tianjin | 59% |
| A side to Xi Jinping you probably haven't seen before | 43% | Video clip shows medical staff waddling down Hubei hospital corridor after long work shift | 42% |
| Fifteen military units march in formation for National Day parade | 53% | Recovered COVID-19 doctor shares experience | 64% |
| CGTN exclusive: Wuhan's war on COVID-19 | 32% | Chinese Navy combats pirates in Gulf of | 37% |
| The lockdown: One month in Wuhan | 64% | Female soldiers march during China's National Day celebrations | 61% |
| China's Mega Projects: Transportation | 56% | The Kung Fu Shaolin: Episode 1 | 58% |
| Wife of dead Wuchang Hospital director emotional farewell | 41% | Cute Alert!Angry baby panda: Don't touch my favorite toy! | 78% |
| China's Mega Projects: Manufacturing | 54% | Touching Moment|No hugs for couple working at coronavirus quarantine | 36% |
| Xi: We call ourselves descendants of the dragon | 42% | A rapid rescue: security officer saves elderly woman on escalator | 39% |
| Chinese conjoined twins separated with 3D technology | 50% | Cute alert! Giant panda cuddles with keeper during shower time | 62% |

通过对表1-7中的24条视频的传播认同度进行统计，我们发现，YouTube平台上的用户对于中国的态度普遍比较友好，笔者在进行评论筛选的过程中，发现部分视频下的正向评论数占全部展示评论数的80%—90%。尤其是涉及国家领导人的几则视频，得到了来自各个国家各种语言

的受众的积极评价。习近平主席亲民且务实的作风得到了众多海外受众的支持。除此之外，涉及中国科学技术和产业发展的视频内容也得到了较好的反馈，得到了海外受众的认可，并有许多人在评论中表示期待来中国。海外受众互相评论、交流对中国的看法的相关内容，能够在 CGTN 的视频下被二次转译，并用更符合西方思维和习惯的方式讲述给其他海外受众，具有强烈且有效的扩散作用，这类评论也会收获较多点赞。

除此之外，部分海外受众还会在评论区留言，希望有其他语言的字幕，以及对后续报道的追问。在评论区的良性氛围下，整体的互动质量较高，受众对视频本身的接受程度也较高。由此可见，CGTN YouTube 账号的视频基本能够形成良好的传播认同度，这在一定程度上增强了国际社会对中国的了解与认可，从而形成螺旋式扩散传播，对更多的海外受众形成影响，使得新时代的中国面貌逐渐深入人心。

对于受众来说，相较于文字信息，视觉信息尤其是包含声画信息的视频内容更能引起他们的注意。正如麦克卢汉所提出的，作为"热媒介"的视频比作为"冷媒介"的文字更具有清晰度。[①]直观化的呈现、情感化的表达、沉浸式的体验、智能化的分发，都使其成为信息传播的重要形式。CGTN YouTube 账号通过策略性的转译方式，从对图文内容的设计到对视频内容的策划与呈现，都尝试使用符合海外受众习惯的表达方式和展现形式。在对视频这种传播媒介的不断探索下，CGTN 将不断创造出更加与海外受众紧密贴合的信息内容，从而不断扩大自身的行业影响力，对外传递中国声音和中国观点。

---

① 麦克卢汉.理解媒介：论人的延伸（增订评注本）[M].何道宽，译.南京：译林出版社，2011：36.

# 第四节　行动者网络理论下CGTN的国际传播策略

根据对CGTN转译方式及效果的分析，我们可以总结出CGTN面向海外受众传播的整体策略，并且从行动者网络理论视角出发，从行动者主体、转译方式及网络联结等三个层面对CGTN国际传播策略进行系统的分析。

## 一、行动者主体多元化

行动者网络理论下的主导者即参与传播过程的任意行动者，包括非人行动者与人类行动者，但本书主要侧重于对内容本身的研究，因此主要分析视频及图文信息中的人类行动者及其可操控的非人行动者。

根据对CGTN的视频内容进行分析，可以将其视频主体从人类行动者与非人行动者两个方面进行划分：人类行动者包括普通民众、各领域专家、新闻记者和主播、国内外政治人物；非人行动者包括自然现象、突发事件、历史建筑和文物、大型科研项目现场画面、军事行动、动植物、国内外大型会议或主题展览等。随着CGTN不断开设新的语言频道，在不同国家进行播放，其YouTube账号面对的受众也在不断增加。因此，CGTN在这一过程中所面对的受众越来越多样化、所涉及的文化越来越多元化、所要传递的信息也越来越广泛化。在这种发展中，CGTN为了平衡其自身媒体属性带有的客观性和传播中国声音的使命，需要不断打好媒体底层基础，建立自身的权威性，并将自身更好地向海外推介，因此，对行动者采取的策略主要包括真实展现与积极回应、多元主体与多维视角两方面。

## （一）真实展现与积极回应

作为中国国际传播主流媒体中的"领头羊"，讲好中国故事就是 CGTN 最主要的任务，而讲好中国故事的根本就在于以塑造中国的国家形象。通过真实展现中国故事，让国际社会与世界人民看到一个真实的中国。通过对 CGTN YouTube 账号的分析，可以看到 CGTN 正在利用视频这种媒介形态，借助 YouTube 平台的分发优势积极地塑造中国的国家形象。CGTN 所发布的视频内容丰富多样，主题、地区和形式都涉猎广泛。在内容主题方面，CGTN 的内容既包括与民生息息相关的社会生活、科技文体类内容，也包括政治经济、军事等宏观事件的报道；在内容来源方面，既有用户参与创作生产的 UGC 内容，也有对官方新闻和电视节目的精选和剪辑，还有精心策划制作的以宣扬中华民族优秀文化和国家精神为主题的系列专题，这些内容中含有来自世界各地的人类行动者和非人行动者。

通过对以往的国际传播案例和研究进行梳理，我们发现，中国主流媒体以报道国家性大事件为主，视频主体多为国家领导人或由官方选定的人物和环境等。近年来，部分西方媒体发布歪曲中国国情的报道，为了消除海外受众对于中国的误解，CGTN 选择正面回应国际社会的质疑与困惑，积极采取引用权威数据、邀请外籍专家学者讲述真相等措施，同时创建专题栏目，以相关民众的日常生活为切入点进行讲述，通过报道当地的实际生活状况、对居民感受的采访、地区的发展现状等实地拍摄画面向海外受众呈现真实情况。在这一过程中，CGTN 的视频主体不再框定领导者，而是更加考虑海外受众最为关心（也是最能证明实际情况）的声音，大量的视频画面以真实场景和人物为主，在人类行动者与非人行动者的相互交织、共同作用下，让海外受众了解最真实的中国。

除了大型新闻事件的叙述者逐渐多元化，CGTN 还策划了 The 1.4 Billion（《十四亿分之一》）专栏版块，视频主要的人类行动者即中国的 14

亿人民，旨在讲述中国生活的丰富多元。视频主体是来自各行各业的普通百姓，例如无人机女飞手、研究稻田和星空的学生、传统技艺的传承人、手语老师、热爱音乐的盲人村民、动物饲养员等，通过讲述这些人的生活故事展现真实的中国景观。通过不断增强视频主体的平民化，让海外受众能够更真切地认识中国，感受到中国人民的积极乐观、踏实向上的生活态度，从国民形象入手为构建良好的国家形象打下基础。

### （二）多元主体与多维视角

要增强CGTN作为媒体的公信力和影响力，首先要消除海外受众对于CGTN的政治色彩过于浓厚的刻板印象，让其认识到CGTN作为新闻媒体具有报道真相、传递事实的作用。为了应对这一问题，CGTN选择利用"他者"的多维视角来呈现信息，比如聘用外籍主持人、外籍记者进行新闻播报、采访以及评论 [ 评论栏目 *Close to China with R. L. Kuhn*（《走近中国》）和 "WHY CHINA"（"为什么是中国"）系列纪录片都选择了外国籍的主持人 ]。除了直接聘用外籍主持人和记者，CGTN还会与来自其他国家的网红博主合作。例如2020年推出了纪录片 *Into Tibet with Daniel and Noel*（《与丹尼尔和诺埃尔一起进藏》），跟随西班牙的网红博主Noel和加拿大的网红博主Daniel共同走进西藏。

CGTN在新闻消息的来源方面也注重国内与国外的平衡，这些举措是对习近平总书记在2013年8月的全国宣传思想工作会议上所强调的"创新对外宣传方式，着力打造融通中外的新概念新范畴新表述"的积极实践，既能够增强信息和观点的可信度，又能够拉近与海外受众之间的距离，并且使外国籍记者在面对具有地域限制性或突发性的国际新闻时，拥有更便捷获取第一手信息与资料的优势。除了在专业人员方面的布局策略，CGTN也善于通过对UGC类新闻的生产潜力进行挖掘，呈现了最真实的新闻现场。同时，CGTN还在全球范围内招募特约记者，通过创立的专题栏

目 *Global Stringer*（《全球拍客》），让来自不同国家的声音参与 CGTN 的新闻报道，从而提升其话语的公信力。

自媒体时代话语权逐渐下放，每个人都可以使用移动设备第一时间记录现场情况与实时画面，CGTN 自身的人类行动者范围正在逐渐扩大，利用多元的主体来报道中国和世界的新闻，借此影响更多的主体加入 CGTN 国际传播的异质性网络，不断扩大并完善整个"社区"网络。如同"虚拟世界主义"这一理论视角提出的观点，媒体特别是社交媒体处于社会空间的中心位置，个体参与虚拟社区的构建，并通过互相交流形成全球公民身份，全球公民自下而上参与影响全球公共政策的制定和实施。[①] 通过推动"他者"参与传播过程，让 CGTN 官方从不同角度塑造自身的媒体形象，提升媒介影响力，增强海外受众的认可度，从而为后续的国家形象建构做好铺垫。

## 二、转译方式情感化

利用情绪的相互感染引发受众的情感共鸣，这类共情传播已经成为跨文化传播中最常见的一种传播策略。共情传播是指共同或相似情绪、情感的形成过程和传递、扩散过程，将传播重心置于情绪、情感之间，达成传播内容的共通。[②] 相较于让受众直接对文化内容本身产生认同，通过传播在态度与情感层面引发的心理认同更容易激起受众间的一致行动，使传播力度更大。在当前世界舆论大环境的框架下，中国主流媒体的公信力在一定程度上受到西方的制衡。为了能够引发海外受众的共鸣，更好地传递中

---

① HARLOW S. Social media and social movements: Facebook and an online Guatemalan justice movement that moved offline[J]. New media & society, 2012(14): 225-243.

② 赵建国.论共情传播［J].现代传播（中国传媒大学学报），2021，43(6)：47-52.

国声音，CGTN从受众心理角度出发，结合海外社交媒体平台的使用习惯和各国国情、思想文化，采用更加情感化的方式对内容进行转译，填补由历史传统和社会习俗造成的文化鸿沟，以获得海外受众对传播内容的认同感，从而实现更好的传播效果。

## （一）转化宣传思维

中国主流媒体利用海外社交媒体平台通过视频内容进行国际传播时，首先需要转化其中的"宣传"思维。"宣传"的作用主要是影响他人观点、凝聚共识。以传播者的立场与传播意图为中心也是中国主流媒体的共同特点之一。在当前"西强东弱"的国际舆论环境下，受西方媒体报道的影响，海外民众对中国的认知存在一定的偏见与误解，如果仍然只是对宣传信息进行简单搬运或者机械套用，而不及时对传播语态和叙述视角进行调整与转换、对内容加以更加贴合海外受众心理需求的转译，可能会加剧他们的抵触心理。美国学者萨默瓦曾指出，跨文化传播指的是在拥有不同文化感知和符号系统的人们之间进行的传播，这种不同足以改变传播事件。[1]CGTN在进行国际传播的过程中，把传播理念由以传播者为中心转向以受众为中心，利用视频评论、社区互动等方式了解海外受众对信息的需求与偏好，选择他们乐于接受且能够理解的信息内容与转译方式进行传播，从而增强与海外受众的情感联结。

随着国际传播话语的多样性发展，无论是信息的生产方式还是接收方式，都存在主动的"轻"向选择，传播的内容、技巧和秩序都在向"轻"量化转变。[2]利波维茨基曾提出，"轻"正在支配我们的物质世界和文化

---

① 萨默瓦，波特.跨文化传播［M］.闵惠泉，王纬，徐培喜，等译.北京：中国人民大学出版社，2010：15.

② 许燕.轻传播：轻文明趋势下两会对外报道转向［J］.中国记者，2021（4）：41-47.

世界，重塑了人类想象，它意味着流动、虚拟，也意味着态度的超越平和，更逐渐成为全球经济、文化的运作模式。[①]CGTN 进行国际传播时打破"宣传"思维的关键，便是增强新闻报道能力，重新闻，轻宣传。作为新闻媒体机构，CGTN 的首要职责就是向受众传递真实、客观的新闻信息，良好的新闻报道能力能够在一定程度上提升媒体的传播力、影响力、公信力和引导力。CGTN 通过把国家的主张转化成民众的意见、把宏大叙事转化成生活话语、把新闻传播转化为资讯和服务信息的提供，实现自身的媒体价值。对于外宣媒体来说，有助于推动全球国际传播格局的变革，加强我国的国际传播体系建设，增强国际话语权。同时，新闻信息所具有的时效性、客观性和趣味性等特征，能够切实满足海外受众对接收实时信息、放松娱乐等方面的需求，通俗的表达方式也会缩小文化差异带来的信息鸿沟，使信息本身更易为海外受众所接受，在将中国故事传达出去的同时更能深入海外受众的内心。

CGTN YouTube 账号近年来逐渐增加国际新闻的占比，同时强化对科学技术发展、体育运动、医疗健康等全人类共同关注话题的报道和视频生产，例如 2022 年推出了北京冬奥会、5G 技术发展、神舟十四号飞船发射等专题版块。除了这些能够展示中国综合实力的内容，CGTN 还准备了关于孔子与儒家思想、中国功夫、中国美食等文化层面的专题内容，并从思想文化入手对其进行转译，更加注重受众自身的情绪与精神需求，降低转译门槛，让海外受众更加理解中国故事的内涵与中国声音的深意。

## （二）非政治化呈现

通过观察 CGTN 在 YouTube 平台上发布的内容，我们发现，在其上传

---

① 利波维茨基.轻文明［M］.郁梦非，译.北京：中信出版社，2017：7.

的视频中，政治类的视频内容整体比例正在逐渐降低，非政治类的视频内容也逐渐淡化了宣传色彩和说服动机，用更加温和的方式讲述中国故事，这种传播方式也与YouTube平台本身的用户习惯和喜好相符。

在对政治类信息进行国际传播时，媒体过于注重对信息本身的传递，主要以陈述政策、平铺直叙的方式讲述政治事件为主，而忽略了处在事件中的政治人物，即人类行动者。有感情、有思想的人类行动者远比事件本身更容易对受众形成长远的影响。因此，CGTN还对部分政治类内容，尤其是对政治人物本身形象的塑造，采用了非政治化的呈现方式。

视频 *A side to Xi Jinping you probably haven't seen before*（《你没见过的习近平主席》）讲述了习近平主席在外交场合下展现个人亲和力的瞬间，作为国家元首，习近平主席不仅代表国家进行政治性外交，还与老朋友一起看多年前的合影、在圣多明各的村庄品尝当地特产并且和村民拥抱或握手、与曼彻斯特城足球俱乐部的球员自拍……通过这些日常，塑造更加立体、富有情感的国家领导人形象。从而增加海外受众对于习近平主席的了解，进而对其治国理政思想与理念产生认识和了解的兴趣。

## 三、网络联结紧密化

在CGTN YouTube账号下存在着多种不同的"异质性"因素，包括关键的人类行动者、被动的人类行动者，以及被作为转译素材的人类行动者、建构形象的非人行动者、转译素材的非人行动者等，这些因素通过不断的转译联结在一起。随着CGTN不断扩大受众范围，增加CGTN视频内容覆盖的国家和地区，更多的人可以通过CGTN获取新闻信息。CGTN国际传播的异质性网络中陆续增加的人类行动者与非人行动者，通过多层级的转译使信息得到尽可能的扩散，将网络的联结与国际传播的议程设置相结合，增加中间的行动者节点和转译行为的次数，从而使得网络联结越发紧密。CGTN 分别从内容本身、转译中的叙事方式、与受众的互动三个方面采取措施，增强了网络联结的紧密度。

## （一）内容主题紧绕中国特色

CGTN 在策划上传内容的过程中兼顾国际新闻与国内新闻，围绕着中国视角、中国传统文化、中国习俗等具有中国特色的话题策划了大量的主题内容。

*Facts Tell*（《真相放大镜》）栏目用中国视角破解西方世界营造的舆论霸权。主持人结合国际社会的热点话题，用事实和证据对霸权主义和强权政治进行批判，让更多海外受众看到事情的真相，跳出西方媒体的议程设置框架，用不同的视角看待世界问题。当今国际社会间的竞争已不仅仅是经济、政治的对比，更是舆论环境、思想文化的碰撞，中国要想在西方的舆论网下破局，就必须要宣扬出中国视角和中国观点。

关于中国的传统文化、节日习俗美食等极具中国特色的内容主题也多有呈现。例如 *China Kungfu*（《中国功夫》）栏目版块，截至 2024 年 7 月 31 日，CGTN 已上传 84 个视频，收获 105355 次观看，该栏目每集介绍一种武术或一个中国传统兵器，并由专业的武术传承者进行演示，让海外受众能够更加深入地了解中国的传统武术文化。探访中国美食的专栏 *The ULTIMATE Chinese Food Tour*（《终极中国美食之旅》），每集介绍一类中国食物，包括广式早茶、经典川菜、北京烤鸭、江浙糕点等中国传统美食，尤其该系列节目采用外国人主持的策略，对食物的评价和讲解更加贴合海外受众。除了对中国武术、美食、传统节日及习俗的介绍，还包括中国国宝——大熊猫、中国的山川河流等极具中国特色的文化与自然风情等的介绍。

CGTN在YouTube平台上传的内容需要经过更加缜密的策划和布局，会选择海外受众更加感兴趣、更容易接受的中国传统文化进行输出。作为向CGTN官方网站和电视节目引流的渠道之一，CGTN YouTube账号在布局上更加凸显自身的中国特色和中国属性。

## （二）叙事方式注重情感满足

有研究者曾通过对Twitter、Facebook等国外社交媒体平台上的政治传播内容和效果进行分析，得出结论：具备明显情绪表达和情感倾向的内容更容易获得用户关注度和参与度。[①]在不断优化和创新国际传播的路径与方式的过程中，CGTN也更加注重转译过程中对海外受众情感的满足，在内容的情感和观点的转译上更加清晰和明确。

莫利和罗宾斯认为文化认同是依据一定的社会关系建构的动态关系体系，并且不仅仅是现实的物质利益表征，还包括具有历史及文化意义的情感共享机制。[②]CGTN在内容生产制作中将对国家的展现与对个人的聚焦相结合，既从宏观角度展现国家形象，又从微观角度表现对海内外普通民众的关切。不仅在体现"国家—民族"的宏观框架下设计内容，更加聚焦"个体—场景"的微观层面设计内容，即采用励志、温情、感人等更加情感化的方式讲述普通人的故事，从而产生强烈的情感感染力。

CGTN在国际传播中的叙事方式上更加倾向于情感化，转译内容相对较为简洁、通俗、平民化，以情感为切入点进行内容的叙述和信息的传达，引发海外受众的共情，从而强化了受众的情感聚合。通过这种情感转译拉近CGTN与受众的距离，对其自身媒体形象建构形成有利加持，争取

---

① STIEGLITZ S, DANG-XUAN L. Emotions and information diffusion in social media—sentiment of microblogs and sharing behavior[J]. Journal of management information systems, 2013, 29（4）: 217-248.

② 莫利，罗宾斯.认同的空间：全球媒介、电子世界景观与文化边界［M］.司艳，译.南京：南京大学出版社，2001: 60-61.

在国际社会上的更多的媒体话语权。

### （三）增强与受众的双向互动

柯林斯在《互动仪式链》中提出，互动仪式是人们最基本的活动，是互动社会生活的能动根源。[①]在新的媒介技术的发展下，从门户网站的评论到社交媒体平台的实时发布，大众传播在功能上逐渐实现了更加多元的互动模式，使公众进入信息传播过程有了更多的可能性。社交媒体的移动化和信息的即时性也使得受众自发参与信息的评论、转发，甚至内容再生产，信息呈网络状散射开来，联结点之间都有不同的转译方式，这种互动能够强化受众的认同，形成一定的受众圈层，从而对受众的传播行为进行强烈的隐形干预。这种干预十分有利于 CGTN 扩大其影响力、公信力与舆论引导力，使其在保证自身作为国际媒体话语权的同时，增强了与受众之间的黏性和联结。

CGTN 利用视频内容引导受众反馈，利用社区互动收集受众意见，同时大量采用 UGC 内容加工制作新闻资讯内容，通过内容选题的调整与内容制作的优化不断与受众进行双向的互动。从过去的单向传播到可互动的双向传播，是传播主体和受众之间关系不断发展的必然结果，也是传播媒介与平台活跃的表征和现实证明。通过增强与受众的互动性，适应当下媒介环境中平民化、碎片化的传播特点，满足受众自身的精神文化需求。尤其是在社区版块中，根据 CGTN 对其 YouTube 频道下的社区内容进行追溯，可以发现 CGTN 最早的内容发布目的即以收集用户意见为主，通过用户对自身关注或感兴趣的职业类型进行投票选择，从而为系列专题的后续内容提供参考与指导。网络社区生态以及由此而来的持续性（sustainability）受到两方面因素的影响：一是由社区成员显示出的兴趣强度（这又与关键行

---

① 柯林斯.互动仪式链［M］.林聚任，王鹏，宋丽君，译.北京：商务印书馆，2009：102.

为者的持续性相关），二是兴趣的多样性（由公共性或联系的多个节点来显示）。①这一方式也从侧面证明了CGTN与受众之间的双向互动，通过对用户进行研究，拉近与传播受众之间的距离，从而提升其自身的媒体传播力与影响力，达到良好的国际传播效果。

通过受众发表意见而不断进行二次传播的方式，CGTN大量扩充自身的转译途径，在被行动者转译出来的具有更强亲和性与更高理解性的符号影响下，其他行动者在不知不觉间产生情感共鸣，将信息吸收再认知，从而使转译方式更加多元、更加符合海外受众的喜好与习惯，使转译后的内容更易被理解与接受，使海外受众成功被说服并参与到下一层的转译中。这些行动者或是出于真情实感的转译，或是在群体氛围中进行的转译，又或是刻意为融入网络所进行的转译，但其本质都是认同程度逐渐增强的过程，从而形成更加巨大的异质性网络。随着这一过程中的人类行动者的不断增加与扩散，网络中出现越来越多的关键节点，整张异质性网络的联结也变得越发紧密。

总体而言，当前的国际传播能力建设已不是单方面、单角度的发力，而是需要用战略传播思维进行全盘谋划，重视传播链条中的每一个关键节点，多点共同发力，只有这样，才能实现精准有效的国际传播。从行动者主体、转译方式及网络联结等三方面提升国际传播效果。首先要重视非人行动者的作用，通过非人行动者的展示在潜移默化中塑造自身的媒体形象，强化主流媒体品牌建设；其次要在转译中寻求多元文化平衡，在内容和形式中优化转译过程，与海外受众之间建立平等的对话空间；最后还要深入挖掘海外受众的需求，了解他们对不同语言、不同内容题材、不同传播主体的需求，增强其在国际传播过程中的良性互动，从而构建起可持续发展的国际传播网络。

---

① 周翔，张小雨.网络社区互动参与主体因素与调控分析［J］.新闻界，2012（18）：45-50.

# 第二章 CCTV海外社交账号传播策略

中央广播电视总台是中华人民共和国的综合性国际传媒集团，其发展一直跟随中国的国际传播建设的脚步，其国际影响力也在不断增强，是我国最接近世界级媒体的重要媒体之一。在国际传播格局中，中央广播电视总台对于呈现中国国家形象和重构国际话语秩序具有举足轻重的作用。面对社交媒体平台的兴起趋势，中央广播电视总台顺势而为，在海外社交平台上创建了官方账号，在报道热点事件、设置新闻议题的同时，向海外受众展示中国传统文化的独特魅力和精彩纷呈的中国故事。

## 第一节 CCTV 海外社交账号传播历程

当前，社交媒体已成为中国企业出海最易触达海外用户的传播渠道。社交媒体凭借平台互动性强、内容传播迅速、文本形式多样等特点，以及其庞大的用户群体和高效的传播方式，在主流媒体国际传播工作中发挥着日益重要的作用。为提升国际影响力，国内主流媒体纷纷顺应技术发展的趋势实施数字化战略，积极探索在海外社交媒体平台上的国际传播实践路径。中央广播电视总台积极顺应媒体技术发展趋势，设计自身的国际传播矩阵，建立官方宣传账号，在报道国际新闻的同时积极向海外社交平台用户介绍中国的政治外交、经济建设、传统文化、地理风貌等方面的内容。

## 一、前社交媒体时代的发展历程

1958年5月2日，原中央电视台的前身、中国第一家电视台——北京电视台正式开播。1959—1962年，北京电视台不断拓宽新闻报道范围并与其他国家媒体展开国际合作，先后与苏联、日本、英国、荷兰、瑞典、法国等27个国家的电视机构建立了交换节目的合作关系。1964年，在国家经济形式的好转、机构内部的人员和经费充足的背景下，中央广播事业局向北京电视台提出"立足北京，面向世界"的方针，北京电视台与时俱进，新闻工作日趋与国际接轨。1978年5月1日，北京电视台更名为中国中央电视台（简称为"央视"）。自1981年起，国际新闻报道方面强调"客观、公正、真实、全面"的原则，旨在克服国际新闻报道中的片面性和绝对化等问题。这为中国了解世界提供了一个便利的窗口，促进了中国人民对国际形势和世界大事的认识。1990年，国务院新闻办公室召开全国对外宣传工作会议，强调要加强电视对外宣传的力量。以此为背景，中央电视台在1991年7月16日成立对外中心，[①]这一举措为我国开办中国国际频道奠定了基础。

我国国际电视频道的发展以1992年CCTV-4（中文国际频道）的开播为起点，初步形成以英语新闻频道和中文国际频道为中心，6个语种、7个国际频道及多语种网络电视台的国际传播新格局。英语、西语、法语、阿语、俄语等5个外语频道依托海外常规驻外站点的同时建立了海外特约报

---

① 赵化勇.中央电视台发展史（1958~1997）[M].北京：中国广播电视出版社，2008：239-241.

道员网络，①大幅提高了国际新闻报道的时效性。2004年起，长城（美国）平台在海外投入运营，以商业化运营模式通过卫星直接入户。2011年，中央电视台纪录片频道正式开播，标志着国际频道建设又取得了一个重大成就。

党的十八大以来，中央对于电视的国际传播工作高度重视，并提出具体的发展愿景。2016年，习近平总书记在党的新闻舆论工作座谈会上提出："要加强国际传播能力建设，增强国际话语权，集中讲好中国故事，同时优化战略布局，着力打造具有较强国际影响的外宣旗舰媒体。"在国际传播政策的引导下，2018年3月，中央广播电视总台成立。在面对新兴技术的发展所带来的机遇和挑战时，中央广播电视总台顺势而为谋求抢占"全媒体"制高点来做好国际传播工作。中央广播电视总台在国内外均已初步完成新媒体平台的建设工作，节目内容可以通过电视端、手机端、电脑端、网页端、客户端等方式进行观看。同时，顺应社交媒体平台的发展趋势，中央广播电视总台在主流海外社交媒体平台如Facebook、Twitter、YouTube等开设主账号和CCTV系列频道的账号，以多种形式传播本土文化，拉近与海外社交平台用户之间的距离。

## 二、建立账号集群

2009年12月2日，CCTV在Facebook平台创建官方媒体账号，信息推送服务由央视网提供。由于缺乏社交媒体运营经验和对海外用户喜好的洞察，该账号建立之初并没有产生很大反响。2013年7月，中国中央电视台设立了"央视英语新闻"新媒体账号，随后"央视英语新闻"在海外社交平台、移动客户端上建立了共20个CCTVNEWS新媒体账号的集群。

2013年开通的熊猫频道以24小时网络实时直播为特色，受到全球用

---

① 李舒东，傅琼.中央电视台国际传播现状及战略前瞻［J］.电视研究，2013（12）：9-12.

户的关注。熊猫频道还在Facebook、YouTube等海外社交平台建立了官方账号或专属页面，同步发布精彩内容并与粉丝互动。2014年，"CCTV中文"账号建立，并于同年12月上线"CCTVNEWS APP"，旨在帮助海外用户更好地了解真实、立体、全面的中国。2016年4月11日，CCTV在Facebook平台的全球页账号粉丝数量首次超过BBC，与此同时，熊猫频道在Facebook平台的账号粉丝突破100万，两个账号粉丝数量的迅猛增长意味着CCTV账号已经成为在Facebook平台中深受用户关注的媒体类账号。

## 三、专业团队运营

在后续的发展中，央视网组建了专门的运营团队，建立基于不同内容类型的子账号来全面地报道新闻、传递消息。央视网在Facebook平台上运营的CCTV系列账号、熊猫频道系列账号以多语种运营为特色，通过图文组合、短视频等多种形式对精品内容进行二次加工和传播，以此来扩大CCTV在海外受众中的影响。媒介技术的发展不仅为主流媒体国际传播拓宽了传播渠道，而且催生了传播内容和形式的变革。

5G、物联网、人工智能、VR、AR等信息技术的发展为我国主流媒体的国际传播工作提供了技术支撑。CCTV积极利用"5G+4K+AI+VR"等先进技术助力国际传播业务提升传播力、影响力和引导力。2019年起，熊猫频道开始采用"5G+VR""5G+4K"的全新技术进行多场熊猫直播，为用户提供"沉浸式看熊猫"的体验，提高了用户的积极性和参与感。央视网建立的协同高效的智能化分发体系，可以实现传播内容的一次创作、多次分发，大大提高了其在社交平台上开展国际传播工作的效率。依托大数据技术，央视网推出频道专属全球传播效果评估产品，更精准地刻画用户画像，更全面地了解传播情况，并及时对传播效果进行调控和反思，以便优化内容和产品的制作。根据海外社交平台的运营模式，CCTV采用智能分发和大数据技术，在了解海外用户喜好的同时，扩大了主流媒体在海外社交平台上的影响力。

## 四、打造媒体品牌

中央广播电视总台在海外社交媒体的实践运营中具有非常明确的品牌传播意识，其标志性事件是2015年12月12日在Facebook和Twitter账号中统一使用单线新台标，以此来区别中央广播电视总台在国内的频道节目和社交媒体中使用的双线台标，同时其官方网站首页也换上了全新的Logo。品牌标识是一种外显的传播形象，能够给人最直观、最鲜明的品牌印象。为了在海外社交媒体布局中形成品牌合力，中央广播电视总台统一了其辖下的多个账号的Logo，以便在全球受众心目中形成统一的中央广播电视总台品牌形象。

基于国家媒体的定位，CCTV主要是通过两个方面来打造特定的品牌传播内容：首先是突出重大新闻的主题报道来塑造国家形象，例如借助领导人出席外交活动、"一带一路"倡议、国际合作高峰论坛等重要报道契机，向海外公众展现中国在重大国际事件中发挥的建设性作用；其次是展现中国独特元素来增强对海外受众的吸引力，例如借助中国的二十四节气和重要节日、非物质文化遗产、自然风光、人文地貌等专题开展文化传播。2017年2月，CCTV的Facebook全球页和其他平台账号同时转发了熊猫频道的一条主题为"熊猫抱大腿"的短视频。该视频上线一周之内播放量达到2亿、浏览量9亿、浏览人次接近4亿，是目前央视网在全球社交平台传播效果最好的视频之一。[①]熊猫呆萌可爱的形象吸引了广泛的关注，向全球公众传达了中国可亲友善的国际交往态度和人与自然和谐统一的价值理念。

---

① 许静, 刘煦尧. 以海外社交媒体策略传播讲好中国故事 [J]. 中国出版, 2017(18): 7-11.

# 第二节　CCTV 在 Facebook 平台的传播特点

Meta "第四季度投资者收益报告"显示，截至 2023 年 1 月，Facebook 平台月活跃用户 29.63 亿。Facebook 作为全球知名的社交媒体平台，不仅为人际交流提供了便捷的沟通渠道和多元化的表达形式，而且以其强大的影响力吸引了海内外主流媒体的纷纷入驻。

截至 2023 年 4 月 13 日，CCTV 的 Facebook 全球页账号的粉丝已经达到 4955 万，信息点赞量达到 4905 万，在中国主流媒体中位居前列。此外，CCTV 主账号在 Twitter、YouTube 上分别拥有 100 万和 157 万粉丝（表 2-1）。除了在海外社交平台上创建主账号，CCTV 还建立了系列账号来配合主账号的对外传播工作，例如在 Facebook 平台上创建了 CCTVNEWS、CCTV 中文、CCTV Asia Pacific 等子账号；在 YouTube 平台上创建了 CCTV 热播剧场、CCTV 百家讲坛官方频道、CCTV 电视剧等账号，共同推动中国声音、中国故事的国际传播。

表 2-1　CCTV 主账号在海外社交平台上的基本信息

| 海外社交平台 | 账号名称 | 创建时间 | 粉丝数量 |
| --- | --- | --- | --- |
| Facebook | CCTV | 2009 年 12 月 2 日 | 4955 万 |
| Twitter | CCTV | 2009 年 7 月 | 100 万 |
| YouTube | CCTV 中国中央电视台 | 2014 年 1 月 3 日 | 157 万 |

## 一、账号基本情况

### （一）粉丝群体庞大，保持日更且报道形式丰富多样

本书以 Facebook 平台的 CCTV 全球页账号为研究对象，选取 2023 年 4 月 6 日至 4 月 12 日发布的帖文作为研究文本。截至 2023 年 4 月 13 日，CCTV 全球页账号粉丝达到 4955 万。在发帖数量方面，CCTV 全球页账号保持了较高的日活跃度，数据统计，该账号每日平均发帖数为 19 条。在报道内容方面，CCTV 充分结合 Facebook 平台的传播特性，发布的帖文能够充分运用文字、图片、视频、链接等相结合的方式对报道内容进行融合性媒介传播。

在发布图文和视频类帖文时，CCTV 账号会选择上传清晰度高且具有较高摄影技术含量的素材，一般来源于合作的图片资源提供商以及中央广播电视总台内部的图片资源库。此外，该账号还会转发《人民日报》、新华社、CGTN 等其他主流媒体账号所发布的新闻性较强的帖文。在链接类帖文中，CCTV 账号充分运用 Facebook 平台的分享链接技术，当用户点击链接时可以直接跳转到目标网页，实现充分的内容共享。CCTV 在 Facebook 平台发布的网页链接以央视网官方网站所发布的新闻报道、新闻评论和长视频为主。从功能上看，链接类帖文更适用于深度解读新闻事件和发布较长的视频素材。

除了坚持所发布的文字、图片、视频等文本的原创性，发布帖文时具体运用何种形式则依据内容而定。对于政治事件、经济建设、外交活动等题材重大的内容，应采用图文形式，简洁明了地报道新闻、传递信息；对于文化遗迹、自然景观、动物介绍等内容，应采用图文或视频的形式向用户传达生动有趣的内容。在 2023 年 4 月 6 日至 4 月 12 日发布的帖文中，视

频占比49.3%、图片占比23.1%、链接占比17.9%、短视频占比9.7%，如图2-1所示。从与用户的互动效果层面来看，图片的互动效果最好，其次为视频、短视频和链接，如图2-2所示。

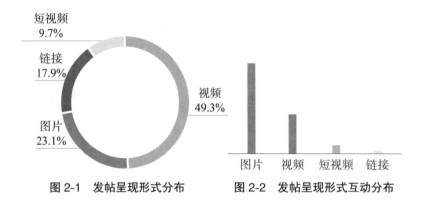

图 2-1　发帖呈现形式分布　　图 2-2　发帖呈现形式互动分布

### （二）新闻报道立足全球视野，帖文涉及多个内容类别

CCTV全球页账号始终以全球视野为出发点，在对信息进行整合呈现时以本土新闻作为传播重点，同时兼顾国内和国际两方面的整体布局。观察时段内共发布推文120条，其中国际新闻40条（占比33.3%），国内新闻80条（占比66.7%）。国内、国际的新闻报道各有不同的侧重点，围绕国内发布的帖文内容涉及中国的政治领域、外交活动、经济建设、社会文化等方面内容；有关国际报道的帖文则主要围绕外交活动和经济合作展开。

通过对样本进行进一步的观察发现，从帖文数量上来看，涉及经济建设和地理介绍的帖文在所有发布类型中具有明显的数量优势，这两类在观察时段内分别发布27条（占比为22.5%）；其后依次为社会文化、政治领域、外交活动、公共卫生和军事科技类帖文。有关地理介绍的推文大致可以分为自然地理和人文景观，内容主要围绕国内的优美景色、宏大建筑、动物介绍等展开。社会文化类的推文在内容上大致可以分为文化遗迹、民间艺术、节日风俗和社会新闻等四种题材。

由此可见，CCTV在Facebook平台的账号运营中体现出开放的报道视野，报道视角立足国内和国际，包含了政治领域、经济建设、外交活动、地理介绍、社会文化、军事科技、公共卫生等内容（图2-3）。通过多个内容类别的帖文来向海外公众展示多元立体的中国形象，有助于海外受众更深刻、更全面地认识中国。国内报道内容主要来自地理介绍和社会文化两个方面，不仅传播中国特有的自然风光和传统文化，还向全球受众传播中国的自然保护理念和本土文化资源，有效地提升了海外受众的关注度和好感度。

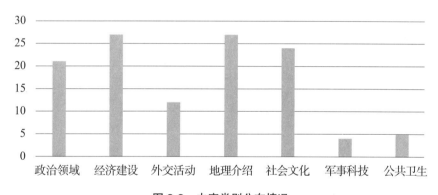

图2-3　内容类别分布情况

对观察时段的50大互动热词和互动话题进行梳理后发现（图2-4、图2-5）：在发布数量上排名前三的词条是"httpsenglishcctvcom"（中央电视台）、"Chinas"（中国）、"Chinese"（中国人）；排名前三的话题是"#Trending"（热门）、"#Xi Jinping"（习近平）、"#SeeChina"（看中国）。这些词条和话题主要用于发布重大新闻议题并且主要集中于政治、经济和外交领域。从互动热度上看，互动热度前五个词条是"City"（城市）、"China"（中国）、"President"（领导人）、"Autonomous"（自主的、自治的）、"Beijing"（北京）；互动热度前五个话题是"#CCTV2023"（中央电视台2023）、"#China Face"（中国面孔）、"#See China"（看中国）、"#Hi China"（你好中国）、"#Xi Jinping"（习近平）。

**Top 50 Words: Post interaction**
The bigger the word, the more it was used. The greener, the more these posts were interacted with.

year Central Communist International Thursday City Chinas receive south visit Spokesperson Beijing March build President show country Province east recently industrial httpsenglishcctvcom Committee United share Encountering marvellous Information Party Monday Chinese National development cooperation State community Foreign mark regions event 2023 future world Wednesday Peoples economic Ministry global work Tuesday

**size = frequency**
**green = high engagement**
**red = low engagement**

图 2-4　50 大热门互动词条

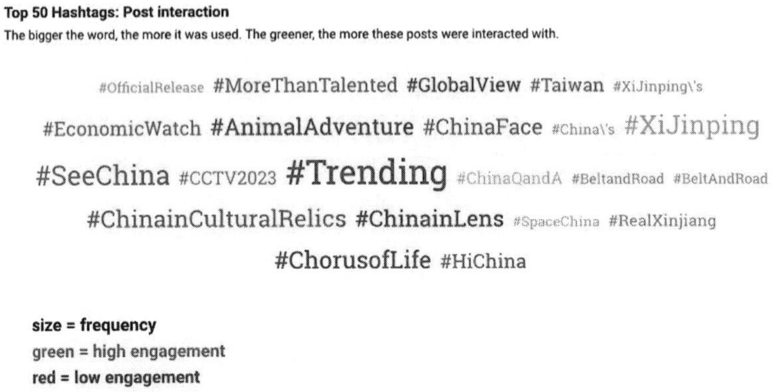

**Top 50 Hashtags: Post interaction**
The bigger the word, the more it was used. The greener, the more these posts were interacted with.

#OfficialRelease #MoreThanTalented #GlobalView #Taiwan #XiJinping\'s #EconomicWatch #AnimalAdventure #ChinaFace #China\'s #XiJinping #SeeChina #CCTV2023 #Trending #ChinaQandA #BeltandRoad #BeltAndRoad #ChinainCulturalRelics #ChinainLens #SpaceChina #RealXinjiang #ChorusofLife #HiChina

**size = frequency**
**green = high engagement**
**red = low engagement**

图 2-5　50 大热门互动话题

## （三）语言风格多元，增强帖文吸引力和可读性

通过对帖文内容的报道语气和修辞手法两个指标进行评估，可以发现 CCTV在Facebook平台上的语言风格大体可以分为严肃官方和轻松活泼两种风格。第一种为传统媒体报道的常用风格，这种推文用词客观、中规中矩，风格稳重大气，不会过多地使用修辞和灵活句式。第二种风格的推文

在表达上用词灵活、语气活泼，同时会使用一些修辞手法来增强帖文的趣味性和互动性，并且体现出值得关注的语言策略。

### 1. 采用问句形式，吸引受众兴趣并与其展开互动

例如帖文 "Is the sky in Beijing getting bluer?"（北京天空变蓝了吗？）用提问的方式引起受众对北京环境的兴趣，同时配有短视频来回答北京天空是否变蓝这一问题。

### 2. 介绍动物时采用比喻、拟人等修辞手法，让语言更加生动活泼

例如 "Baby Tibetan fox：This is a tough guy. Run！"（藏狐宝宝：这是个硬汉，跑！）；"With a bizarre appearance，Lion fish looks like a martial role in Peking Opera."（狮子鱼有着奇异的外表，看起来像是京剧中的武侠角色。）

### 3. 善用简短句子，适应社交媒体用户碎片化阅读习惯

例如 "Ja tang grassland is like a huge painting with bright tones."（贾塘草原就像一幅巨大的画，色调鲜艳。）；"A young dancer dances to an ancient Chinese poem."（一位年轻的舞者随着一首中国古诗跳舞。）

### 4. 提炼关键词，用话题标签点明推文主要内容

例如 "#See China"（看中国）、"#Animal adventure"（动物冒险）、"#Chinese relics"（中国文化遗迹）、"#China in lens"（镜头里的中国）等常用的标签。例如帖文 "30 million tulips are in full bloom to welcome the spring. It is the best time to visit the tulip fields. #China in lens #See China"（3000万株郁金香盛开迎接春天，这是参观郁金香田的最佳时间。#镜头里的中国#看中国）通过简短明确的文字表述，增强了图片的视觉冲击力和感染力。

## （四）汇聚多方之力，打造系统协同的传播矩阵

新闻报道不是单个媒体的"独奏"，而是多个媒体的"合唱"。基于

Facebook互动型社交平台的特点，CCTV在新闻报道方面常常与该平台上的其他中国主流媒体展开互动，组建传播矩阵，以提高声量。除了创建基于不同内容类型和不同人群的子账号，如CCTV中文、CCTVNEWS、CCTV American、CCTV Africa等配合全球页账号的传播，CCTV还常常与其他中国主流媒体之间采用互转推文的方式来增强互动。例如，转发CGTN有关国家主席习近平会见巴西总统的视频、国务院新闻办公室召开新闻发布会的直播报道等，进一步扩大相关重要议题在社交媒体平台上的传播范围。

此外，CCTV全球页账号积极与各个领域的专业意见领袖展开互动。在有关外交的推文中与外交官进行互转、互评的联动，在重要外交事件的报道上取得了良好的传播效果。观察时段内热度最高的是有关琵琶演奏家赵聪和钢琴家理查德·克莱德曼合作演奏的帖文，该海报和完整演奏视频发布5天后，获得了17000个点赞。两位艺术家都对原帖进行转发并附上自己的感悟，促进了热门帖文的二次传播。中外艺术形式的交融与碰撞有效地突破了文化隔阂，增加了海内外公众的情感共鸣。

## 二、账号传播特点

### （一）担任"形象"大使，构建立体丰满的中国形象

受历史及多种因素的影响，我国的国家形象在过去很长一段时间内都处于"他塑"的被动局面。掌握着国际话语权的西方媒体在其各自利益逻辑的驱使下，持续建构、塑造、强化中国在世界公众心目中的刻板印象。[①]这导致中国还未形成与自身发展水平和国际责任相匹配的国家形象，部分

---

① 李智.本质主义与建构主义：国家形象研究的方法论反思［J］.新视野，2015（6）：124-128.

海外受众对中国还未形成正确认知。主流媒体作为参与国际传播的中坚力量，借助主流媒体平台和互联网媒体平台，以客观、公正、全面的新闻报道在塑造国家形象、讲好中国故事，向海外受众传播中国发展理念方面起到关键作用。

以海外社交媒体平台作为国际传播的新阵地，CCTV 在 Facebook 平台的官方账号向海外受众传递了一个政治稳定、经济发达、友好合作、社会和谐的先进大国形象，体现出主流媒体的媒体专业性和话语影响力。CCTV 海外社交账号的帖文多为正面报道，大至政治、经济和外交领域，小至社会生活的方方面面，向海外受众展现了一个立体丰满的中国形象。

在政治领域，CCTV 积极报道重大议题和事件，例如国家领导人的讲话、出访等，向海外受众展现了一个和善友好、担当成熟的大国形象；在经济领域，CCTV 积极报道中国经济反弹助推全球贸易复苏相关信息，向世界展示中国经济持续向好的发展趋势；在国际合作领域，"一带一路"倡议的推进和建设状况、马来西亚与中国在电动汽车领域的合作、马中关丹产业园介绍等推文展现了积极开展国际合作、促进共同发展的中国形象；在传统文化方面，镶嵌金银的青铜建筑画、在商朝武丁王后的妇好墓中发现的猫头鹰形状的尊等文物展示了东方古国的悠久历史和深厚的文化底蕴；在自然地理方面，盛开的科尔花田、佳塘草原和藏狐宝宝、狮鱼等风景和动物展示了环境优美、生态平衡的美丽中国形象；在社会生活方面，新疆集市载歌载舞、蒙古族歌手演唱民族歌曲等帖文生动展现了其乐融融、文化多元的多民族国家形象。

## （二）发掘优质内容，注重内容传播中的情感卷入

尽管社交媒体平台的使用为国际传播提供了新的信息传播形式，但优质内容依然是社交媒体时代下主流媒体讲好中国故事、传播好中国声音的核心所在。优质的传播内容可以引起海外受众的关注，也更容易激发他们

的转发和分享行为。首先，优质内容的挖掘要立足中国本土独特资源，例如"#China in lens"（镜头里的中国）、"#Chinese relics"（中国文化遗迹）、"#More than talented"（不仅仅是才华横溢）等话题标签下的推文向海外受众展示了中国独有的自然风貌、文化遗迹、民间艺术，用轻松有趣的内容加深了海外受众对中国的认识；其次，优质内容要蕴含中国的价值观念，例如有关"一带一路"倡议、马中关丹产业园等推文，让海外受众在获取新闻信息的同时了解了中国合作共赢的发展理念。

在打造优质内容的同时，还要注重中国故事的情感化传播。国际社会呈现了高度的异质性，从制度到文化的差异都是成为国际传播障碍的潜在因素，但情感却是人类共同拥有的一种生理与心理状态。[1]主流媒体在传递国家形象、讲述中国故事的过程中要处理好文化差异，注重内容的"情感卷入"。社交媒体中的国家形象传播犹如日常生活中的人际交流，要建立在意义共享的基础上。情感是人类共有的一种生理与心理状态，在具有高度文化差异性的国际传播环境中，以情感作为传播的切入口，有利于拉近与海外受众的距离，更好地讲述中国故事。

CCTV在打造优质的传播内容的同时采用了情感共鸣策略，用普适性的情感打动海外受众从而激发其共情力，以取得更好的传播效果。例如中国志愿者为濒危的中华凤头燕鸥创造了一个繁殖天堂、青年大学生选择动植物保护工作等帖文，既体现了个人对自然的敬畏与爱护，也传递着人与自然和谐相处的深刻理念。另外，"#See China"（看中国）、"#Hi China"（你好中国）、"#Animal adventure"（动物冒险）、"#China in lens"（镜头里的中国）等话题标签下的帖文，都激起了海外公众欣赏和喜爱的情感共鸣。

---

① 胡园园.共情叙事：中国脱贫故事对外传播的突破口［J］.对外传播，2021（4）：15-17.

### （三）注重呈现普通人的日常故事

CCTV 海外社交账号将"讲好中国故事"视角放至微末叙事和平民视角，每一个中国人的故事都是构成中国故事的生动素材。[①]主流媒体想要拉近与普通受众之间的距离就要转变信息传播的视角，选取原生态、平民化但具有一定价值的信息进行传播。互联网时代信息碎片化的特点促成的体验性强、创意性丰富的叙事表达方式更容易被受众接受。通过朴素真诚的话语讲述中国故事，通过"以小见大"的方式将国家理念与个人生活紧密结合，让更多受众深刻感受到中国之魅力所在。例如：

Since the age of eight，Sun Jiarui learned to cook from her chef father. Now she can cook over 50 home-cooked dishes. Sun is extremely skillful at wok tossing and spatula flipping. #China Face（孙家瑞从八岁起就跟着厨师父亲学做饭。现在她可以烹饪 50 多种家常菜，非常擅长炒锅和铲子翻转。）

Chen Jiayi is an elementary school student. At the age of four，he fell in love with football and has been playing it ever since. Playing football has become his favorite thing to do. And he hopes one day he could become a professional football player. #China Face（陈佳毅是一名小学生。四岁时他爱上了足球并一直坚持。踢足球成了他最喜欢做的事情。他希望有一天他能成为一名职业足球运动员。）

带有"#China Face"（中国面孔）话题标签的两篇帖文分别对从小热爱做饭、厨艺精湛的孙家瑞和热爱足球、梦想成为足球运动员的陈佳毅进行了介绍，营造了热爱生活、充满热情的少年形象。讲述中国故事着眼于小人物、小视角、小事件，让海外受众根据自身的个体经历和价值认知对视频内容作出个性化的阐释，更易于让海外受众感受到文化触动，唤醒跨

---

① 郑越，陆浩.讲好海外社交媒体上的中国故事：以我国三家主流媒体"一带一路"Facebook 报道为例［J］.电视研究，2018（9）：7-9.

文化群体的共同认知。

## 三、传播策略

### （一）拓宽报道角度，重要资讯与日常消息相结合

基于 Facebook 平台特性及用户偏好等因素，CCTV 在发布帖文的过程中呈现了多元化的特点。从新闻的性质上看，新闻可以分为"硬新闻"和"软新闻"，其中，"硬新闻"要求受众拥有一定的知识储备和对新闻所涉及的领域有所了解，受众面相对狭窄，趣味性较低。因此主流媒体在海外社交媒体平台的宣传报道中，要重视软性内容的切入，挖掘能够引起海外受众共鸣的典型人物和事件，注重报道细节和讲述故事，于潜移默化之中影响受众。我们对 CCTV 海外社交账号发布的帖文进行梳理后发现，其新闻发布策略为硬性新闻与软性内容相结合。

CCTV 海外社交账号发布的硬性新闻主题主要围绕着中国的发展建设，包括领导人讲话、外交活动、经济发展、贸易合作等，内容简洁且语气平和。软性内容主要集中于自然地理、动物介绍、民间艺术及历史文化遗迹方面，例如"中国西南部云南省黄龙潭景区的景观""水喉鸟介绍""民间舞蹈艺术家表演中国民间艺术""蒙古族歌手哈拉木吉演唱民族歌曲""三星堆铜像"等帖文。尤其是将报道的目光投注于中国人民的日常生活，例如天气寒冷防止冰坝形成，黑龙江开展了"破冰行为"；广西壮族自治区南宁市龙礼村附近一只水牛掉入深坑，消防员救助等有趣味、有生活气息的中国故事。

### （二）巧用传播技巧，改善报道的阅读体验和视觉呈现

讲好中国故事、传播好中国声音需要创新思维，适应社交媒体时代的传播特性。CCTV 海外社交账号能够考虑到不同国家、不同文化背景的受

众特性，兼顾对象国的历史文化特点。社交媒体的主要用户是年青一代，这就要求中国媒体在海外社交平台传播的内容更多地采用生动自然、亲切活泼的语言拉近距离。政治、经济、外交、军事、卫生类硬性新闻基本传承传统媒体的报道风格。而地理、文化、民生类软性内容在报道中则注重语言修辞和表达技巧增进报道的亲近性。

在信息的呈现方式上，由于社交平台用户的碎片化阅读的习惯，主流媒体在发布帖文时多采用图片、视频、直播等可视化的形式，多制作一些内容精练、短小精悍的视频作品。新闻内容分析平台"新闻快览"（News Whip）对社交平台上最受欢迎的视频进行研究发现，大部分热门视频的时间长度都在 90 秒以内，这就要求视频镜头和字幕更有吸引力，能够更加准确、高效地表达信息。这样的短视频帖文往往更加契合海外受众的阅读习惯，容易在海外社交媒体平台取得更好的传播效果。CCTV 在 Facebook 平台发布的帖文主要采用图文、视频、直播和链接的形式。以点赞、评论和分享的数量作为评价帖文热度的依据，在观察期间内热度排名前十的帖文中，图文形式和视频形式的推文各占 50%。除此之外，CCTV 在帖文中巧妙设置主题标签，既增加了报道被检索到的概率，也利于对推文内容进行归类。例如，关于中国的典型建筑和自然地理的帖文，采用的主题标签是"#See China"（看中国）、"#Hi China"（你好中国）；涉及中国文物介绍，采用的主题标签是"#Chinese relics"（中国文化遗迹）；涉及民间高手和民间艺术时，采用的主题标签是"#More than talented"（不仅仅是才华横溢）……平台用户一看到标签便可以推断出帖文的主要内容，既符合社交平台用户的认知习惯，还可以进一步激发用户对内容的阅读兴趣。

### （三）及时回应热点，塑造权威可靠的专业化媒体形象

社交媒体具有及时性强、传播迅速的特点，粉丝群庞大的主流媒体发布的帖文可以在短时间内获得广泛传播。在面对重大事件的报道方面，主

流媒体在社交平台上要及时发声、准确报道，面对存在负面影响风险的重要事件要积极引导舆论，将产生负面影响的可能性降至最低。这将有助于媒体树立报道及时、权威可靠的媒体形象，从而在重大事件的报道上增强公信力和影响力，提升在国际传播格局中的地位。

媒体在塑造国家形象时，自身形象的塑造也尤为重要，在重大问题的新闻报道中严肃客观，做到不偏不倚、客观公正，树立可信赖的传播者形象。如针对"蔡英文美国过境之旅"事件，CCTV一天之内在Facebook平台发布5条帖文，并采用"谴责""窜美""台独""坚决反对"等词语积极表明官方立场，积极主动回应国际社会关注的热点。

对于意义重大的新闻事件，CCTV则采取及时报道和多次报道的原则，例如对"第三届中国国际消费品博览会报道""习近平在北京与到访的法国总统马克龙会谈""马英九访问大陆""中国与巴西合作"等重要新闻的多角度报道。在重大事件发生期间要把握时机并积极报道，对待特定事件要准确表明政府及媒体立场，以在短期内迅速吸引国际社会的注意力。

### （四）挖掘优质内容，展现独树一帜的多维度特色文化

沃尔特·菲舍尔（Walter R. Fisher）的叙事范式强调人在本质上是讲故事者，同时认为价值、感情和美学构成了人们的信仰和行为的基础，人们更容易被一个好故事而不是一个好论证说服。[①]打造优质的传播内容需要进一步深挖中国故事的内在价值，塑造大国形象。在信息海量化的生态下，新型主流媒体应该深挖中国故事的内涵，把讲好中国故事作为树立大国形象的重要路径。CCTV海外社交账号作为海外受众了解中国的窗口，积极挖掘生动有趣的传播素材，积极发布介绍中国特色内容的帖文。例如

---

① FISHER W R. Human communication as narration：toward a philosophy of reason，value，and action[M]. Columbia：University of South Carolina Press，1987.

基于中国地大物博的特点向海外受众展现中国本土的自然风光、基于中国历史悠久的特点展现中国深厚的历史文化底蕴等，进而在国际社会中塑造一个鲜明的大国形象。在观察周期内，CCTV 在"#SeeChina"（看中国）、"#HiChina"（你好中国）的话题标签下介绍山河风光和宏伟建筑，例如关于中国西南部云南省黄龙潭景区、中国西南部贵州省北盘江大桥、中国福建省霞浦县的泥滩、中国新疆维吾尔自治区赛里木湖、中国西藏自治区林芝的索松树桃花等内容的推文均取得了颇高的点赞量。在"#Chinese relics"（中国文化遗迹）主题标签下介绍中国独特的历史文化遗迹，例如三星堆博物馆的商青铜神树、青铜建筑画、中式家具、商朝武丁王后妇好墓中发现的猫头鹰形状的尊等承载中国历史文化的独特文物。

## （五）塑造品牌，积极参与市场化运营

良好的媒体品牌形象是品牌传播的重要议题，可以增加受众对所发布内容的认可度，进而扩大媒体影响力。CCTV 作为中国官方电视媒体，是世界了解中国的窗口，承担着讲好中国故事、传播好中国声音的历史使命。近年来，CCTV 积极顺应互联网发展趋势和国际传播局势的变化，转变自身的发展策略并积极参与市场化运营。CCTV 先后开通"Instant Article"（新闻推播）、"Facebook Live"（直播）、"Facebook Canvas"（交互式全屏广告）等新技术、新功能，积极在公共主页投放有关社会议题，丰富报道形式并扩大新闻议题的影响力。

在海外社交平台的运营实践中，CCTV 通过符号和形象等元素进行自身品牌形象的重新塑造。2015 年 12 月 2 日，CCTV 的 Facebook 平台的全球页账号更换了传统双线形式的 Logo。新 Logo 除了解决版权问题，更符合 CCTV 国际传播过程中国内与国际相结合的传播定位。从设计美学层面讲，新 Logo 的设计更加简洁，符合现代扁平化的审美，如图 2-6 所示。品

牌 Logo 是品牌自身形象的一种鲜明的外在表现形式，简洁的媒体 Logo 在品牌传播过程中可以带给受众鲜明的视觉体验，加深受众对于媒体的记忆度。

图 2-6　新旧 Logo 对比

# 第三节　CCTV 海外社交账号传播效果提升策略

随着平台化社会的涌现，以 CCTV 为代表的中国主流媒体虽然在国际传播路径和话语形态上不断创新，但在传播效果上还存在着一些共性问题。首先，在内容层面上，虽然将政治、经济类报道作为重点，通过直播、短视频、图文等多种形式发布，并且添加了话题标签，但从播放量、转发量、评论量等量化指标来看，传播效果并不理想。其次，在推广策略方面，对海外社交媒体平台多样化传播资源挖掘不够，如 Facebook 的群组（Groups）、主页（Page）、活动（Activity）、事件（Events）等功能能够为用户精准化分享、讨论热点话题提供交流平台，路透社、英国广播公司等国际媒体都曾在热点报道中使用这些功能并产生了较大的影响，而我国主流媒体对这些功能的灵活使用不足。最后，在互动性方面，参与推文分享和发表言论的有影响力的意见领袖较少、评论数量较少且未能做到有效回应或反馈，官方账号的功能更多类似于新闻发布端，社交属性呈现度不足。然而评价在设置议程方面发挥着重要作用，关注用户留言可以敏锐捕捉到用户关心的内容，如果对有价值的评论进行有针对性的回应，可以使评论区成为讲好中国故事的重要二级平台，从而扩大单条推文的传播层级。结合问题，优化传播策略是提升国际传播效能的关键问题。

## 一、转向用户视角，实现内容主题共享

差异性的国际国内环境、媒介环境和文化环境极大地影响着受众的阅读偏好。如何让中国故事对于海外受众来说更具吸引力，是媒体国际传播进程中不断探索的问题。基于社交媒体用户喜爱轻松有趣内容的偏好，CCTV 在海外社交平台的推文发布工作要转变思维，改变信息发布和话语表达策略。梳理观察期间的热门推文可以发现，海外用户更倾向于了解美景、动物等生活化的内容题材，因此，CCTV 要增加新奇有趣的日常内容的发布，带动海外受众产生熟悉感和亲切感。

在语言文字方面，对于严肃的新闻议题和独特的中国故事要减少抽象话语，应结合海外受众的文化语境以浅显易懂的方式直观呈现；对于介绍自然风光、珍稀动物和社会人文的帖文，应以通俗易懂且带有趣味科普的方式去输出和呈现。除此之外，CCTV 要熟悉海外社交媒体用户的网络话语特征，以具有亲和力的内容进入海外受众的朋友圈，拉近彼此的距离，激发读者在评论区参与讨论的意愿，进而刺激受众将帖文分享到个人主页来获得更大范围的关注。

## 二、借力平台技术，完善新闻推送业务

国家形象建设依托先进的传播手段和传播模式，有效的信息传播需要适应技术的发展趋势，将新闻传播机制由单向告知转换成双方互动。目前，社交媒体平台已经成为各国开展国际传播工作不可或缺的基础设施。要想构建中国在国际社会中的大国形象，社交媒体是一个无法回避的选

择。依托社交媒体的双向互动机制，充分利用平台技术，可以大大提高媒体提供新闻服务的质量。

社交平台以用户为中心的算法技术要求主流媒体调整传播思路，要想让帖文精准广泛地覆盖目标用户，必须遵循社交平台算法推荐的内在规律，依照平台算法特征来调整报道新闻和讲述故事的形式。大数据技术的发展使得社交媒体上的用户变得"可见"，这就要求CCTV要充分分析用户偏好，利用"计算新闻发现"找到有价值的新闻选题。计算新闻发现是运用算法在出版前将编辑的注意力集中到潜在的、有新闻价值的事件或信息上。①通过计算新闻可以有效弥补新闻编辑人员在发现新闻选题、了解受众偏好方面的不足，为媒体编辑有价值、有吸引力的推文提供有效的技术支撑。

## 三、深耕粉丝社群，建立亲密互动关系

在海外社交平台上讲述中国故事，不仅要重视"讲"的环节，还要重视"听"的环节，即面向海外受众的传播效果和阅读反馈。CCTV海外社交账号要充分发挥好社群作用，与粉丝建立互动关系并保持黏性，吸引更多的受众参与讲述和传播中国故事。首先，要重视用户评论，其不仅可以反映海外受众对帖文内容的看法和态度，还具有一定的潜在价值，例如发现现有帖文存在的不足并及时补足、发现新闻议题和报道角度、及时答疑解惑等，能够辅助海外公众对新闻报道的理解和认知。其次，推动用户生成内容，处于电子传播时代的受众，不但成为传播的客体，更是作为文化

---

① DIAKOPOULOS N. Computational news discovery：towards design considerations for editorial orientation algorithms in journalism［J］. Digital journalism，2020（7）.

传播链条中的一环参与信息的生产与传播。[①] CCTV曾在Facebook平台发布《我对"一带一路"期待》《过去的五年》等报道，号召网友通过提交感想、拍摄图片或视频等来参与征稿，鼓励以个人视角讲述中国故事，调动在华外国友人通过亲身体验来向海外用户讲述他们所了解的中国和中国人民。

国际传播要优化传播策略。中国日益走近世界舞台中央，迫切需要把我们的发展优势转化为话语优势。主流媒体要努力把握国际社会的研究兴趣点、利益交汇点、议题聚焦点、情感共鸣点，主动设置为议题以引发国际舆论共鸣。作为讲好中国故事的主体，主流媒体应该紧跟传播技术变革，用受众乐于接受的方式做好内容产品。在海外社交平台讲好中国故事应当遵循社交平台的传播规律，充分考虑文化语境和受众偏好，推动话语融通，采用浅显易懂的报道形式；充分发掘社交平台可利用的传播资源，利用社交媒体的先进技术和平台特性来扩大重大议题的影响；加强粉丝互动及社群运营，争取推动海外受众群体对内容的二次传播，有效地将内容传到海外用户的"朋友圈"和日常生活，扩大主流媒体的影响力，提高中国故事的吸引力。

---

[①]　胡正荣，李涵舒.机制与重构：跨文化背景下中华传统文化的国际化叙事［J］.对外传播，2022（9）：4-7.

# 第三章 《人民日报》国际传播的
# 话语表达与认同建构

1948年6月15日，《人民日报》创刊于河北省平山县里庄，成为中共中央华北局机关报。1949年8月1日，党中央决定将《人民日报》作为党中央机关报。宣传中央的重大决策决定、弘扬党的主张、传播社会正气、传达社情民意、关注社会热点、疏解公众情绪、坚持舆论监督、宣传党的理论和路线方针政策，是《人民日报》的重要功能。同时，《人民日报》传播海内外各个时空场景下的新闻信息，报道全球重大突发事件并客观发表评论，是我国主流媒体国际传播的旗手与先锋。

## 第一节 对外传播的实践先锋:《人民日报》国际
## 传播历程

2015年5月，习近平总书记就《人民日报海外版》创刊30周年作出重要批示，高度赞扬了《人民日报海外版》积极传播中华优秀文化，宣介中国发展变化，在外宣工作中发挥的重要作用。未来，应进一步总结经验、发挥优势、锐意创新，用海外读者乐于接受的方式、易于理解的语言，讲述好中国故事，传播好中国声音，努力成为增信释疑、凝心聚力的桥梁纽带。①《人民日报》的系列国际传播工作紧跟中央政策精神，深刻反映了时代特点与媒介变迁。

## 一、开启对外宣传的窗口

1980年4月，中央决定成立中共中央主管对外宣传工作的领导机构，即中央对外宣传小组，由中央宣传部等14个单位的负责人组成。同年9月16日，中央发出《关于建立对外宣传小组加强对外宣传工作的通知》②，为新闻传播开展对外宣传工作提供了政策指导。

《人民日报》作为党中央机关报，通过其英文版和其他国际传播渠道，积极开启了对外宣传的新局面，以权威、客观、准确的报道和评论，向世界传递中国的声音和观点。1985年7月1日，《人民日报》开设了海外版，为我国对外传播工作奠定了坚实基础。《人民日报海外版》所奉行的宗旨是竭诚为海内外读者服务，做读者的知心朋友，主要读者对象是海外华人、华侨、港澳台同胞、中国在各国的留学生和工作人员，关心中国情况的各国朋友以及来华旅游、探亲、学术交流、从事经贸活动的各界人士。此外，也供国内党政机关、群团组织、企事业单位、学校等人员阅读。《人民日报海外版》的核心内容是传达中央的政策，报道改革开放和现代化建设事业，关注社会热点、难点问题，介绍国际政治、经济、科技、教育、文化，提供国内外各种信息。2007年以来，《人民日报海外版》陆续

---

① 新华网. 习近平就人民日报海外版创刊30周年作出重要批示［EB/OL］.（2015-05-21）［2024-06-28］.http://www.xinhuanet.com//politics/2015-05/21/c_1115367376.htm?from=groupmessage&isappinstalled=0.

② 邓德花.中国共产党领导下的主流媒体对外传播实践演进：以对日传播为例［J］.国际传播，2021（4）：1-10.

与海外华文媒体合作创办了《英国周刊》《意大利周刊》《韩国周刊》《日本周刊》《加拿大周刊》等10余种海外周刊，且部分周刊以当地语言在海外发行，以"在地化"方式扩大了传播范围。

## 二、搭载互联网技术开展国际传播

在2015年的第二届世界互联网大会开幕式上，习近平总书记创造性提出构建网络空间命运共同体的重要理念，明确指出"文化因交流而多彩，文明因互鉴而丰富。互联网是传播人类优秀文化、弘扬正能量的重要载体"，"网络空间是人类共同的活动空间，网络空间前途命运应由世界各国共同掌握。各国应该加强沟通、扩大共识、深化合作，共同构建网络空间命运共同体"[①]。在2023年世界互联网大会·乌镇峰会上，习近平总书记再次强调："信息革命时代潮流浩荡前行，网络空间承载着人类对美好未来的无限憧憬。让我们携起手来，构建网络空间命运共同体，让互联网更好造福世界各国人民，共同创造人类更加美好的未来！"[②]随着互联网技术的快速发展及其在媒体行业的全面普及，《人民日报》全面铺开基于网络平台的传播工作，相继推出人民网、海外网等门户网站，将其作为《人民日报》依托互联网开展国际传播的重要阵地。

人民网是"网上的人民日报"，于1997年1月1日正式上线。经过20多年的探索，除了中文版本，已拥有7种少数民族语言版本和15个外文频道，是境外媒体报道中国的重要新闻源；由人民网运维的《人民日报》海外社交媒体账号粉丝数及影响力稳居国际主流媒体前十位。经过20余年

---

[①] 新华网.习近平在第二届世界互联网大会开幕式上的讲话（全文）[EB/OL].（2015-12-16）[2024-06-28]. http://www.xinhuanet.com/politics/2015/12/16/c_1117481089.htm.

[②] 习近平向2023年世界互联网大会乌镇峰会开幕式发表视频致辞[N].人民日报，2023-11-09.

的探索，人民网坚持强化国际传播体系建设，建立"多语种、多平台、全媒体、全球化"的融合传播体系。作为全球化程度最高的中央重点新闻网站之一，人民网海外传播体系建设取得丰硕成果。作为互联网时代主流媒体的中坚力量，人民网充分发挥了凝聚力量、公平合作的理念。2019年4月23日，首届"一带一路"新闻合作联盟理事会议在人民日报社成功召开（图3-1）。首届理事会由来自25个国家的40家媒体共同组成。理事会设理事长，由发起单位人民日报社担任，负责召集理事会议和工作协调会议，沟通协调、督促落实联盟重大工作事项等；联盟设秘书处（设在人民日报社），负责联盟日常运转、理事会决策执行等工作。联盟宗旨明确提出："作为'一带一路'共建国家和地区的重要媒体合作平台，联盟具有凝聚发展共识、促进各国交流的独特优势。为促进成员间共享发展机遇，拓展传播领域，联盟将秉持以和平合作、开放包容、互学互鉴、互利共赢为核心的丝路精神，向全世界传播客观、真实、准确、公正的新闻信息，为促进不同国家和地区之间人民的理解与互信、交流与合作发挥建设性作用。"根据联盟官网数据，截至2023年，已有来自亚洲、非洲、欧洲、南美洲、北美洲、大洋洲共109个国家的240家媒体加入"一带一路"新闻合作联盟。

图 3-1 "一带一路"新闻合作联盟

2012年11月6日，海外网正式上线。作为《人民日报海外版》的官方网站，海外网致力于打造中国在海内外具有重要影响力的新媒体国际传播平台，第一时间向读者提供中国热点、国际时政，特别是涉华国际新闻事件的解读。海外网的定位为"中国形象传播平台 全球华人网上家园"，以海外华侨华人、海外中国留学生、我驻外使领馆人员、海外中资企业员工以及海内外中文读者为对象。海外网借助主流媒体强大的技术创新能力和深厚的内容创作底蕴，成为《人民日报海外版》数字化转型建设的核心内容和重要支撑平台。

## 三、依托媒体融合纵深发展国际传播

数字化传播的实时性、广泛性、便捷性等特点为媒介融合时代全面推动国际传播数字化转型提供了科技支撑。主流媒体在新的媒介生态中，需要充分发挥自身强整合力、强动员力和强公信力的优势，积极建设并调动全媒体数字化传播矩阵，增强中华文明传播力、影响力。《人民日报海外版》副总编辑李舫在2023年9月21日举行的"创新国际传播 讲好中国故事"研讨会中谈到当前国际传播范式面临人工智能技术带来的巨大冲击和巨大变化，一方面为新时代国际传播赋能，另一方面也带来更多挑战。要深化人工智能技术应用，推进优质国际传播内容生产，善于算法、触达受众，建设跨国、跨文化数字平台，影响国际传播的话域、场域，同时加强人工智能内容生产治理，提升人工智能主体识别技术，增进多媒体内容鉴别水平，培养公共人工智能素养，清朗国际传播内容格局。[①]图3-2为《人民日报海外版》官网——海外网图标。

---

① 中国新闻网. 国际舆论大变局下，各方齐聚共议创新出海［EB/OL］.
（2023-09-21）［2023-12-18］. https://baijiahao.baidu.com/s?id=177766022202
5267340&wfr=spider&for=pc.

图 3-2 《人民日报海外版》官网——海外网图标

2010年,《人民日报海外版》数字化转型建设工作启动。2012年11月,《人民日报海外版》官网——海外网正式上线。通过数字化转型,海外网已逐步构建起拥有报纸、网络、移动终端等媒体形态的现代传播体系,从体制、机制上实现报网互动融合,大幅提升《人民日报海外版》传播体系的整体实力和传播力。海外网的传播矩阵还包括手机海外网(提供每日新闻资讯)、海客新闻客户端(为全球中文用户提供权威的新闻资讯及本地化服务信息)、海客视频客户端(服务于全球华侨华人、留学生等用户群体的国际视频传播平台)、海客号(集资讯、生活、社交于一体的全球华人公共服务平台)等。目前,《人民日报海外版》已建立了广泛覆盖的海外社交网络账号,在海内外各大平台拥有40多个媒体账号,自2018年起在美国、法国、澳大利亚、加拿大、日本等国相继建立融媒体中心,布局运营海外社交媒体账号,与超过130家境外媒体、机构紧密合作,推动本土化内容采集制作和海外落地传播能力大幅提高,已形成覆盖海外全媒体传播矩阵,成为在海外传播发声的"新基站"。海外网不但在引导国际舆论、增强中国国际传播能力、提升国家形象上发挥重要的不可替代的作用,而且实现了市场化运营。其业务板块主要包含三类:专著全球大数据价值挖掘,开展全球舆情数据监测、社交媒体运营及管理等;依托"海客留学"建设集留学、游学、科研、实习、培训、就业、创业、海外服务、国际文化交流于一体的综合型资讯服务平台;以"洞察全球舆情,解读数据价值"为目标,帮助政府/机构、企业和媒体等各类客户获得全面、精准的海外舆情信息,挖掘、解读大数据背后的价值和意义,先后发布

"新时代中国形象与中国理念海外传播影响力报告""中央企业海外形象传播研究报告""海外华文新媒体影响力报告"等系列成果。

《人民日报海外版》打造的海客新闻客户端境外用户占比超过半数，海外社交媒体拥有近1.26亿的粉丝量，"学习小组""侠客岛"等微信公众号在对外传播过程中也备受关注，并且"侠客岛"还在尝试利用互联网的UGC模式，吸引全球用户参与到生产内容中。[①] 其公众号以时政解读为特色，语言清新活泼，内容权威深刻，被誉为"舆论场轻骑兵"。此外，"海客新闻""海外网评""深一度""海叔聊经济"等特色鲜明的网络新媒体，形成融合发展的多业态矩阵，在海内外舆论场打响了一批"海字号"报道品牌。[②]

# 第二节　海外社交账号的内容议题与表达形式

2011年5月，《人民日报》在Facebook上首次注册官方账号，截至2023年5月，粉丝数量已超3370万。超越了中国香港《南华早报》、新加坡《海峡时报》等英文大报和《朝日新闻》等日韩媒体，与《纽约时报》等欧美大报的差距不断缩小。该账号的粉丝活跃度、转发评论率、粉丝总体评价等关键指标居于中国媒体首位。

---

① 温红彦，曹树林.坚定不移推进媒体深度融合：以人民日报构建全媒体传播格局的实践为例［EB/OL］.（2021-12-17）［2023-12-28］. https://cnpiw. cn/a/yuqing/20211217/21278.html.

② 刘璐.打响"海字号"融媒品牌，人民日报海外版做对了什么？［EB/OL］.（2023-06-24）［2023-12-28］. https://export.shobserver.com/baijiahao/ html/625625.html.

## 一、柔性叙述与严肃表达相结合

### （一）内容议题的加工

《人民日报》Facebook账号新闻发布的内容主题分可分为六类："经济""政治""军事""科技卫生""社会文化""趣味"。经济类新闻涉及对经济形势、金融机构、国家货币政策，以及国家经济建设等的报道；政治类新闻涉及领导人出访、国家外交政策、领土争端或重要人事变动等；军事类新闻包括对边防战士、军事训练、武器装备以及反恐演习等的报道；科技卫生类新闻涵盖科学探索、技术研发、创新型发明创造以及医疗卫生等话题；社会文化类新闻包括对食品安全问题、环境质量监测、计划生育国策、法治建设以及艺术文化、民俗民风、文化传统的报道；趣味类新闻包括互动游戏、卡通漫画以及以动植物或自然风光为主题的内容。①

通过对《人民日报》2023年度在Facebook平台上发布视频内容进行抽样（表3-1），最终选取100个视频内容，对其主要议题开展具体分析。因为点赞量与播放量呈正相关，所以不额外将点赞量作为关注度分析的维度。

表3-1 2023年《人民日报》Facebook账号发布主要内容议题的播放量及帖数

| 主要内容 | 科技贡献 | 政治活动 | 突发事件 | 生活娱乐 |
| --- | --- | --- | --- | --- |
| 播放量（次） | 271737 | 114529 | 179586 | 119236 |
| 帖数（条） | 44 | 16 | 12 | 21 |
| 占比 | 44% | 16% | 12% | 21% |

---

① 朱溪，宋毅.《人民日报》在Facebook上的传播特点分析［J］.国际传播，2017（4）：75-87.

科技贡献类内容占比最大，关注度位列第一。科技贡献的主要内容为神舟飞船、神 15 航天员 Vlog、飞行器、空间站、载人飞船升空、无人机、火箭发射、真空型液氧甲烷发动机、东方明珠塔 AR 秀、无人直升机、水陆机器人等。突发事件类内容占比排名第四，关注度位列第二。突发事件的主要内容为海内外自然灾害、国际突发危险事件、公共交通事件、桥梁爆炸、英国女王逝世、商铺爆炸、石化火灾、社会恶性事件、航班起火、香鲸搁浅岸边、坠机等。政治活动类内容占比排名第三，结合视频数量与播放量两个维度，关注度排名第三。政治活动的主要内容为以习近平总书记为核心的政治活动，包括外交会晤、阅兵、新年贺词、中外记者见面会、政治局常委面向公众、天安门升旗、烈士纪念日、八一建军节、军队横跨黄河（天堑变通途）等内容。生活娱乐类内容占比排名第二、关注度位列第四，主要内容为毛笔字、小动物（金丝猴、大熊猫）、传统工艺、民族艺术、暖心社会事件、城市春景、美丽的自然景观（千年宋莲、超级月亮）、中国水稻、春节等。在议题的分布上，体现出重大事件与生活化场景相结合的特点。

### （二）多元素符号有机协作

《人民日报》海外社交账号在表达方式上，能够匹配社交平台的媒介属性，结合互联网时代受众的阅读节奏与阅读习惯。

首先，新闻标题格式统一，字数控制在 15 字左右，整体力求简洁精练，体现出高度的概括性。例如，"中国最大陆路边境口岸进出境中欧列车突破 20000 列""常泰长江大桥主塔进入上塔柱施工阶段"等。标题的高度概括性促使受众在短时间内仅通过阅读标题便可掌握新闻内容，为受众节省了大量的阅读时间，提升了新闻信息的传播力。

其次，图片内容精美丰富，视角多元，多利用特写镜头，增加了新闻的可视性与趣味性。图片的选择与拍摄水平直观地影响着新闻信息对受众的吸引力，《人民日报》根据新闻内容主题来抉择图片的调性。生活娱乐型新闻的图片往往具备审美性、趣味性，军事科技型新闻的图片视野宏观大气，政治民生型新闻的配图庄严规整。

最后，视频对图片帖子进行补充，内容叙述详尽。视频时长维持在5秒钟至2分钟。图片帖发布的内容议题较视频更为严肃，而视频的表达更为生动与详细，辅助受众进一步深入地了解文字图片以外的新闻讯息。例如，海外受众通过图片文字帖能快速获取国家领导人会晤的新闻信息，在视频中会具体展示领导人在与会中具体交谈的场面与内容，画面更直观生动，内容更加详尽。图片、视频与文字三种符号元素有机整合加强了内容传播的效果。

与此同时，《人民日报》在海外社交平台上始终保持活跃状态，进行稳定高频的内容输出。文字图片帖以平均每天更新20条新闻信息的频率在社交平台上持续发布。内容议题丰满立体，包括经济、政治、民生、自然景观、国家建设、科技军事等固定模块内容，且具有鲜明的时效性特点。媒体活跃的状态以及高质量的内容输出不仅收获了海外受众的信任与认可，还使其在短期内收获可观的粉丝数量。根据2023年4—5月的数据统计，《人民日报》在Facebook平台的粉丝数量以日平均一万的速度增长。

### （三）客观信息严谨化传达

由于部分海外媒体的刻意引导，海外受众对中国真实国情及发展实践的了解存在偏见，因此，我国主流媒体在国际传播过程中应特别注重对中国国情及真实信息的传达。根据约哈里窗户理论，我国主流媒体承担了积极扩大开放区的功能，真实呈现事实真相，从而对误读与曲解正本清源。《人民日报》在海外社交平台上开诚布公地介绍中国地理、能源、工程、军事等信息，让海外受众更加客观地认识和了解中国。《人民日报》海外社交平台的信息分类见表3-2。

表3-2 《人民日报》海外社交平台的信息分类

| 主题 | 海外社交平台定义性阐释新闻 |
|---|---|
| 军事科技 | 《直-10武装直升机成功首飞20周年》 20年前的今天,直-10首架原型机首飞成功。这是中国自主研制的第一款专用武装直升机。如今,国产直-10已成为陆航部队主战机型,是空地一体、立体攻防的重要组成部分,真正实现了让陆军"飞起来"。<br>《中国海军第44批护航编队起航》 28日,中国海军淄博舰、荆州舰、千岛湖舰组成第44批护航编队从浙江舟山某军港解缆起航,赴亚丁湾、索马里海域接替第43批护航编队执行护航任务。3艘舰艇为东部战区海军主力舰艇,携带舰载直升机2架、特战队员数十名、任务官兵700多人 |
| 经济建设 | 《粤港澳大湾区老国道新改造》 位于广东的潭江特大桥为国道G240广东新会段改扩建项目的控制性工程,通车后潭江两岸通行时间将从半小时缩短为十分钟。目前该桥的钢栈桥已经建成,主桥水中桩基本完成。国道G240起点位于河北保定,终点在广东台山,连接华北和粤港澳大湾区珠江西岸城市江门。<br>《2022年中国数字经济规模达50.2万亿元》 27日发布的《数字中国发展报告（2022年）》指出,2022年中国数字经济规模达50.2万亿元,总量稳居世界第二,占GDP比重提升至41.5%,数字经济成为稳增长促转型的重要引擎 |
| 能源建设 | 《国家能源局:一季度中国全国可再生能源新增装机同比增长86.5%》 国家能源局27日消息,2023年一季度,中国全国可再生能源新增装机4740万千瓦,同比增长86.5%,占新增装机的80.3%。全国可再生能源发电量达到5947亿千瓦时,同比增长11.4%。截至2023年一季度,全国可再生能源装机达到12.58亿千瓦 |
| 国情政治 | 《中超公司原董事长马成全接受审查调查》 中超联赛有限责任公司原董事长马成全涉嫌严重违纪违法,目前正接受中央纪委国家监委驻国家体育总局纪检监察组和湖北省监委审查调查 |

| 主题 | 海外社交平台定义性阐释新闻 |
| --- | --- |
| 外贸交易 | 《"廊坊—塔什干"中欧（中亚）班列开通》 4 月 28 日，河北省廊坊市正式开通中欧（中亚）班列（廊坊—塔什干）。首列开行的集装箱班列编组 55 辆，由廊坊北铁路货场始发，预计约 15 天后抵达乌兹别克斯坦塔什干，全程约 6000 公里。货物总重量 1400 余吨，主要包括保温管、机械设备、型材等。《一季度中国贸促系统 RCEP 原产地证书签证份数同比增长 46.76%》 据中国国际贸易促进委员 26 日消息，2023 年 1—3 月，中国贸促系统《区域全面经济伙伴关系协定》（RCEP）原产地证书签证金额为 16.39 亿美元，同比增长 46.76%；签证份数为 4.57 万份，同比增长 105.54% |
| 内陆交通 | 《贵南高铁贵州段进入联调联试新阶段》 27 日，一列通体黄色的 CRH380AJ 型高速综合检测列车从贵州贵阳北站出发，对贵南高铁龙里北至荔波段约 175 公里线路进行逐级提速综合测试，标志着贵南高铁贵州段经过前期相关测试达标后进入联调联试新阶段。贵南高铁连接贵州贵阳和广西南宁，正线全长 482 公里 |
| 动植物特产 | 《春茶飘香 广东各地采茶忙》 据广东省农业农村厅消息，近日，广东省 133.9 万亩茶园里的春茶迎来全面开采，单枞乌龙茶、特色红茶、特色白毛茶、大叶种绿茶……在广东各地茶园里，茶农们正背着竹筐穿梭茶田间，一片火热忙碌的采茶图景正在展开。《中国国家一级重点保护动物黑脸琵鹭"组团"现身福建厦门》 26 日，8 只黑脸琵鹭在福建省厦门市翔安区七星礁附近现身。据悉，黑脸琵鹭是被列入《世界自然保护联盟濒危物种红色名录》的濒危物种，是中国国家一级重点保护动物 |
| 历史人文 | 《河南安阳曹操高陵遗址博物馆开馆》 河南安阳曹操高陵遗址博物馆 27 日举行开馆仪式，曹操高陵出土的 400 余件（套）精美文物首度集中亮相。曹操高陵遗址博物馆位于安阳市殷都区西高穴村，依托曹操高陵而建，展示总面积约 18000 余平方米，将于 4 月 29 日正式向公众开放 |

续表

| 主题 | 海外社交平台定义性阐释新闻 |
|------|--------------------------|
| 民众生活 | 《五一假期预计2.4亿人次出游》 据中国旅游研究院，2023年"五一"假期旅游人次有望突破2019年同期水平，达24000万人次。中国国内旅游订单创5年来最高，国内热门城市"五一"机票提前预订量远超2019年同期，境内酒店市场搜索热度已达2022年同期9倍以上。<br>《广西柳州：水上公交客流增长迅猛》 随着"五一"假期临近，广西柳州特色交通工具水上公交备受各地游客追捧。柳州2023年一季度旅游数据显示，该市一季度共接待游客2060.34万人次，同比增长55.3%；实现旅游总收入220.11亿元，同比增长40.3%。其中，柳州水上公交运送乘客18.91万人次，同比增长572.01% |
| 城市发展 | 《湖北武汉：首列商用"空轨列车"试跑》 26日，湖北武汉光谷空轨旅游线项目首列"光谷光子号"空轨列车在武汉市东湖高新区试跑，预计2023年内开通营运。光谷空轨旅游线项目规划总长26.7公里，先行建设的一期工程长约10.5公里，设车站6座。据了解，"光谷光子号"空轨列车智能化程度高，具备全自动驾驶功能 |

通过社交平台受众的评论可知，海外受众对媒体发布新闻信息的客观性与准确性高度关注，媒体公正与否决定了受众对媒体的信任度与认可度。《人民日报》在对国际事件进行信息播报的同时，还会针对具体国际事件产生的原因进行客观分析，让受众充分理解国际局势和动态，并满足受众对外界信息的附加需求。例如，美国作为世界超级大国，其经济政治动向事关全球发展态势，《人民日报》以数据为依托对美国经济形势进行了客观的分析报道，向海外受众展示美国经济的发展趋势，并详细阐释了经济发展动向的具体原因，满足了受众对信息的深度需求。

我国主流媒体在国际传播过程中始终持有强烈的国际性人文关怀，对缺乏人道的国际事件毫不犹豫地批判。在他国发生武装冲突时，《人民日报》账号第一时间表示关注，对在战争中丧生的无辜生命表示同情，同时，更愿意对战火中的人民伸出援助之手。2023年4月，由于武装冲突，苏丹人民陷入战局困境。《人民日报》跟踪报道该事件，并坚定地表达了我国对受难者援助的立场和态度。且在当地时间4月29日，中国海军成功援助中方在苏丹人员及部分外籍人士，充分体现了我国的大国格局与人文关怀。

### （四）严肃信息的柔性传达

近些年，我国综合实力不断增强，对国家形象与国家文化等软实力的宣传需求也不断提升。如果说国家形象和国际好感度是国际传播效能评价的重要衡量标准，那么国家实力则是建构国家形象、提升国际好感度的内核动力，而创新性的表达路径和传达策略则是将动力与效能相联结的桥梁和手段。《人民日报》海外社交账号作为我国主流媒体国际传播的重要组成，需要将严肃的重大主题以更加灵活多变的方式柔性传达，从而切实提升传播效果。

以科技新闻为例，《人民日报》海外社交账号采取柔和的传播方式弥合严肃性带来的压力感，以细节化、审美化、生活化、奇特化视角切入，展现国家的科技实力。细节化体现在通过展现科研机器的外观细节、功能作用来传达科技的进展；审美化体现在通过录制壮美景致来侧面展现国家科技的发展，例如通过航天员第一视角看地球，视频内容立足太空场景，以极具审美化的视角展现地球之美，这种场景不仅对海外民众有着巨大的吸引力，而且充分向海外受众展示了中国科技的发展水平；生活化具体体现于《人民日报》将航天人员在太空的生活展现给海外受众，拍摄航天人员的日常起居、饮食、运动、任务执行等，这充分满足了海外受众对航天工作者日常生活的好奇心，同时通过展示太空舱的设计与布局，侧面将中国科技展现给世界。奇特化主要体现在将太空中的工作内容展现给镜头前的受众，例如航天员采集太空中出现的特殊植物拟南芥进行培植养育，这种新奇的选材内容有效地吸引了海外受众的注意力，柔性地表达了中国科技的进步及中国科学家为人类做出的巨大贡献。

## 二、热点事件的积极跟进与客观表达

### （一）内容形式的设置科学性化、人性化

根据新闻框架中发生地域的分布，2023年前5个月，《人民日报》Facebook账号发布的中国新闻占主体（35904条），国际新闻与涉华新闻分别为6168条和5832条。总体而言，对国际新闻的报道较少，大部分是发生在中国或与中国相关的事件。但根据历年发布内容的变化趋势可知，国际新闻的内容发布占比增高，涉及中国的新闻内容发布逐渐减少，这体现着内容运营方面的受众本位意识，即注重传播国际受众关心的热点事件。

媒体内容的形式设置充分考虑受众的阅读与心理感受。在视频区域，《人民日报》在对海内外出现的热点事件进行播报时会将封面进行初步隐藏，通过提示受众画面具有冲击性将观看的选择权让渡给受众。同时，在文字图片帖区域创建规律性的阅读列表，以便受众更轻松地获取新闻信息。这些细节均能够体现《人民日报》作为国家官方媒体的格局，在无形中累积了媒体的公信力与认可度。

在互联网时代，受众的注意力成为众多媒体争夺的核心，而科技的介入助推了受众养成即时性、碎片化的浏览习惯，具有深度的内容展示难以适应互联网的信息流动与传递节奏，因此《人民日报》结合互联网时代受众的阅读习惯、视觉及心理要素加快媒体传播模式的转型。冗长的视频容

易使受众产生倦怠情绪，无法充分接受视频内容的输出，甚至会选择跳过内容，再不进行相关内容的观看。因此，《人民日报》在海外各社交平台上发布的视频内容时长平均控制在2分钟左右，充分考虑受众的媒介接受心理。在有限时长内高效融合新闻信息，成功满足了海外受众对有关中国信息的基本需求。《人民日报》在海外社交平台上采用短视频的传播模态加强对新闻内容的宣传，从受众阅读与接受的角度审视自身传播能力，增加了国际传播的"抵达度"。

### （二）热点事件国际传播的媒介框架

《人民日报》在海外社交平台进行新闻发布时，严格坚守国家政治立场，捍卫国家利益。国际传播意在使海外受众了解中国真实的政治立场、深入理解国家的文化生活状态及国家经济、科技发展等，因此设立媒介框架的基础和前提应该是捍卫国家利益，坚守国家政治立场。在国际传播进程中，作为主流媒体的《人民日报》基于全局视角建构媒介框架，让海外受众更真实全面地了解世界局势。

对全球范围内的热点事件及时进行跟踪性报道，力求为海外受众呈现真实的高质量新闻内容。2022年3月，以抹黑、丑化中国为目的的"大翻译运动"刚一露头，海外网的《海外网评》栏目就第一时间亮剑，推出评论稿件《小偷小摸的"大翻译运动"抹黑不了中国》，引发了强烈反响。评论通过追问（"试问，以偏概全、故意刺激偏见群体，是'文明社会'的做法吗？""以向反华势力献媚表忠为荣，以拉踩同胞为傲，应当感到羞耻的究竟是谁？"）评论真实地揭露了"大翻译运动"背后的"西方耗材"们难以自洽的悖论，掷地有声地总结道："一个真实、立体、鲜活的中国形象，是任何'灰黑滤镜'都无法扭曲的，更是'大翻译运动'这种小偷小摸式的无耻行径无法从根本上所撼动的。"[1]海外受众在众多政治性

---

[1] 海外网. 小偷小摸的"大翻译运动"抹黑不了中国［EB/OL］.（2022-03-30）［2023-12-28］. https://export.shobserver.com/baijiahao/html/466808.html.

国际新闻中的疑虑主要集中于新闻的真实性与客观性问题，根据Facebook平台上海外受众对媒体的具体评论可知，《人民日报》作为中国的主流媒体代表之一，在坚守新闻真实性这一方面得到了海外受众的认可。例如，第一时间播报英国女王伊丽莎白逝世的消息及白金汉宫的现场状况，引发海外网民对此事件的热议。《人民日报》并未将媒体的意志植入新闻内容中，而是客观呈现事实，尊重海外民众多元立场的存在，坚守媒体表达事实的职业操守与原则。

新闻报道的平衡性是新闻界普遍遵守的职业规范之一，其内涵包括两个层面：宏观上来说，新闻媒体在一定时期内的正面报道与负面报道应该是平衡的；在微观层面，新闻报道如果涉及双方或者多方，应该给予意见不同的人同等的话语权，体现出报道的多样性。[①]《人民日报》通过平衡性报道来展现媒体的公正、客观与真实性，其并非单向度地播报有关中国的积极新闻信息，也同样播报负面新闻，真诚坦率地展现了中国的客观与公正、自信与包容。

### （三）在热点事件报道中形塑国家形象

《人民日报》海外网充分发挥其主流媒体的平台优势，依托《人民日报海外版》、《人民日报》评论部、著名媒体时评人以及专家学者等资源，对中国问题、国际问题特别是涉华国际新闻事件开展深度解读。其评论频道设有《独家观察》《望海楼》《名家专栏》《海外看中国》《台海时评》《热点争鸣》等重点栏目，积极回应全球热点，发出中国强音。

2023年2月，经历了3年的新冠疫情，新的征程如何开局？怎样提振信心？《人民日报海外版》在头版连续推出8期"向上向好，我们有信心"系列报道，海内外反响积极。报道通过观察中国新春新气象，探寻那

---

① 朱溪，宋毅.《人民日报》在Facebook上的传播特点分析［J］.国际传播，2017（4）：75-87.

些令人振奋的身边故事，引导全球华人感受中国经济社会发展的强劲脉动。2023年4月27日，《人民日报》在海外社交平台上发布信息："外交部发言人毛宁27日表示，截至目前，已有1300多名中国公民从苏丹安全转移，有的已搭乘中国军舰、船只离开苏丹，有的正在离开途中。此外，中方已帮助5个国家公民乘坐中国舰船撤离苏丹，还有其他国家向中方提出协助撤离，中方将继续尽可能予以协助。"信息一经报道受到海外网友热议，大量的评论表达了海外网友对中国的赞扬和敬佩之情，中国再次以实际行动展现了负责任大国的形象。2023年5月23日，中国香港国泰航空乘务人员歧视不讲英语的乘客事件曝光后，在网络上掀起轩然大波。事发当天，《人民日报海外版》旗下的新媒体栏目"侠客岛"便旗帜鲜明地表达立场："在中国香港，崇拜英语而看不起普通话的逆流必将快速湮没于历史大潮。""侠客岛"及时而快速的反应对热点新闻的应急机制起了"第一时间"的作用，坚定而明确地表明了立场。这次热点事件的报道充分体现了《人民日报海外版》媒体矩阵协同作战的能力，微博端的"岛叔微评"率先发声，然后在微信端推出深度评析稿件，短视频"岛妹快评"同步操作。热点事件中相关报道与评论的梯次呈现产生了巨大的舆论声浪。包括路透社、美国有线电视新闻网、美国广播公司、半岛电视台、《联合早报》等近50家境外媒体以"人民日报海外版社交媒体侠客岛"为标识转载文中观点，覆盖中文、英文、日语、韩语、越南语等多个语种。

## 三、自主设置议题推进情感传达

### （一）内容议题设置多维度分析

#### 1. 内容呈现形式

2023年，《人民日报》在Facebook上保持每月至少600条的发布量，发布频率约为每小时一条，当突发性新闻发生时，新闻发布频率还会增加。Facebook平台支持发布文字、图片、视频、网页分享四种形式的内容。根据美国内容营销及社交媒体研究网站Buzzsumo的统计，在Facebook平台上，图片内容的互动率高于视频内容，网页分享类型内容的互动效果高于纯文字的内容。

本章统计了2023年1—4月《人民日报》Facebook账号发布的各内容形式的数量、粉丝互动量（阅读量、点赞数、评论数以及转发量的总和）及平均互动量（表3-3）。从各个内容形式的平均互动量可以看出，图片和视频类的内容传播效果最好，而网页分享与文字类的内容传播效果则偏弱，该结果与Buzzsumo网站的统计结论相符。

表3-3　2023年1–4月《人民日报》Facebook账号发布的各内容形式的数量、粉丝互动量及平均互动量

| 内容形式 | 文字 | 图片 | 视频 | 网页分享 |
|---|---|---|---|---|
| 数量（条） | 90 | 37690 | 768 | 10720 |
| 粉丝互动量（次） | 45560 | 674941424 | 19380280 | 54291832 |
| 平均互动量（次） | 4392 | 143096 | 117456 | 40521 |

### 2. 对内容议题的评论态度

结合《人民日报》在Facebook平台的评论内容，可总结出海外受众对各个议题模块的基本态度。由表3-4可知，《人民日报》的议题设置的传播效果较好，针对政治活动，海外受众多元立场的表达体现出《人民日报》对国家文化的自信，以及对不同声音的包容性。通过对Facebook平台的受众态度评价数据可知，《人民日报》在海外社交平台账号的传播延展力正在上升，议题设置能力在不断增强，其中公众议题设置能力较为突出。

表 3-4　2023 年《人民日报》在 Facebook 平台上发布内容议题态度评论分析

| 态度 | 议题 | | | |
|------|------|------|------|------|
| 评论态度 | 科技贡献 | 政治活动 | 热点事件 | 生活娱乐 |
| | 积极赞叹 | 多元立场 | 多元立场 | 喜爱向往 |

### （二）议题设置的传播矩阵

《人民日报》在海外多个社交平台广泛布局，粉丝总量已超1.26亿，并与其他媒体账号联合建立了强大的媒体矩阵，加强了信息的传播力度。例如，《人民日报》在海外平台的7大社交媒体官方账号，矩阵推送山东广播电视台齐鲁频道原创短视频《黄河大集·花朝大吉游园会来了！山东版"十二花神"绝美亮相大明湖》，以英文和繁体中文两种语言推荐"黄河大集"花朝节、大明湖、山东版"十二花神"，向海外网友强势"安利"中华优秀传统文化和山东文化"两创"的生动实践。该视频已在央视频、抖音、微博、快手等平台斩获20多个热搜热榜，相关作品传播量突破5000万。此次与海外网友浪漫"相遇"，向世界展示了中华优秀传统文化、齐鲁文化的视觉盛宴和精神内涵。与此同时，《人民日报》借力地方媒体优秀的传播内容来加强信息传播效度。例如，成都传媒在《成渝地区双城经济圈建设规划纲要》这一政策出台之际，从海外受众熟知的文化元素与文化现象入手，在网络平台上将成渝经济圈与国际知名经济圈——日本首都圈、巴黎—阿姆斯特丹城市群进行对比解说，并进一步深度阐释该政策内涵。视频内容由浅入深，成功引发海外受众的关注，在海外平台出圈，全网播放量超过1000万次。

### （三）自主议题设置及情感传达

在国际传播进程中，主流媒体报道的公共事件涉及海外公众的公共利益及国家利益，由于海外受众来自多元国家，拥有不同的意识形态和政治立场，在这种情况下，如何平衡新闻事件的利益关系成为主流媒体海外传播进程中的难点。《人民日报》借用建构新闻框架的两种机制，巧妙平衡了海外受众的公众利益与我国的国家利益。前文提到建构新闻框架的两种机制，第一种机制是框架建构的"基本"，报道规模控制的主要作用是控制报道量和报道顺序，以此来放大或淡化某个新闻事件的重要性或影响；第二种机制是具体信息的呈现，《人民日报》国际部自主设置议题，推出16篇"政治操弄难掩美抗疫不力事实"系列"钟声"评论，并制作多语种融媒体作品，在《人民日报》海外社交媒体账号的总阅读量超过1300万次。2023年4月，《人民日报》在海外社交平台持续跟进美国联邦储备银行破产事件，将银行运营的具体情况、评估结果、当事人发言等具体信息向公众详尽地发布。《人民日报》利用这两种机制建构了隐形的新闻框架，客观中性的新闻报道既满足了海外受众对公共信息的知情权，又契合了我国的新闻专业理念。

《人民日报》在国际传播过程中，通过传播社会上出现的暖心事件或具备争议性的社会事件引发海外受众的共鸣。在对事件的了解和评判过程中，海外公众将自身感情投射到新闻事件的人物身上，在事件中寻找到了熟悉的社会经验与生活场景，国家地域、民族种族之间的壁垒在这一过程中消弭，拉近了目标受众与国家之间的情感距离。例如，视频通过中国式舞蹈和诗词表达中国的古典爱情，文雅独特的艺术魅力融合人类共通的情感元素使得海外受众体验到了情感的冲击与共鸣。

《人民日报海外版》的生活娱乐版块重点呈现独特的自然景观、动物、民族传统工艺、民族文化艺术等海外公众喜闻乐见的内容。通过充分选取具有文化特色的传播内容，在国际传播过程中形成强大的吸引力。例如，媒体通过拍摄中国野生动物的野外生活，捕捉其憨态可掬的模样并传播到海外；将中国传统醇熟的特色工艺制作过程展演于镜头前，体现出浓厚的中国文化色彩。在此过程中，海外民众不断与媒体进行情感的投入与互动，好奇心与想象力得到极大拓展。

# 第三节　《人民日报》国际传播的认同建构

当前的国际传播新趋势要求我们从文化独白走向对话，对话意味着媒体在进行国家形象的对外传播时，其言说的信息以及创建的形象能够被海外受众接纳与认同。而打破西方人对中国长期以来持有的刻板印象，传播真正的中国形象意味着向世界展示中国的真实信息，这一过程伴随着认同的发生。

## 一、同情认同：在共情式传播中创造强情感属性共同体

霍夫兰提出说服理论，认为说服并不意味着信息传输者要对外进行强硬的信息输入与刻意的行为态度规训，说服恰可以通过柔性的传播方式得以实现，这与跨文化传播中认同的实现颇为默契。而说服的实现需要借助正确的信息传播策略，霍夫兰提出说服过程的六个环节包括接触信息、注意信息、理解信息、接受信息的结论、新态度的保持、态度向行为的转变。这六个环节的具体铺展为中国故事的对外传播提供了有力的方向指引。接触信息意味着中国故事的对外传播需要具备有影响力的传播渠道；注意信息与短视频时代信息的传播特点相契合，这意味着短视频是中国故事对外传播的重要载体；理解信息要求中国故事在传播过程中输出与信息接收者相符合的语言、观念和价值符号；而接受信息的结论以及新态度的保持则需要海外民众参与到中国故事的传播过程中，并能够在此过程中切实了解真正的中国风貌，进而助力中国形象在国际范围的传播。态度向行

为的转变则指的是海外民众受到中国故事和中国精神的鼓舞，将积极的态度转变为切实的行动，付诸为支持、宣传中国文化的行动。

一是接触信息。《人民日报》积极开拓海外传播场域，通过对接海外社交媒体平台、海外网站，联合海内外多家媒体机构拓展国家信息对外传播的渠道，使得海外受众有机会接触到来自中国的新闻资讯，从而更加全面深入地了解中国。《人民日报》在对外传播中进行了长期积极的探索，在 Facebook、Twitter、Instagram、YouTube 等平台建立了强大的社交媒体矩阵，且在不同的社交媒体平台上保持着内容与风格的差异性，覆盖了数以千万的海外受众群体。

二是注意信息。《人民日报》充分利用短视频的传播机制，对信息内容进行分发与传播。在各个社交平台上，视频时长控制在 2 分钟之内，深度阅览的视频时长也控制在 5 分钟以内。题目的选择具备趣味性，对海外受众有较强的吸引力，例如《人民日报》在 YouTube 上发布了一条名为 *How to tear down a bridge within second*（《如何在一秒钟内拆除一座桥》）的视频，引发了海外受众大量的观看行为。视频以一秒钟拆掉大桥为题，夸张的、极具反差的标题内容成功引起了海外网友的兴趣。视频具体内容展示了国家拆建大桥的宏观工程，侧面展现了我国调动各方资源的强大建设能力。同时，《人民日报》精准定位海外受众群体的喜好，利用中国传统文化特色、独特的自然与人文景观以及自然界可爱的动物群体吸引海外受众，通过文化的殊异性加大对海外受众的吸引力。

三是理解信息与接受信息的结论。《人民日报》深入了解信息接收者的文化背景、思维生活、语言习惯等，通过创建符合其价值观念的价值符号，根据其信息接收习惯有针对性地进行议题创制与传播。肯尼斯·伯克的认同修辞理论提出了同情认同、对立认同、意向认同三种认同模式。同情认同是指基于相同或相似之处而实现的认同。对立认同是在敌对"第三者"的基础之上而形成的认同，打破"二元对立"的处境。意向认同是通过将终极价值观浓缩于典型形象，让受众产生身份想象和向往，从而与典型形象进行角色置换，形成"无意识的认同"。

四是新态度的保持及态度向行为的转变。共同体是指社会中存在的、基于主观上或客观上的共同特征而组成的各种层次的团体、组织，既包括有形的共同体，也包括无形的共同体。共同体其实就是一种真正的共同生活，一种归属精神，一种可以信赖的权威结构，一种来自大家的互惠互利的意识，一种作为共有、共享的精神指引。共情传播的出现使得海外受众在互联网空间中建构共同体成为可能。共情传播主要指借助媒介平台，通过对他人、事物的情绪感同身受，进行言语评论、转发、点赞等传播。由于共情心理，事件在传播过程中促使受众加强情感的卷入，而情感引发出个体的传播行为又加深了受众之间、受众与媒体之间的情感联结。在长期的情感互动中构建了具有强大归属感的共同体，促使受众对媒体的信任与情感不断加深，建立对媒体的认同。共情式传播使得媒体与受众建立了强烈的情感联结，在长期的情感沟通中逐渐形成共同体意识。在政治局势动荡的国际现状中，全球受众超越国家利益与意识形态，将同情与怜悯的情绪投射到新闻事件中，将全人类看作共同体，这与《人民日报》等中国主流媒体长期阐释的人类命运共同体理念相契合。进而，习惯于对热点事件投入大量情感的受众与媒体之间再次建构起了共同体关系，基于情感联结建立起的共同体加强了媒体的用户黏性。

## 二、对立认同：超越主客二元对立，积累媒体认可度

对立认同使受众本体在接受信息的过程中超越了二元对立的思维框架，对他国文化产生认同心理。主客二元对立以"人类中心主义"为价值

取向，具有强烈的排他思维，而天人合一是一种"天人和谐"的价值取向，不以对立的心态对待外物，将自我与外物统筹到统一关系中。在当今的国际传播局势下，由于文化差异及国家意识形态与政治立场不同，海外受众形成了二元对立思维，长期坚守本国媒体思想观念的输入，对他国产生了强烈的对立心态，这使得我国在进行国际传播过程中受到阻碍。因此，媒体要充分借用对立认同来打破固有的二元对立的思维之墙。

《人民日报》以客观的视角审视国际局势，将国际局势的真实情况播报给海外受众。而在对国际局势的评论中，海外受众与媒体隐含立场达成一致，逐步形成对媒体的认同。海外受众超越了个体的意识形态及根植于本土文化背景的价值立场，针对国际局势与中国主流媒体形成认同。

《人民日报海外版》注重将"别人讲"与"自己讲"相结合，借助外嘴，让驻华大使讲中国故事。"借外嘴讲好中国故事"是海外网在新中国成立70周年之际独家策划的作品，是央媒首次集中、持续推出的有关驻华大使的融媒报道，也是驻华大使群体第一次进入海外网主题报道的策划视野。通过话语体系的转换，将大使的官方身份转化为"跨文化体验者"的文化角色。该系列以中文、英文、俄文、法文、日文等15种语言面向全球80多个国家和地区传播，累计超550家海内外媒体和网络平台推介转载，总阅读量和播放量近20亿人次。[①]

## 三、意向认同：构建海外受众的认知图式与文化想象

在流动的网络空间中，有关中国的报道在全球的可见性与曝光度大大增强，中国社会的真实景象得以被海外民众看见。文卡特斯在《流动之

---

① 刘璐.打响"海字号"融媒品牌，人民日报海外版做对了什么？［EB/OL］.（2023-06-24）［2023-12-28］. https://export.shobserver.com/baijiahao/html/625625.html.

城：一位社会学家的地下纽约观察记》中指出，人们生活的现实的空间已经脱离了其原有的历史和地理根植性，开始逐渐融入功能性网络，这导致流动空间取代空间。[①]融媒体面向全球打造的流动空间使得我国融入全球网络，海外网民对网络空间中异国信息的关注度也逐渐加强。传统媒体借助新兴电子媒介打破了以往依赖物理空间进行的交往实践，地理空间的重要性也被弱化，基于空间关系建立起的地缘性关系逐渐让渡于网络空间创建的陌生化社交关系，这促使全球网民与我国媒体机构的互动与沟通加强。

主流媒体基于我国社交媒体平台建立的流动性网络空间可建构出远在异国的地方家园，这有利于加强海外受众对中国的情感认同，勾勒出其对中国整体性的认知图式。互联网技术的深入发展促使人们的社会互动从地域层面剥离，制造出"无距离"感的空间迷失，人的地方性实践与存在也被不断抽象化。在全球网域中，海外受众在接收网络信息时会自动与现实存在的空间剥离，对我国主流媒体创建的异国空间产生精神性实践与寄托。主流媒体展演下的中国形象承载着多种物质与精神元素，在主动的信息接受过程中，海外受众会自主建构其对中国的情感认知。人类学家格尔茨指出，"地方知识"不仅代表着地域文化，更映射着广阔社会下蕴含的传统知识与社会常识，是理解和解释文化的认知手段与思维架构。

媒介文本本身携带着有关生活方式、社会关系和表征世界之方式的影像，这些影像超越了言语传播、克服了翻译困难。[②]《人民日报》利用媒介文本创建多元特色意象，以文化和情感共通性与殊异性来引发海外受众的认同，将蕴含着中国生活习惯、思想观念的媒介文本传达给海外受众，在

---

[①] 文卡特斯.流动之城：一位社会学家的地下纽约观察记 [M].李斌，译.北京：中国人民大学出版社，2021：32-45.

[②] 屠苏.国际传播：沿袭与流变（第三版）[M].胡春阳，姚朵仪，译.上海：复旦大学出版社，2022：89-95.

此过程中不断形塑着海外民众对东方古国的想象空间。

首先，创建有关中国地理人文的认知图式。《人民日报》海外社交账号在文字图片帖区域发布有关国家各地区水利、桥梁、油气田、运输工具等的建设，在新闻信息介绍中详尽讲述中国各地区的地理人文状况，例如，账号介绍了珠江口盆地自营勘探发现的油气田如何助力粤港澳大湾区经济社会建设、山西通道再添500千伏输电线路缓解国家用电紧张、湖北三峡船舶行驶的繁华场面、来自中国不同城市的自然风光及代表植物等，从而让海外受众对中国有了更直观、更深入的了解，对中国沿海地区的地理特点及基于地理空间建立起的文化、政治及经济关系建立起一定的认知。

其次，传播中国的文化习俗与生活方式。海外网开设了"中华节庆"系列专题，每期4个整版，古今贯通、图文并茂。《人民日报》海外社交媒体账号在视频发布区域，根据中国的传统节日进行传统文化与传统习俗的介绍，并采取科普式宣传与节日现场转播两种方式，让海外受众沉浸式体验中国的风俗与民情，通过拍摄并记录大型文化节现场向海外受众展示中国文化的魅力与风采，融入沧州铁狮表演的场景画面，以中国河北的"文武沧州，运河古城"的主题花车作为游行头车带领古运河文化扬帆出海。结合具体节日设置中秋节、端午节、清明节等专题视频，借助动画形式，以固定的动画IP人物进行场景构造，通过短小精简的习俗介绍中国传统节日。画面轻松愉悦，易于观看与接受。在多样传播形式及高频率的传播模式下，吸引了海外受众的文化兴趣。

最后，构建中国传统人文的文化想象。根据《人民日报》Facebook社交账号界面视频的播放量、点赞量与评论数量可知，传统文化类视频受到了海外民众极高的关注。《人民日报》在视频发布区域叙述了梅派传人苦练京剧的画面，镜头集中展现其唱腔表演并融入诸多京剧服饰元素。这些独特的文化符号意象对海外受众有着极大的吸引力与影响力，以物作为符号元素，减少了海外受众在理解异国文化过程中的阻碍。海外受众对此类视频的反响大多是积极正面的，包括发自肺腑的惊叹、赞美，以及自己对该文化的理解、向往与赞颂。

# 第四章　系统性逻辑下《中国日报》的国际传播路径

　　《中国日报》是新中国成立后的第一份全球发行的国家级英文日报，创刊于1981年6月1日。作为国家重要的外宣平台，《中国日报》自创办以来始终肩负着我国国际传播工作的重任，是中国走向世界、世界了解中国的重要窗口。2021年5月27日，在《中国日报》创刊40周年之际，习近平总书记致信祝贺，对《中国日报》提出殷切期望："牢记联接中外、沟通世界的职责，把握大局大势，创新对外话语体系，构建全媒体传播格局，建设高素质队伍，不断提高国际影响力，更好介绍中国的发展理念、发展道路、发展成就，更好展示真实、立体、全面的中国，为促进中国和世界交流沟通作出新的贡献！"[①]这为《中国日报》国际传播体系建设指明了方向。《中国日报》时刻牢记"联接中外、沟通世界"的重大历史职责，在准确把握全球大势的前提下，紧贴时代脉搏，不断完善传播体系建设、创新对外话语体系、深耕精品内容制作，积极营造有利于中国发展的国际舆论环境。

---

① 新华社.习近平致中国日报创刊40周年的贺信［EB/OL］.（2021-05-27）［2023-12-28］. https://baijiahao.baidu.com/s?id=1700886231764291117&wfr=spider&for=pc.

# 第一节　整体统筹、格局分布与叙事体系的升级

要做好国际传播，讲好中国故事，就要注重内宣与外宣一体化发展，统筹国内和国外两个平台，奏响国际传播的交响乐、大合唱。《中国日报》一方面注重系统内各要素的提升发展，另一方面统筹协调系统内各要素、各方面、各层次、各维度。通过多方位、多角度讲述中国故事，不断绘制中国形象的全景图，展现"真实、全面、立体""可信、可爱、可敬"的中国。

## 一、立足整体大局，强化责任意识

2021年5月31日，习近平总书记在中共中央政治局第三十次集体学习中强调："要深刻认识新形势下加强和改进国际传播工作的重要性和必要性，下大气力加强国际传播能力建设，形成同我国综合国力和国际地位相匹配的国际话语权，为我国改革发展稳定营造有利外部舆论环境，为推动构建人类命运共同体作出积极贡献。"[1]《中国日报》在40多年的锐意进取中，时刻牢记"国之大者"，心怀事关国家前途命运、中华民族伟大复兴、人民幸福安康和社会长治久安的大事，努力推动国际传播能力建设与我国不断增长的经济水平相适应、与我国不断发展的综合国力相适应、与我国不断提升的国际地位相适应；努力在国际舆论场上发出更强声音，更好地维护国家主权、安全和发展利益；立足"两个大局"，把握好中华民族伟

---

[1]　人民政协网.习近平：加强和改进国际传播工作 展示真实立体全面的中国［EB/OL］.（2021-06-01）［2023-12-28］. https://baijiahao.baidu.com/s?id=1701367229625865091&wfr=spider&for=pc.

大复兴的战略全局和世界百年未有之大变局，努力适应世界变化，保持定力，扎实推进，为开创国际传播新局面而努力奋斗；坚守"职责使命"，牢记"联接中外、沟通世界"的职责使命，让中国大踏步走向世界，让世界更深入地了解中国；积极宣介中国的波澜壮阔的伟大实践；为在国际舞台上讲好中国故事、传播中国声音，增进中外沟通交流、提升中国国际传播影响力、文化感召力、形象亲和力、话语说服力、舆论引导力表现出应有的责任担当。

## 二、完善传播格局，顺应发展趋势

作为国际传播的重要阵地，《中国日报》一直十分注重传播体系的建设。为适应国际局势的深刻变化，根据移动化、社交化、可视化的趋势，除了积极健全完善自主平台，更是主动利用、拓展现有及新兴平台。不断加强对新技术、新应用、新业态的研究和运用，完善传播格局，健全全媒体传播矩阵，打好报纸深度解读、网络实时发布、移动媒体滚动追踪、社交平台深度互动引导的"组合拳"，从而有效提高国际传播的精准度、到达率和有效性。

### （一）始终专注自有平台

《中国日报》在国际传播中突出中国立场、国际视野、深度为要、融合传播，倾力打造向世界讲述中国故事、传播中国声音的主渠道和新平台。

为构建全球化、分众化传播网络，在《中国日报》创刊之后，又相继出版《中国日报香港版》，以及美国版、欧洲版、亚洲版、非洲版、东南亚版、拉美版、加拿大版、国际版等不同版本。此外，还创办《中国国家形象专刊》《中国商业周刊》《北京周末》《上海英文星报》《21世纪报》《21世纪英文报》《21世纪高中生报》《21世纪初中生报》《21世纪小学生报》等多种纸质出版物，真正实现全球覆盖，分众传播。目前，《中国日报》纸质版全球发行量达90万余份，报系内各版块也积极探索创新传播路径。如国际版推进差异化、本土化传播，发行对象覆盖各国政府、大学、智库、跨国公司及非营利机构等。《中国日报香港版》积极传播中央声音，讲好"一国两制"故事，积极引导舆论。2022年，《中国日报香港版》荣获"2021年香港最佳新闻奖"中的10个奖项。

为完善全媒体、立体化传播矩阵，《中国日报》顺应传统媒体转型趋势，大力推进全媒体建设。1995年，创办中国日报网，这是我国最早开通网站的国家级媒体，现已成为国家级综合性媒体网站和中国最具影响力的英文网站，为全球网民提供多媒体资讯服务。面对碎片化、移动化的全球传播变革，《中国日报》紧跟趋势，以移动客户端为第一落点，充分发挥全球站点7天24小时接力机制作用，第一时间向全球社会推送资讯。[①]在许多重大新闻英文报道中，《中国日报》客户端成为全球首发。目前，该平台的全球下载用户超过3900万，是我国唯一下载量过千万的英文新闻客户端。

### （二）充分利用主流社交平台

除了着力建好《中国日报》报纸、网站和客户端等自主传播平台，《中国日报》还致力于在社交媒体平台上提升影响力。在国内，充分挖掘其在微博、微信、哔哩哔哩、抖音等社交媒体平台上传播潜力；在海外，第一时间入驻Twitter、Facebook、YouTube等海外主流社交媒体平台。根据不同平台的媒介属性、粉丝特性，专门打造一系列适应该平台的精品内容和栏目。这种契合现代传播特性和传播方式的"一群体一策""一平台一策"的工作方案，形成集群传播优势，助力《中国日报》的高质量精品内容不断"吸粉"破圈。

---

① 曲莹璞. 联接中外、沟通世界，推动国际传播高质量发展［J］. 新闻战线，2022（10）：2-7.

### （三）积极开展合作传播

"独木不成林"，国际传播是一个系统性、综合性工程，《中国日报》主动搭建国际传播融合平台，从深度和广度上强化与海外媒体的合作交流，助力中国声音国际传播，真正做到汇众智、聚合力。一是合作朋友圈不断扩大，媒体合作伙伴覆盖全球。二是升级合作模式，从单一内容置换到联合选题、栏目合作、人员交流、线下活动等，向更宽领域、更深层次延伸，进而实现"走出去"到"走进去"再到"落地生根"的良好效果。在亚洲地区，《中国日报》是亚洲新闻联盟（ANN）的核心成员，与ANN成员广泛开展采访合作、稿件共享、人员交流，服务群体覆盖亚洲4000万读者。三是搭建合作品牌，如《中国观察报》、"东盟媒体看中国"、"中国有约"等国际性、区域性媒体交流品牌，有力地推动媒体交流和产业合作，促进中外民心相通。

## 三、升级叙事体系，推进全球化表达

要联接中外、沟通世界，就要善用"联接中外"的新概念、新范畴、新表达，即既符合中国国情，有鲜明的中国特色，又与国外习惯的话语体系、表达方式相联结，易于被海外受众接受和理解。《中国日报》按照上述思路，升级叙事框架、叙事模式，将宏观与微观相结合，用小切口反映大时代，以小人物展现大情怀，促小故事体现大主题，生动诠释好新时代中国波澜壮阔的伟大实践。

### （一）小切口：用微小细节凸显中国元素，用普通人事迹展示中国故事

在国际传播中，对文化差异充分认知和精准把握才能提升传播效果。

与中国人擅长归纳、概括和提炼不同，海外公众更倾向于真实的个案、有趣的故事和冲突性强的情节。习近平总书记多次指出，讲故事是国际传播的最佳方式。根据这一理念，《中国日报》制作《"一带一路"睡前故事》，以美国人艾瑞克给自己的孩子讲睡前故事的形式展开，用通俗易懂的语言介绍"一带一路"倡议的起源、现状和建设思路。当然，浩瀚的中国文化、中国故事需要用更多的面向去拼合。事实上，每一个中国故事与故事之间总是不同的，而每一个故事都可能是其他故事缺失的那一部分。[①] 只有当所有的中国故事以及故事的所有面向都拼合起来时，才是一个完整而立体的中国故事。《中国日报》继续打造《普通人的奋斗》《平凡英雄》《中国温度》《秀美中国》等融媒体专栏，力求从多个角度、多个维度、多个面向展示一个真实的、温暖的、正能量的中国社会。

## （二）多视角：邀请"局外人"参与传播活动，从"他者"视角发现多彩中国

从传播角度讲，误读是传播的伴生现象。只要有传播活动，就必然有受众对传播者意图的误读存在。所谓误读，就是对文本所反映的对象的曲解或误解，这是传播中的普遍现象。在解释学上，海德格尔认为，理解不可能是纯然客观的，不可能具有所谓的客观有效性。伽达默尔认为，所谓理解就是理解者的视界与文本的视界互相交融，从而超越各自原有的视界而达以新的视界。既然一切理解过程都在本质上包含着理解者本人的视界、感悟、历史传统和当下处境等，那么，误解与偏见就是不可避免的。对于国家形象的塑造而言，本质上是一个在诸多复杂因素作用下的国际间信息传播的过程，因此被他国媒介或公众误读也是不可避免的。国家形象建构者必须面对这一现实，在增强本国对外传播实力的同时，采取切实可行的策略尽量减少误读。

---

[①] 吴沁宇，韦清琦.以整体性环境叙事构建中国绿色国际传播体系：以《中国日报》"北向追象"报道为例［J］.传媒观察，2022（1）：56-63.

《中国日报》在叙事视角方面进行换位，让更多外国人参与到自身的国际传播活动中来，借助"外嘴"实现跨越文化差异、打破文化隔阂，从而减少误读与误解。《中国让我没想到》视频栏目以留学生作为第一人称叙事主体，讲述自己留学期间的所见所闻、所想所感，有力地促进了中外青年民意相通。"中国有约"国际媒体主题采访活动邀请数百名中外记者、外籍网红等走访中国各个省份、各个地区，让众多海外受众跟着采访团遇见真实的中国，从不同视角感受中国的风土人情、社会文化。《求索：美国共产党员的中国行》以美籍记者、美国共产党员伊谷然的视角，向全球展示了中国共产党在百年间如何一步步实现理想，如何创造一个又一个令世界瞩目的成绩。《问道》探寻中国共产党如何为解决全人类面对的共同问题提供中国智慧和中国方案。这种视角转换让更多外国受众以一种听得懂、听得进并听得明白的方式了解中国，切实增强了国际传播的亲和力与感召力。

## 四、深耕内容制作，讲好中国故事

近年来，《中国日报》坚持"内容为王"，借助技术手段使产品形态不断丰富。例如，为了向海外网民用户全面生动地宣传解读习近平总书记治国理政新思想，《中国日报》开设《学习时代》（*Xi's Moments*）英文专栏，以图文、微视频、动画等形式做好报道阐释，折射出大国崛起发展的新气象。2021年，在中国共产党成立百年之际推出的"习近平讲党史"系列短视频，全球播放量突破4000万，让海内外受众对中国有了具体而深刻的认识。2022年，中国日报网第一时间以英文发布党的二十大报告要点，被全球300多家主流媒体转载转引。随着传播领域的深刻变革，《中国日报》积极拥抱技术，推动技术与内容紧密融合，不断在传播实践中融入AR、VR、XR等虚拟技术，推出众多沉浸式融媒作品，受到海内外网友的高度关注。2022年底，中国日报探"元"工作室成立，致力于加强对中华文化的研究、阐释和对外推广，充分运用中华文明探源工程等研究成果和"元宇宙"等新技术，向世界展示中华优秀传统文化的独特魅力，促进中外文明交流互鉴。

## 五、坚持立破并举，营造良好舆论环境

为了增强中国关于重大问题的对外发声能力，放大中国国际话语音量，《中国日报》坚持立破并举，为营造良好的舆论环境而不懈努力。一方面，不断提高议题设置能力；另一方面，讲究国际舆论斗争的方式方法，做到策略性与斗争性的统一。正面回应国际关切，进一步加强分析性、解释性报道，让中国理念、中国主张、中国智慧在国际上广泛传播，进而达成更广泛的接纳与认同，向国际社会阐释中国如何看待世界。

### （一）引导国际社会正确看待中国

在国际舆论争锋中，部分西方媒体发出一些不和谐的声音。受新闻消费主义倾向的影响，以美国为代表的西方媒体为了取悦尽可能多的读者，在报道中忽略事件的全过程以及背景，忽略报道的整体性和全面性，这种媒体现象也成为大众传媒自身难以克服的一大缺陷。在这种情况下，媒体对某一事件的有侧重的报道可能在读者或观众中形成并不准确和有失客观立场的判断，误导公众舆论。[①]消费主义倾向表现在美国媒体对华新闻报道中多采写那些西方民众感兴趣的新闻故事，这些新闻主题自然就是与"民主"和"自由"相冲突的。同时，部分西方媒体始终存在着对中国形象恶意抹黑的情况。"妖魔化中国"的论断是1996年由新华社记者李希光提出的，是指西方各主流媒体通过丑化、扭曲中国形象，把中国塑造成为一个蛮夷之邦，一个经济落后、文化匮乏、社会动乱的可怕的国家，从而

---

① 刘华蓉. 大众传媒与政治［M］. 北京：北京大学出版社，2001：37.

误导西方人士对中国的看法。西方媒体妖魔化中国的做法一直存在，在当下表现为"中国威胁论"。

面对恶意抹黑中国、攻击中国的言论，《中国日报》不但敢于斗争，而且善于斗争，以积极主动的姿态参与国际舆论斗争。通过多种媒介形式展现中国的真实形象，有效缓解其与西方主观印象的冲突和反差，把国际舆论引导至有利方向。为了有效还原事实真相，阐明中国立场，《中国日报》成立"新时代斯诺工作室"，充分发挥资深外籍专家和国际友人的作用，用他们的视角展示丰富多彩、生动立体的中国形象；创立"起底工作室"，推出"起底"系列深度调查纪录片，及时驳斥西方的不实言论，对西方涉华舆论进行"话语解构"。比如，针对外媒污名化新疆，中国日报社外籍记者深入新疆采访，推出系列报道"这里是新疆"，以及《起底：打脸BBC新疆报道，够了！假新闻》等调查类纪录片、短视频，获得海外网友及主要媒体的高度关注，以事实真相解构西方对中国的污名化，拆穿西方媒体的谎言。

同时，《中国日报》还高度重视对海内外青年群体的价值引领，充分整合集团旗下21世纪报社在Z世代国际传播领域的有益经验和传播优势，聚焦青少年群体，为宣传阐释中国智慧、奏响文明互鉴的新乐章而展开实践。一方面，大量推出深受青少年喜爱的创新性产品，充分利用《21世纪英文报》的实践经验和丰富内容，引导广大青少年树立家国情怀，坚定文化自信；另一方面，积极搭建国际青年交流平台，2021年6月创立的双语新媒体节目《少年会客厅》以全球Z世代为主体和对象，用有趣的形式和有用、有意义的价值输出，引导全球青年针对全球发展倡议、中美关系、中俄关系、中印关系等重大主题展开深入讨论，从而推进中外Z世代人文交流。

### （二）深入阐释中国如何看待世界

《中国日报》把国家情怀和国际视野相结合，聚焦国际社会普遍关注的热点话题及敏感问题，敢于发声、善于发声、持续发声。通过精选的表达角度以及贴近海外受众思维习惯的表达方式，清晰阐明中国观点、中国立场。例如：针对美国副总统哈里斯访问东南亚期间捏造事实，恶意指责中国的不实言论，《中国日报》立即发表评论文章《美国渲染所谓中国的"胁迫"外交实质是利用双重标准对中国污名化》，该文章被境外主流媒体转引近1000次，众多反对强权政治的国家和人民强烈抨击美国这一行径；社论《美国在俄乌冲突中的不光彩角色》揭露了美国在俄乌冲突中煽风点火的不光彩行径，被外媒全文转载160余次。在中国的"世界观"问题上，推出《带路连心》专栏，围绕"一带一路"展开解读，充分阐述"一带一路"建设成果，聚焦讲好"一带一路"故事；成立"画"时代工作室，举办以人类命运共同体为主题的国际漫画插画大展，致力于为低碳生活、世界和平发展发声蓄力。

在《中国日报》国际传播的实践中，系统性逻辑贯穿始终。一方面，以系统性逻辑为起点，在把握大势大局的基础上，融通国内外传播平台，推进全球性话语表达，从多个维度、多个方面、各个要素提升传播能力建设；另一方面，以系统性逻辑为落点，对关键要素实行优化，进而推进整体功能的最大化，从而更好地展现真实、立体、全面的中国形象。

## 第二节　《中国日报》海外社交账号的运营策略

加强国际传播能力建设、提升中国国际话语权，除了积极创建海外发声渠道，也要将已有的主流社交平台赛道囊括其中。面对纷繁复杂的国际环境以及传播领域的深刻变革，《中国日报》积极入驻Facebook、Twitter、YouTube等海外主流社交媒体平台，并根据不同平台的调性和用户群体特点，开设账号矩阵进行分众化、个性化传播运营，创建“一国一策”“一地一策”“一平台一策”“一群体一策”的工作方案，形成集群传播优势，不断“吸粉”破圈（图4-1）。

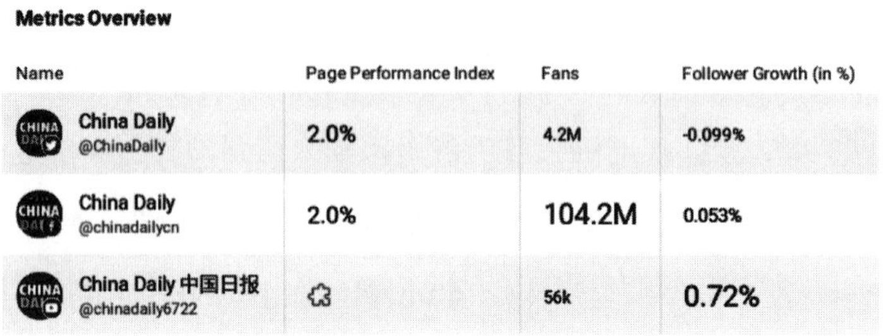

**Metrics Overview**

| Name | Page Performance Index | Fans | Follower Growth (in %) |
| --- | --- | --- | --- |
| China Daily @ChinaDaily | 2.0% | 4.2M | -0.099% |
| China Daily @chinadailycn | 2.0% | 104.2M | 0.053% |
| China Daily 中国日报 @chinadaily6722 | | 56k | 0.72% |

图 4-1 《中国日报》海外社交账号相关指数[①]

## 一、《中国日报》Facebook 平台官方账号运营情况分析

《中国日报》Facebook平台官方账号创建于2009年11月5日，是第一批在海外社交平台创建账号的中国主流媒体。其账号主页介绍“Your fast way to all things China”（快速通向中国的一切）表明账号宗旨及内容：要向世界展示和解读中国，成为中国与世界沟通的桥梁和使者。账号重点推送农业农村发展、风景名胜、科学技术、娱乐趣味、新奇事物、社会正能量等新闻讯息。《中国日报》Facebook平台官方账号除了每日更新内容，还通过创建活动，成立粉丝小组等措施，增强与受众间的互动，提高其账号内容在海外受众中的接受度与认同感。截至2024年9月5日，《中国日报》在Facebook平台已发起百余场活动。此外，《中国日报》Facebook平台官方账号还创建了《中国日报》中国徒步者账号，成立中国徒步者小组。目前，组内已有11000余名成员长期发布中国美丽自然风光、奇异景象的照片和视频，引领小组成员在秀美中国中自由穿梭，带领他们认识这个神奇的国度。

① 根据Fanpage网站（www.fanpagekarma.com）资料整理得出。

## （一）账号更新频率高，帖文呈现形式多样化

以2023年4月第一周《中国日报》Facebook平台账号发帖内容数据（图4-2）为参考，平均每天发布约50条帖文，更新频率较快，日活跃度较高。全天24小时保持更新状态，一般情况下每小时发布帖文1—3条。整体而言，@ChinaDailycn信息发布平稳，波动幅度较小。

从帖文的呈现形式看，@ChinaDailycn（《中国日报》Facebook平台账号）契合社交媒体传播属性，帖文多以图文并茂的形式呈现。在观察范围的339条帖文中，链接类及图文类帖文数量最多。链接类帖文163条，占帖文总量的48%；图文类帖文156条，占帖文总量的46%；视频类帖文20条，占帖文总量的6%，如图4-3所示。同时，链接类推文大多链接中国日报社文章，各平台账号间互动显著。

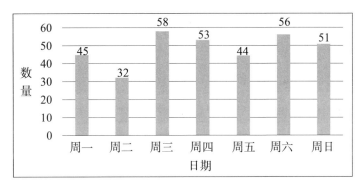

图 4-2　2023 年 4 月第一周《中国日报》Facebook 平台账号发帖内容数据

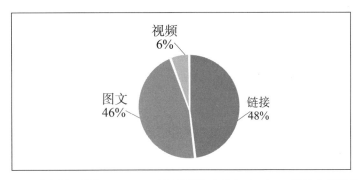

图 4-3　《中国日报》Facebook 平台账号 @ChinaDailycn 的帖文类型分布

## （二）软硬信息结合，立体呈现中国国家形象

@ChinaDailycn发布的帖文内容丰富多元，一是社会生活类帖文占比最多，接近21%，包括风俗民情、民间趣闻、感人故事等受众喜闻乐见的"软新闻"以及公共事件等社会类"硬新闻"。二是包括国内外重大政治事件、军事演习等在内的政治军事类帖文，约占20%。三是充分宣传企业发展、国家经济恢复与建设情况的商业经济类帖文，占比为16%。四是包括中国各地名胜古迹、自然风光等在内的旅游风景类帖文，占比为12%。五是中国媒体在对外传播中积极打造科技名片，发布的科技研究类帖文也占据一定比例，为8%。六是关于国内及全球各地的节日、文化有着一定程度宣传的节日文化类帖文，占比也是8%。七是有关中外交流的新闻信息（中外交流类帖文），占比7%。八是高铁、城市基础建设等也已成为对外传播的重要象征，即城市建设类帖文约占6%，如图4-4所示。

在@ChinaDailycn发布的帖文中，最受Facebook用户欢迎的内容主要集中在农业农村、旅游风景、节日文化等软信息层面（图4-5）。在所统计的帖文中，互动量最大的一条帖文展示了重庆智能农场水稻种植的画面（图4-6）。

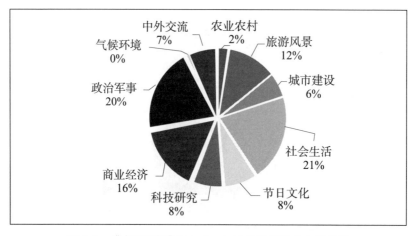

图 4-4 《中国日报》Facebook 平台账号帖文内容分类

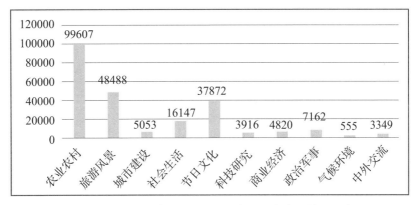

图 4-5　《中国日报》Facebook 平台账号各类型帖文互动量

图 4-6　帖文截图

整体而言，《中国日报》Facebook账号既积极有力地展现了中国的大国风采，又生动鲜活地呈现出浓厚的中国特色。新闻以"软新闻"为主，"硬新闻"为辅，图文并茂，极具趣味性、可读性和正面价值，实现了良好的传播效果。

### （三）大量使用话题标签，提升关键词的曝光度

在统计的339条帖文中，近65%的帖文使用了话题标签。其中，#XiJinping、#ChinaCanvas、#Taiwan使用频率最高；其次是#ChinaDaily Editorial、#Economy、#Opinionline及城市等。话题标签的大量使用，有效增加了重要关键词在海外社交媒体平台的曝光度。同时，通过标签的设置形成高频热搜词，能够有力地聚合海外网民的注意力，扩大传播范围。

## 二、《中国日报》Twitter 平台官方账号运营情况分析

《中国日报》Twitter平台官方账号同样创建于2009年11月，截至2024年9月5日，粉丝数量约415万。其账号主页简介内容为"Start a conversation as we share news and analysis from #China and beyond"（我们的对话来自我们分享中国和其他地区的新闻和分析的时候）。《中国日报》Twitter平台官方账号侧重报道国内重大事件和突发性新闻，力求在第一时间向海外用户还原事实真相，传递中国态度。截止到2024年9月5日，《中国日报》Twitter账号已发布超20万条推文，即自账号建立以来平均日发文量超40篇。

### （一）账号活跃，围绕重大主题积极传递中国声音

2023年4月，《中国日报》Twitter账号平均每天发布推文65条，更新频率较快，日活跃度较高。整体而言，推文发布整体平稳，波动幅度不

大。2023年3月，《中国日报》Twitter账号平均每天发布推文73条，达到2023年以来的峰值，账号活跃度高与全国两会召开有关，在之后的一段时间里有所回落，如图4-7所示。在全国两会期间，@ChinaDailycn通过前期预热、高频率直播会议内容等方法，在推文内容、宣传视角以及传播方式等方面表现不凡，积极有效地发挥了主流媒体账号向海外传递中国声音的作用。

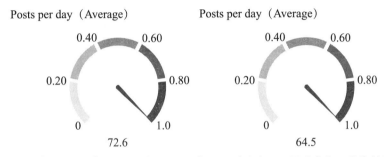

图 4-7 《中国日报》Twitter 账号 2023 年 3 月（左）、4 月（右）日均发帖量

### （二）互动率高，平台联动提升推文的传播效率

从推文的呈现形式看，@ChinaDailycn同样十分重视图文并茂的多元呈现形式，包括图片类推文、链接类推文、视频类推文等。从2023年已发布的推文来看，链接类推文占比最高，为46.4%，图片类推文占比27.8%，图片和链接并存的推文占比12.5%，视频类推文占比12.4%，纯文本类推文占比仅0.5%，如图4-8所示。

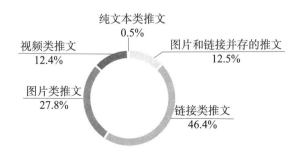

图 4-8 《中国日报》Twitter 账号推文类型

从推文的互动形式看，在 @ChinaDailycn 2023 年 3—5 月发布的推文中，99% 以上的推文被点赞以及转发。从推文的传播效果上看，大多数话题标签、关键字等切合受众兴趣，产生良好的传播效果。如带有 #XiJinping、#ChinaCanvas、#ChinaDailyEditorial 等话题标签的内容引起受众广泛积极的互动（如图 4-9 所示）。

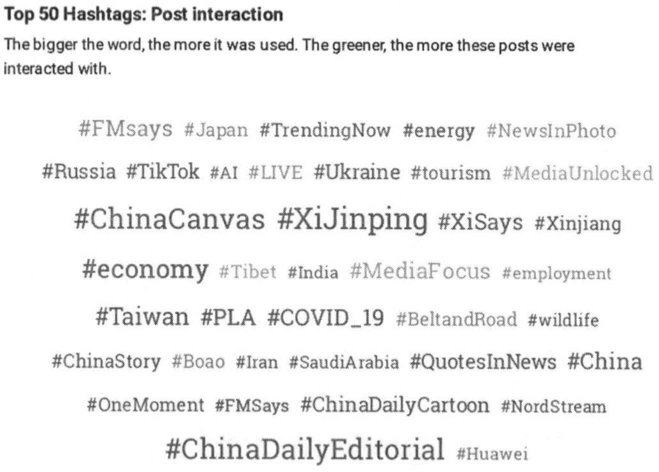

**Top 50 Hashtags: Post interaction**
The bigger the word, the more it was used. The greener, the more these posts were interacted with.

#FMsays #Japan #TrendingNow #energy #NewsInPhoto
#Russia #TikTok #AI #LIVE #Ukraine #tourism #MediaUnlocked
#ChinaCanvas #XiJinping #XiSays #Xinjiang
#economy #Tibet #India #MediaFocus #employment
#Taiwan #PLA #COVID_19 #BeltandRoad #wildlife
#ChinaStory #Boao #Iran #SaudiArabia #QuotesInNews #China
#OneMoment #FMSays #ChinaDailyCartoon #NordStream
#ChinaDailyEditorial #Huawei

图 4-9　2023 年 3—5 月前 50 个话题标签互动情况

## 三、《中国日报》YouTube 平台官方账号运营情况分析

《中国日报》YouTube 平台官方账号创建于 2016 年 12 月 7 日，该账号通过新闻短视频的制作与发布为海外用户提供了更为直观的可视化新闻服务，增强了信息的扩散效果。

### （一）粉丝基数小但增长率高，账号潜力巨大

相较于 Facebook、Twitter 平台，《中国日报》YouTube 平台官方账号主体粉丝量偏小，但后续增长潜力巨大。根据观察，2023 年 3 月 19 日至 4 月 14 日，该账号的粉丝增速明显（图 4-10）。同时，视频内容进一步提高了

新闻信息的可读性和趣味性，更容易用浅显易懂的语言向海外用户阐释中国主张、解读中国文化、讲好中国故事。

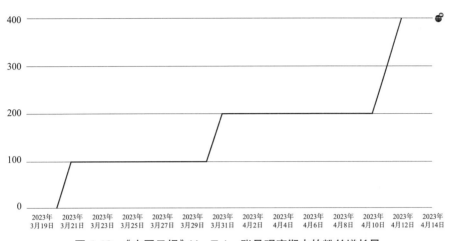

图 4-10　《中国日报》YouTube 账号观察期内的粉丝增长量

### （二）视频内容分组分层，更易形成二次传播

首先，由于视频内容的可读性与趣味性，大大提高了其传播的概率与效率。《中国日报》YouTube账号视频播放量大、互动性高，如观察期内播放量超15万的视频就有两个。其中 *Reading the Past to Understand the Future*（《阅读过去，了解未来》）达到17万次播放量，*AI art -a boom for the industry or its bane?*（《AI艺术是一个行业的繁荣标志还是祸根？》）达到16万次播放量。其次，视频内容的分组分层清晰明了，更易形成二次传播。如账号首页的内容分组包括Two Sessions 2023 两会时刻、China Daily digital colleague Yuanxi 元曦、记者会快报、The world laid bare 全球传真、Peng's vlog 小彭Vlog等，视频内容一目了然。视频又可分为最新和热门，使用户在了解新资讯、新内容的同时，又能快速找到热门内容，在提升视频内容传播质量的同时强化了二次传播的便捷性。

### （三）重视虚拟技术的应用，增强用户体验

随着虚拟技术的不断发展，各大主流平台纷纷推出虚拟数字人，以推动媒体形式创新和内容创新。元曦是《中国日报》在2022年10月推出的数字员工，其身份标签为"中华文化探源者"，力求在元宇宙中带领海外受众探索源远流长、博大精深的中华文明。2023年两会期间，"元曦跑两会"系列视频在YouTube平台上取得了优异成绩。*Reading the Past to Understand the Future*（《阅读过去，了解未来》）即为这一系列成果，是当季度播放量最高的视频。

## 四、从框架理论视角看《中国日报》海外社交平台的国际传播

学者臧国仁将模糊的框架概念建构为应用性概念，他认为框架是"人们或组织对事件的主观解释与思考结构"。在之后的研究中，他定义了高、中、低三个层次结构。高层次框架为核心框架，指新闻的主题事件；中层次框架则是借鉴了简·梵·迪克（Dijk J.V.）的"新闻图示"理论，它包含了主要事件、先前事件、历史、结果、影响、归因、评论等要素；低层次框架一般指的是一篇文章的语言和符号表现形式，它包括了信息来源、文本用词、修辞、语法、话语形式等微观结构，可以用来对文本话语进行考察。[①]

### （一）高层次框架：多元主题

主题是文本内容或意义的特征之一，也是核心观点的表达。主题的选择往往是新闻媒体组织报道内容的主要依据，在一定程度上能够反映

---

① 臧国仁.新闻媒体与消息来源：媒介框架与真实建构之论述［M］.台北：三民书局，1999：32-44.

出媒体机构的基本意图与倾向性。以《中国日报》2023年4月某一周在Facebook平台发布的339条帖文内容为例（图4-11），通过对其核心思想进行对比分析，可发现其主题在政治军事、商业经济、科技研究、节日文化等方面均有涉猎，且随着国内外热点事件等的变迁，比重也会发生变化。一般情况下，社会生活、政治军事、商业经济、旅游风景等方面的信息占比较大。

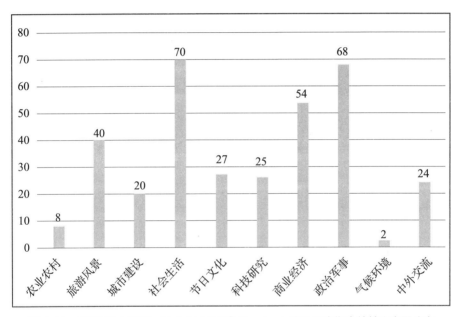

图4-11　2023年4月某一周《中国日报》Facebook账号观察期内的帖文主题分布

《中国日报》Facebook账号通过点面结合的方式，对中国社会进行了多层次、多角度的宣传报道，从而向世界展示全面、立体的中国。同时，为了创造每个领域主题独有的贴切场景，其帖文配合文字和图片修辞，丰富而鲜明地展示中国社会图景。真正成为海外了解中国政治、经济、社会、文化的主要信息来源，成为国际公众"认识中国的窗口"。

### （二）中层次框架：积极态度

中层次框架被分为主要事件、先前事件、历史、结果、影响、归因、评论等七个方面。通常一篇报道可以涵盖以上若干个角度的信息。将《中国日报》Facebook账号观察期内有关中国传统文化的113篇帖文内容按上述七个方面进行分类，结果如图4-12所示。分类按如下标准划分：事件——对事件发生的时间、地点、主要内容的明确介绍；先前——时间前的筹备工作，如宣传推广等；历史——已发生较久的事件如发展史等；结果——以记者视角记录的观众或市场对事件效果的反馈；影响——如对行业发展等所产生的影响；归因——对事件效果生成原因的分析；评论——相关从业者、媒体或观众对事件的评论。

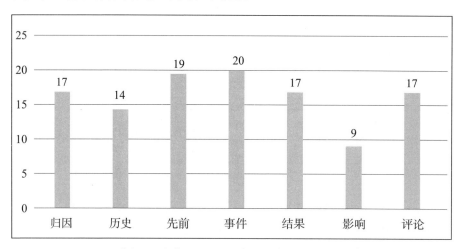

图4-12 《中国日报》Facebook账号观察期内的帖文内容分类

从整体上来看，对先前、事件框架的运用最多，这表明在大多数的帖文内容中，都会对事件发生的时间、地点、主要内容等进行解释，这与新闻报道的基本原理相一致。同时，归因、结果和评论框架的帖文数量也较多，这表明《中国日报》对中华文化进行宣传报道时注重阐释事实，并记录对传播的评价和反馈，在客观描述事实的同时清晰地传达了立场。如"The enchanting #hanfu（traditional Chineseclothing）performances in Jilin's Meihekou cast aspell on visitors from around China. #Jilin #Chinese Culture #MidAutumn Festival #National Day"（在吉林省梅河口市，迷人的汉服表演吸引了来自全国各地的游客。#吉林 #中国文化 #中秋节 #国庆节）表达出作者对中国传统文化元素的欣赏与喜爱。帖文内容运用积极话语构建海外受众对中国文化乃至中国社会的积极印象，提升了中国文化的美誉度及影响力。

### （三）低层次框架：形象修辞

简·梵·迪克认为，新闻报道的传播目标和预期效果决定了修辞手法和语言结构的运用，让受众在语义或者语用层面理解文本所表达的内容只实现了传播目的一半，新闻报道还需要读者接受。[①]需要运用各种具有表现力的修辞手段对文本进行加工、修饰和调整，以追求良好的传播效果。社交平台帖文的修辞包括文字修辞和图像修辞，都在一定程度上增强了文本的可读性和可理解性。

以《中国日报》Facebook 账号关于2022年北京冬奥会的帖文内容为例，帖文主要运用比喻、拟人等修辞方法让语言更加形象生动、深刻有力。如"But figure skating is the notable exception，with the rink a kaleidoscopic disco of glitter and glamor."（花样滑冰是个例外，溜冰场如同一个万花筒般的迪斯科舞厅，闪闪发光，充满魅力。）该文本运用比喻修辞手法，将"溜冰场"比作"舞厅"，既展现出花样滑冰的独特魅力，又赋予竞技运动以动感和活力，巧妙地打破了主流媒体传统表达的话语形式和话语风格，提升了海外受众对北京冬奥会赛场的形象化认知。此外，《中国日报》Facebook 账号在北京冬奥会的报道中也经常利用拟人修辞手法，例如："Friendship is real winner at Games."（友谊是比赛的真正赢家。）将友谊拟人化，与"友谊第一，比赛第二"的奥运理念相呼应。"The welcoming city has opened its arms to await the arrival of the sporting events."（这座热情的城市已经张开双

---

① 迪克.作为话语的新闻［M］.曾庆香，译.北京：华夏出版社，2003.

臂，等待着体育赛事的到来。）赋予北京冬奥会举办场地——张家口人格化的动作与感情，充分展现出我国热情好客的大国风范。

相较于文字修辞，图像修辞能够以最佳的视觉组合，轻松打破跨文化的传播界限，实现语言思维与想象思维的互相转化。不难发现，那些互动量高的帖文，无一例外运用了图像修辞，在事实的基础上为内容增强吸引力和感染力（图4-13）。

图 4-13 《中国日报》Facebook 平台账号的帖文图片

帖文中的图片通过鲜艳的颜色、独特的构图、清晰的主题等要素吸引用户的注意力。图片与帖文的内容相关度极高，能够很好地表达推文中的观点或信息，更准确地传达文本的意图或故事，引起受众的共鸣。此外，许多帖文也常常运用视觉修辞手法增强传播效果，如通过漫画这种特殊的艺术形式向受众传递某种理念或思想（图4-14）。

图 4-14 《中国日报》Facebook 平台账号漫画

# 第三节 基于系统协同的传播效能提升机制

围绕提升中国国际传播能力建设，《中国日报》已经做了诸多探索和努力，并取得明显的成效和显著的成果。国际传播是一项系统工程，在这个系统中，除了要注重系统内部各个要素的完善和配合，还要注重更深层次的联通协同。

## 一、《中国日报》海外社交平台账号的经验做法

### （一）阵地建设

#### 1.组建专业团队统一协作，全天候科学化运营

《中国日报》海外社交平台账号已实现 7×24 小时不间断更新，通过

组建专业的海外社交传播运营团队，国内和国外统一协作，实施制度化管理。为了更好地开展海外传播工作，《中国日报》海外社交传播运营团队制定了规范化的编审制度、人才激励制度和人才培养制度。科学合理地引入国际传播人才，丰富人才队伍的知识结构，为团队成员提供多样化的国际传播技能学习机会，增强人才队伍的学习能力。同时，积极利用大数据分析受众思维，实现科学化运营。《中国日报》海外社交媒体账号在运营过程中注重采集、梳理、分析用户的留言和评论信息，通过分析用户的反馈，正确地把握信息发布的传播效果和用户的心理需求，及时作出调整，推出满足受众心理期待的新闻内容，强化了新闻信息的有效传播力度，提高了内容生产的精准性。

**2.账号实施差异化运营，实现分众化传播目标**

目前，《中国日报》坚持"KOL在哪里，我们的阵地就在哪里"的准则，在Facebook、Twitter、YouTube、Instagram等海外主流社交平台开通了官方英文账号，根据目标群体使用习惯和喜好兴趣实施差异化运营，采用多元的表达方式，呈现不同的讯息类别。其中，Facebook账号重点推送农业农村发展、风景名胜、科学技术、娱乐趣味、新奇事物、社会正能量等新闻讯息。Twitter账号则突出报道国内重大事件和突发性新闻，力求在第一时间向海外用户还原事实真相，传递中国态度。YouTube账号通过制作与发布视频内容为海外用户提供更为直观的可视化新闻服务，增强信息的扩散效果。《中国日报》针对不同平台、不同特性及不同受众实施账号差异化运营，吸纳了更多的粉丝群体，同时，不同平台积极联动，有效提高了账号主体国际传播力和影响力。

**（二）传播探索**

**1.贴近海外用户，实现内容的软传播**

"一切产生现实价值的传播产品必须与人们既有的信息消费经验、信息消费偏好的信息消费模式相切合。如果不切合，传播者就会沦为'沙漠中的布道者'——再好的教义、再多的资金，也不会产生任何实际的效果。"[1]讲好中国故事、传播好中国声音，首先要适应国际传播规律，分析研究受众信息阅读偏好，只有这样才能有针对性地设置议题，增加用户黏性，提高国际传播力。当前，多数媒体在"走出去"过程中主要扮演的是"信息搬运工"的角色，将国内新闻讯息简单翻译，再发布到海外社交媒体平台，传播效果不甚理想。《中国日报》凭借多年运营海外社交账号的经验，基于积累的丰富数据以及驻外记者的反馈，不断调整运营机制、议题设置、话语表现形式等。在内容上，除日常新闻报道外，重点关注用户喜爱的资讯类型，以"软传播"的形式强力吸粉。如在2023年发布的帖文中，大熊猫日常生活、旅游风光、农业农村、地方民俗、传统节日等推文资讯的点赞量较高，互动量较大。在表达方式上，通过外籍专家的语言加工，尽可能地使用地道的词语、句式、结构、语言风格，契合海外受众语言习惯。在形式上，运用多种方式，图文结合地讲好中国故事。同时，利用直播等新媒体技术和呈现方式，对外传递讯息，获得了良好的传播效果。

### 2. 打造权威信息传播窗口，及时传递中国声音

梳理《中国日报》海外社交媒体 Twitter 账号 2023年发布的推文发现，有关国内重大事件议题，90%以上的发布速度快于西方主流媒体。主动发声引导国际舆论，成为《中国日报》海外新媒体运营的亮点之一。长期以来，西方主流媒体凭借先进的信息数字技术、成熟的资本运作技巧、深厚的传媒资源和受众资源积淀，通过对信息源和传播渠道的垄断掌握着国际话语权。要打破这种"西强东弱"话语的格局，需要建立健全国际传播渠道，针对重大

---

[1]　喻国明.是什么妨碍了中国的声音在世界的传播？——关于对外传播的一点断想［J］.对外大传播，2004（5）：18-20.

议题及时发声，从而对冲西方主流媒体带有偏见式的报道所产生的负面影响。

### 3.增强互动社交功能，打造粉丝社交圈

《中国日报》海外社交媒体账号的粉丝，包括很多经认证的大V以及西方主流媒体、研究机构和外交机构，具备很强的二次传播能力。与此同时，《中国日报》海外社交媒体账号利用平台功能，增强与粉丝间的互动交流。如《中国日报》Facebook账号开通社群功能，粉丝间可以点赞、加好友等；建立粉丝小组，促进成员间的沟通交流和分享信息。《中国日报》在海外社交媒体平台上构建粉丝社交生态圈的尝试，有利于精准传播中国文化、讲好中国故事。

### 4.以中华文化为基点，彰显民族文化魅力

打造具有中国特色的传媒品牌，没有民族性，就无法体现独特性。尤其在当今世界文化空前开放、西方文化以其强大的经济后盾展开新一轮"文化殖民"活动的形势下，文化如果失去了独立性，就有可能成为西方文化的附庸。因此，"从传者的角度讲，本质上，国际传播媒体之间争夺受众的激烈程度，是以更生动地展示本民族的文化为手段，以更广泛地传播本民族的文化为目的的竞争"[①]。《中国日报》海外社交媒体账号在对外传播过程中，积极打造富有中国特色、中国文化，彰显民族文化魅力的社交名片，使得中国人民辛勤热情、中华民族爱好和平的形象得到有力凸显。

## （三）技术驱动

### 1.广泛运用大数据，精准分析用户的信息需求

进入大数据时代，国际传播对用户的重视源自内在与外在的双重驱动。从传播效果来看，重视用户、分析用户是增强国际传播精准度的重要

---

① 任金州. 电视外宣策略与案例分析［M］. 北京：中国广播电视出版社，2002.

保障，利于中国故事更广泛、更深入地获得海外用户的认同。从内容生产角度来看，借助算法，可透过大数据深度挖掘用户的信息需求，以提供个性化的、精准化的服务。这既是传媒行业从讯息提供向信息服务角色转变的内在要求，也是打破当前"西强东弱"的国际话语格局的外在要求。在国际传播中，《中国日报》海外社交媒体账号不仅以中国国情、社情作为出发点，还通过大数据的采集分析和用户的深层次互动，以及数字技术手段更精确地描摹用户画像，了解境外用户的传播环境，以便进行更精准的生产指导，提供个性化的新闻服务。

**2. 推进媒体改革，构建智能化的海外信息传播生态**

数字技术的更新迭代使新的网络传播业态正在生成，加快推进物联网、人工智能在国际传播中的应用是取得数字时代国际传播话语权的基本保障。在内容生产上，《中国日报》正加快推进云计算和大数据在媒体内容生产过程中的应用与服务，建设专门应用于海外传播数据处理的、以混合云架构和大数据技术为基础的融合媒体云，承载境外信息中央厨房采编运维一体化服务、大数据新闻监测、用户行为分析、用户体验优化、信息资源优配、新闻及广告产品精准营销等多重功能。在内容分发上，《中国日报》海外社交媒体账号正尝试通过智能技术实现精准个性化推荐，满足千人千面的新闻需求。此外，《中国日报》海外社交媒体平台打破不同行业、场景、媒体之间的限制，通过内容生产、聚合传播、场景社交三位一体的同步模式，推动媒介内容与不同场景的融合，推动传播渠道从大众化转向细分化、垂直化，优化用户的新闻体验效果。

**3. 应用虚拟技术开展新闻实践，增强用户体验**

虚拟现实技术的运用实践无疑将进一步打破国家与地域的界限，拉近受众与新闻事实之间的距离。配合党的二十大报道，《中国日报》精心打造的《中国这十年》XR创意视频，从新时代斯诺工作室小哥们的自身经历出发，加上虚拟现实技术的呈现，在充满科技感和现场感的场景中回望十年间中国的蓬勃发展。这种"外嘴＋科技＋美学"的全新创作模式，在虚实融合中鲜活、生动地向世界展示了中国蓬勃变化的发展图景，该视频的全球传播量超过了4000万。《中国日报》在准确把握对外话语体系建设重点方向的基础上，精心选择内容重要、影响面大、符合中国国家和民族根本利益的领域，将虚拟技术融入宣传实践中，通过事实再现、场景体验，发出中国声音，讲好中国故事，阐释中国实践，展示中国形象。[①]

## （四）借力打力

### 1. 借助重大事件进行传播

多年的探索实践证明，做好国际传播需要"借力打力"。无论是渠道层面还是内容层面，借用各种海外受众乐于接触、惯于接受的方式和途径展开传播，才能借助其优势达到预期的传播效果。尤其是广受关注的重大事件，是国际舆论斗争的核心议题，也是我国进行国际传播的重要内容。国内外重要会议、节点，重大外交活动等一直是海内外受众热切关心的话题。《中国日报》积极回应社会关切，对于重大事件进行及时报道，不仅获得了良好的传播效果，也有力地提高了《中国日报》影响力，从而进一步提升中国的国际话语权。

### 2. 借助外籍记者出境展开传播

外籍记者凭借自身语言与形象上的优势，能很容易获得海外受众的亲近感、认同感。能够有效增强对外传播的精准性，提高信息的到达率，降低偏见和刻板印象的负面影响。借助外籍记者出境展开传播一直是

---

① 左志新，孙航.走进中国日报网　走进"中国有约"：专访中国日报网总编辑韩蕾［J］.传媒，2022（20）：9-10.

《中国日报》对外传播能力建设的重点之一。利用"外嘴""洋眼""他者"的视角，解读进入新时代的中国正在发生的深刻变革，国际传播的客观性与公信力不言而喻。

## 二、系统化思路下国际传播能力的提升路径

### （一）精准把握传播的系统协同性

胡正荣教授认为，系统协同是国际传播能力基础逻辑。协同性包含了共同协作、协调同步和合作互惠三个层次的内涵。协作和协调的目的都是达成合作，那么第三层含义强调的就是价值互惠。[①]包括《中国日报》在内的主流媒体在协作与协调上取得了一定程度的成效，但在价值互惠上却践行不足。而对于价值互惠层面的认知和把握，则可以有效协调传播过程中各个层级之间的矛盾，从而建立共识。[②]

### （二）注重传播的当代性与世界性

根据2022年全球软实力指数排名（Global Soft Power Index 2022），中国总得分64.2分，位列第4位。其评估的12个指标维度包括知晓度（Familiarity）、名誉度（Reputation）、影响力（Influence）、商业与贸易（Business & Trade）、治理（Governance）、国际关系（International Relations）、文化与遗产（Culture & Heritage）、媒体与传播（Media & Communication）、教育与科学（Education & Science）、人民与价值观（People & Values）、新冠疫情应对（COVID-19 response）和成就奖章

---

① 胡正荣，王天瑞. 系统协同：中国国际传播能力建设的基础逻辑［J］. 新闻大学，2022（5）：1-16，117.

② STRAUS D. How to make collaboration work: powerful ways to build consensus, solve problems, and make decisions［J］. T+D, 2002（3）：62-63.

（Medals）等。其中，中国在影响力、商业与贸易、教育与科学等维度排名较高，但在某些维度评分较低。比如在人民与价值观维度只得到3.1分，全球排名第38位。这说明，尽管中国主流媒体围绕中国文化、中国传统、中国特色社会主义实践方面传播了大量内容，但在国际上并没有形成普遍的认同与合意，认知偏差依然比较明显。在未来的传播中，中国主流媒体要重视中国故事与当代世界关注的议题与价值之间的密切联系，切实讲好中国故事的当代性与世界性。

早在2018年，习近平总书记在全国宣传思想工作会议上就曾提出："要把优秀传统文化的精神标识提炼出来、展示出来，把优秀传统文化中具有当代价值、世界意义的文化精髓提炼出来、展示出来。"[1] 只有挖掘中国故事的当代价值，提炼其世界意义，才有可能将中国丰富的故事资源转化为更具效能的传播内容。不仅要让海外受众看到中国形象、听到中国故事，更要让他们与中国故事中蕴含的当代性和世界性产生共情。即在时代语境中建立一个共同、共通、共情的意义空间，使其不仅能从中国故事中看到中国这一"他者"，更能从中看到"自我"的影子，包括"自我"的文化影子和"自我"的国家影子，这样才能彼此共情，达到共通。[2]

### （三）提升传播的情境化与场景化

国家形象的构成、国家故事的讲述需要很多具体而深刻的案例，并基于丰富的碎片构建全景。主流媒体的国际传播要在情景化与场景化方面下功夫，针对不同受众、不同国家、不同场景采取差异化的传播策略，场景化和情境化为实现精准传播提供了可能。

---

① 新华社.习近平出席全国宣传思想工作会议并发表重要讲话［EB/OL］.（2018-08-22）［2024-06-28］. https://www.gov.cn/xinwen/2018/08/22/content_5315723.htm.

② 胡正荣.当代性与世界性：国际传播效能提升的重要路径［J］.国际传播，2022（3）：1-7.

通过情境化、场景化来真正实现国际传播的迭代升级，需要立足三个方面。一是分层传播，即面对不同的社会阶层使用不同的话语表达和叙事体系，从而达到各取所需，有的放矢；二是分类传播，从叙事主体、叙事内容、传播手段、传播平台角度入手，实现内容、渠道、手段与平台的有机融合；三是分群传播，即对传播对象分群，形成针对不同群体的差异化传播，达成文化与价值的高度适配。有效落实"一国一策""一地一策""一群一策"，从而实现有效的群际传播效应。

### （四）追求传播的全球价值取向

网络化、信息化的高速发展促进了社会的扁平化与去中心化，也将全球范围内人类命运的关联度提升至一个高度相连的状态，越发有牵一发而动全身之势。全球范围内国家与社会之间的紧密相连意味着中国的国际传播一定是具有全球性的价值取向的。[①]包括《中国日报》在内的主流新闻媒体要立足全球发展变化全局，以维护世界和平与稳定、畅通全球范围内的交流与沟通、构建人类命运共同体等为价值导向和历史站位。

随着中国国际影响力的增强，部分西方媒体不遗余力地抹黑和恶意解读我国国际形象，将我国在国际范围内开展的信息传播活动歪曲为意识形态领域斗争，造成国际社会的误解与曲解。因此，确立包含公平、正义、客观、有责任、有担当等概念在内的全球性价值取向的重要性不言而喻。中国媒体海外社交媒体账号在内容生产方面，要积极回应人民关切，倡导符合全球发展大势、促进社会公平正义、人类和平幸福的主张。在内容的选择与叙事上，要注重选取容易被国际社会接受、接纳和认同的内容、结构和框架，高质量承载源远流长、博大精深的中华文化，潜移默化地改变国际社会的某些刻板印象和认知定式。

---

① 张毓强，潘璟玲.内外弥合：新时代中国国际传播的全球价值趋向［J］.对外传播，2022（10）：73-77.

《中国日报》在40多年的国际传播探索中形成了自己的方法与路径，在国际传播能力建设的关键环节要素中不断深挖，取得了瞩目的成绩。遵循系统逻辑下灵活统筹各要素、各环节，并以整体性为落点从多角度、多层次构建中国形象全景。通过观察各项可参考的平台账号运营数据可知，《中国日报》在关键节点、关键要点的突破收获了良好的国际传播效果，进一步提升了中国的国际话语权，加强了海外受众对中国的文化认同。未来还需深入挖掘系统逻辑的深度内涵，在深层次的系统协调性下把握规律和策略，全面提升国际传播效能。

# 第四节 《中国日报》主题纪录片的空间叙事

《中国日报》作为中国国家英文日报，肩负着"传播中国，影响世界"的责任。2018年以来，《中国日报》围绕重大主题、融合新兴媒体、创新表达方式，推出了一系列优质纪录片，向世界呈现了丰富多彩的中国面貌，讲述精彩、有趣的中国故事，而故事本身正是"一种精心编排的叙事"[①]。这些纪录片以中国空间为明确主题，围绕中国的自然风光、经济发展、文化特色等开展叙事。在文字与影像的交织中，空间的单位信息量增加、表现力增强，"空间"成为国际传播中提升叙事效果的重要手段。

## 一、多重含义交织的"空间"

戈德罗和若斯特在《什么是电影叙事学》中提出："书写叙事的叙述

---

① 邵鹏，邵培仁.全球传播愿景：新世界主义媒介理论研究［M］.杭州：浙江大学出版社，2022：125.

者所用的表现材料（言语）的单一性迫使他经常运用某种'话分两头'的形式，他不能同时既描写行动又描写行动发生的环境。"[①]而空间的"同场、同步性、同时性"使得视觉文化的展现突破了单一的"预定叙事线条"，呈现出丰富多样性。

### （一）广阔丰富的地理空间

《中国日报》系列纪录片（表4-1）展现中国自然风光，深入中国特色文化，聚焦中国经济发展，不断回应国际社会的关切。从《发现中国：经济快速发展的背后》《英国小哥看中国：解码新时代》，到《神奇的中国》《中国湿地之旅》，中国都是纪录片的明确主题。这个词在主持人的解说中反复出现，又通过镜头画面的剪辑拼贴被多次描画，最终凝练为纪录片标题中的语言符号——中国。

表4-1　《中国日报》系列纪录片信息

| 主题 | 名称 | 时间 | 集数 |
| --- | --- | --- | --- |
| 经济发展 | 《发现中国：经济快速发展的背后》 | 2018 年 | 18 |
| | 《英国小哥看中国：解码新时代》 | 2018 年 | 3 |
| | 《解码高质量发展》 | 2023 年 | 7 |
| 特色文化 | 《寻找功夫》 | 2020 年 | 36 |
| | 《神奇的中国》 | 2021 年 | 3 |
| | 《话说中国节》 | 2022 年 | 12 |
| | 《出发吧！去中国》 | 2021 年 | 6 |
| | 《行走中国》 | 2023 年 | 12 |
| 自然风光 | 《中国湿地之旅》 | 2022 年 | 4 |

---

① 戈德罗，若斯特.什么是电影叙事学［M］.刘云舟，译.北京：商务印书馆，2005：105-106.

续表

| 主题 | 名称 | 时间 | 集数 |
|---|---|---|---|
| 国际时事 | 《被误解的崛起》 | 2023 年 | 3 |
| | 《旧世界与新大战》 | 2024 年 | 2 |

从空间的视角来看，中国最本体的意义便是一个实体空间，代表着具体的地理范畴。尤其在国际传播的话语范域中，中国的地理空间意义体现出"事物并存的秩序"。《英国小哥看中国：解码新时代》开篇直接呈现中国作为地理空间的广阔与丰厚。纪录片中，贵阳、成都、广元等地理空间单位渐次出现，传达"协调发展""健康中国""奔向小康"的不同主题。这里便隐含着中国空间的内部格局，不同层次的行政区划空间并置存在，共同构成了中国的整体。纪录片单集以主题划分，每集又通过主持人的叙述串联起不同空间，即空间之间以线性时序关联。《中国湿地之旅》每集聚焦一个区域，空间自身的独立性较强，但每集开篇对地理位置的介绍实则暗含了空间秩序："这里是武汉，人口数量超过千万，是中国中部的一座中心城市。"穿过城市的长江、湿地旁边的高楼，为这里锚定了位置坐标。在这种系列性的子空间聚合中，视觉文本空间在统一的议题下重新组接，作为地理空间的中国意蕴的丰富性和广博性得以呈现。

### （二）呼应对照的再现空间

空间叙事理论根据叙述内容与现实的关系，把叙事方式分为纪实和虚构，前者主要以实录的形式记述事件，从而挽留和凝固时间。纪实叙事多注重对空间的呈现与描绘，这种方式可以延缓时间流，有效吸引人们的注意力。卓拉·加百利在《朝向空间的叙事理论》中提出了一个相对狭义的空间概念，即模仿真实的空间存在于（文学）作品中重塑的空间维度。在此基础上，他把叙事空间的影响因素分为三点：语言的选择性、文本的线性时序和视角结构。[①] 对应到纪录片这一视听形式，可认为画面中景物的选择、镜头的组合连接以及拍摄的视角会影响影像文本的空间建构。

首先，在景物的选择上，《中国日报》系列纪录片注重对符号的选取。一方面，代表中国形象的传统符号贯穿其中，包括山川、梯田等地理环境，农耕、养殖等社会劳作，以及大熊猫、戏曲等显著的文化符号；另一方面，纪录片又选取了很多现代化技术与都市的画面，大型计算机、现代农业技术等内容在影像中一一得到呈现，塑造出一个真实可信的"新时代"的中国。其次，纪录片中镜头的组接按照"整体—局部"的顺序来描绘中国空间，镜头的景别呈现出由远及近的顺序，引导读者对中国的理解从整体轮廓到区域细节。此外，纪录片的拍摄也多以主持人的观察出发，通过镜头的推、拉、摇、移构筑起以主持人为视角的叙事空间，能够更好地引领观众进入"第一视角"的共情空间。《中国日报》系列纪录片在构筑再现空间时注重客观与还原，尽可能地展现多元、真实的画面，从而使文本组构的再现空间与实际空间形成呼应对照。

### （三）文化认同的仪式空间

空间是人类行动和意识的定位之所，人们之所以要"叙事"，是因为想把某些发生在特定空间中的事件在"记忆"中保存下来，以抗拒遗忘并赋予存在以意义。[②]《中国日报》系列纪录片凭借可视化的媒介文本，使观众仿佛置身于特定的时空之中，在媒介仪式中实现文化认同。

---

① 加百利.朝向空间的叙事理论［J］.李森，译.江西社会科学，2009（5）：32-43.

② 龙迪勇.空间叙事学［M］.北京：生活·读书·新知三联书店，2015：28.

库尔德里指出，媒介仪式"内"的时间是高于媒介"外"的。①纪录片拍摄者从海量事实的时间巨块中剔除不需要的部分，选拔出有意义的部分予以呈现，这一过程即为"空间保存时间"。苏联导演安德烈·塔可夫斯基将其称作"雕刻时光"。这里便产生了意义的传播链条：纪录片的摄制者通过删除或保存时间构建意义，媒体把雕刻时间的叙事空间（有意味的空间）大规模向受众传播，最后受众通过媒介内容接收到"有意味的空间"，并体验其中的意义。②从空间的维度，这个过程需要选取鲜明"地标"，即施蒂格·夏瓦笔下"保存历史记录或文化精神的地方"③。《寻找功夫》寻访了北京、天津、河南、香港等地，通过四合院、少林古刹等标志性地点与功夫名家的影像交叠，探究功夫何以成为一门闻名遐迩的世界语言，讲述功夫背后的中国哲学和价值观。同时，纪录片将空间要素紧密嵌入时间链条中。《发现中国：经济快速发展的背后》摄制于2018年，正处于中国改革开放四十周年的重要节点。通过梳理事件中的时间轴线，使得某些时间点的意义高于其他时间，激发观众对中国发展与建设成效的认可与赞同。《话说中国节》则围绕中国的传统节日和节气主题展开，在流动的时间和静止的空间中，中国传统节日成为颇具神圣意味的文化仪式，给观众留下深刻印象。

《中国日报》系列纪录片聚焦特殊历史节点下的中国发展面貌，选取具有典型意义的"地标"进行细致描摹，通过视听语言符号打造出媒介的仪式空间，使观众仿佛置身于中国发展的第一现场。其中搭建的媒介仪式不仅向外国观众传递中国的真实信息，更通过生动的镜头语言增强中国故

① 库尔德里.媒介仪式：一种批判的视角［M］.崔玺，译.北京：中国人民大学出版社，2016：52.
② 张立伟.中国现代化的媒体空间叙事研究［J］.当代传播，2022（4）：23-25，29.
③ 夏瓦.文化与社会的媒介化［M］.刘君，等译.上海：复旦大学出版社，2018：9.

事的感染力，引发海内外受众对中国文化、中国经验、中国主张的认同。

## 二、空间表达的技术设计

比尔·尼科尔斯认为，"非虚构电影的文献性价值在于它们如何以声画的方式来表达书写语言用概念来表达的话题"，纪录片是记录真实的视听艺术形式，通过选取现实生活的若干片段构筑起一个真实完整的世界，"它们激活感觉和情绪，开掘价值观和信仰，并借此获得与印刷文字相当甚至更强的表现力"①。《中国日报》系列纪录片在技术设计上聚焦"内与外""大与小""前与后"三组对应关系，充分释放了叙事者、叙事场景与叙事模式的表达空间。

### （一）本土空间与"外来者"的嵌合

作为面向国际观众的纪录片，承担介绍与讲解功能的主持人角色尤为重要。传统纪录片多采用画外音的形式进行解说，仅有声音出演的主持人的身份是模糊的。《中国日报》拍摄纪录片时多引入外籍主持人的参与式视角，通过他们的"在场"打造出更具开阔性的叙事空间。

《发现中国：经济快速发展的背后》从3位外籍记者的中国之旅展开，他们分别来自英国、美国、爱尔兰；《神奇的中国》引入3位留学生的视角，即来自约旦的米娜、匈牙利的璐璐和埃及的刘正曦；《出发吧！去中国》以丝绸之路为主线，通过外籍主持人凯文的亲身体验，将中国优秀的传统文化娓娓道来。这里呈现出一种特殊的空间结构关系：这些来自不同国家的观察者与传达者进入中国空间，向世界展示着中国面貌。对来自不同国家的"外来者"来说，在进入中国空间之前，都不同程度存在着一定

---

① 尼科尔斯.纪录片导论［M］.王迟，译.北京：中国国际广播出版社，2020：93.

的认知定式。纪录片通过将海外观众熟悉的中国符号与实景空间、人情风物结合在一起，塑造了更有实感的中国形象。

在纪录片的呈现中，中国既有符合"外来者"们传统想象的一面，又有不同于其固有认知的一面。当他们放下认知定式，带着探求的真诚与渴望进入中国空间，先前被遮蔽的多元形象得以真实地呈现在他们眼前，并通过媒介更加客观地传播向世界。

### （二）细节场景与宏大叙事的平衡

《中国日报》系列纪录片非常注重对场景的刻画，即通过一连串的关于人、物、景的镜头，使空间可被具体化地感知。巴什拉在《空间的诗学》中描绘了各种"原型意象"，它们具有跨主体性的品质。[①]在纪录片的空间叙事中，细致的场景刻画与观众心中的"原型意象"相互呼应，自然而然地引发他们的情感共鸣。与细节刻画形成对照的，是纪录片中全景式的镜头语言。俯瞰视野下的大片梯田、层峦叠嶂的绵延远山、高楼林立的都市全景，这些画面使观众对中国空间产生整体观照，传达出恢宏澎湃的新时代中国气派。

一方面，《中国日报》系列纪录片以全景式的镜头为开篇，交代事件背景并奠定全片基调，又或是作为两个并置空间的连接，实现叙事的转换；另一方面，拍摄距离更近、视觉范围更小的近景镜头占据多数，刻画空间的局部状态与人物的动作神态，更为充分地展现中国这一广阔空间中的真实细节。作为单集只有十几分钟，甚至几分钟的纪录片，这样详略有致的呈现方式能够在短时间内帮助观众搭建对中国的整体印象与细节感知，从而更容易生发情感、建立认同。

---

① 巴什拉.空间的诗学［M］.张逸婧，译.上海：上海译文出版社，2013：4-6.

### （三）影片呈现与摄制后台的联通

纪录片作为创作者人为创造出的一种"话语结构"，其观察模式、参与模式和展演模式在很大程度上依赖于影片创作者和被拍摄对象之间的关系。观众可以感觉到影像不仅是对这个历史世界某些部分的索引性表现，而且是拍摄者与被拍摄者之间这场实际遭遇的索引性记录。[①] 常规的纪录片的媒介文本主要涉及"前台"和"中区"的行为，观众无法明显感知"后台"的存在。而《中国日报》系列纪录片却刻意设置了一些细节暴露摄像机的存在，使观众窥见媒介背后的隐性空间。

纪录片中的某些场景并不避讳拍摄镜头的存在。在《神奇的中国》中，担任主持人角色的留学生们常常和镜头甚至是镜头外的摄影师直接对话。在品尝中华美食时，主持人直接和镜头外的摄影师、餐厅服务员对话，询问是否可以找厨师进行交流。这些本该在纪录片中被隐去的"后台"行为被保留下来，使纪录片褪去了理想化的光环，变得更为真实可信。这些看似无意义的对话向观众开放了一部分后台空间，拉近了与观众的距离，这种更具"广角"性的镜头语言能够带给海内外观众强烈的代入感和现场感。《中国日报》系列纪录片这种参与式、体验式的拍摄暗含着丰富的"后台"行为，为纪录片增添了许多真实有趣的细节。

## 三、寻求多方参与的国际传播空间建构

在叙事文本当中，空间有着思想的、社会历史的、认知的、存在主义的等多方面意义，它不是"被动的、静止的"，而是"积极的、能动的、

---

① 尼科尔斯.纪录片导论［M］.王迟，译.北京：中国国际广播出版社，2020：143.

充实的"。<sup>①</sup>在国际传播中，空间不是静止的地理坐标，不是对地图的重复描画，而应当成为多方参与建构与阐释的动态过程。

### （一）构造多元一体的纪录片文本

空间叙事作为一种注重空间、延缓时间的叙事方式，将事件与存在物紧密编织，为纪录片提供厚重的底色，为叙事增添丰富的细节，从而让观众感知到一个真实、鲜活的中国形象。

整体来看，《中国日报》系列纪录片的模式还相对单一，需进一步探索更为多元的展现形式。首先，《中国日报》系列纪录片多以外籍记者、留学生为主持人，这确实呈现了一个客观、真实的视角，但反复使用同种模式、同个主持人也会使观众感到疲劳，降低传播效果。在明确海外观众特点的基础上，可以尝试寻求更为丰富的纪录片拍摄形式，挖掘出更具时代特色的空间符号。其次，目前《中国日报》推出的纪录片普遍时长较短，单集在几分钟到十几分钟。虽然符合新媒体时代轻量化传播的特点，却也一定程度上降低了纪录片的深度与力度。《中国日报》可以策划更多纪录长片，深挖单个地点或事件的意义，构建更加丰富的空间符号体系与深刻的社会文化含义。

此外，应注重对纪录片中文化符号的阐释。对于外国观众来说，某些具有民族独特性的文化符号难以被认知和接受，会不可避免地依据自身文化传统视域去审视并理解"他者"文化，由此产生文化误读及认同壁垒。<sup>②</sup>《中国日报》系列纪录片可以通过延缓叙事节奏、添加注释字幕、配发图文报道等方式明确文化符号的意涵，实现话语的勾连与空间意义的共享，

---

① PHELAN J，RABINOWITZ P J.当代叙事理论指南［M］.申丹，马海良，宁一中，等译.北京：北京大学出版社，2007：206.

② 陈伟，卢德平.共同体意识与现代性转化：中华文化符号传播的时空价值与规约［J］.现代传播（中国传媒大学学报），2021，43（11）：12-20.

切实增强纪录片的传播力和影响力，提升中华文明的吸引力和感召力。

### （二）鼓励个体经验与文本内容的共鸣

空间是一种读者积极参与的建构过程，在视听文本的空间叙事过程中，也同样需要调动观众来参与建构。《中国日报》作为一家英文媒体，主要面向在华外国友人、有英文阅读能力的中国读者以及海外读者，因此《中国日报》系列纪录片"观众"群体的生活空间遍布海内外。

詹姆斯·罗尔认为在全球性传播中应关注两个基本的过程，即"媒介产业有能力通过运用技术以提高利益的方式，克服非媒介的（'真实的'）时间和空间的局限"和"受众成员以给他们带来利益的不同于非媒介的'真实时间'经历，解释和利用媒介时空"，由此，生活在不断强化的媒介社会中，产业和受众联合起来"产出"时空的新的意义。① 当观众接收到纪录片的画面与声音，便开始结合个人的经历与理解建构心中的中国空间，将纪录片文本内容与个体经验相结合。叙事成为一个包含文字与视觉因素的系统，建构于人们的思维模式，形成特定的空间结构。这样的过程应鼓励公开表达，即充分调动观众对弹幕、评论、转发的分享欲和表达欲。纪录片不能停留在其本身，媒体的工作也不能仅仅是"记录式的还原"，而是要帮助和引导受众参与建构，最终形成具有互动对话感的开放文本。当观众作为主体进入这个空间建构的过程，便能在交流对话中促进认知更加深入、立体，围绕纪录片便建立起引发情感共鸣的审美空间。

### （三）形成多媒联动的国际传播合力

"空间叙事"是一种事实的建构方式，同时形成话语的某种特定的组织和管理方式。通过视听符号构建与传播中国形象，本质上是一种话语实

---

① 罗尔.媒介、传播、文化：一个全球性的途径［M］.董洪川，译.北京：商务印书馆，2012：43.

践。围绕重大传播议题，运用多种媒介形式构建叙事空间，呈现中国悠久的历史文化、蓬勃发展的现代科技、鲜活有趣的日常生活，从而掌握话语权，引领传播导向，传递中国主流价值观与人类命运共同体的理念。

在这个过程中，需要形成多媒联动的国际传播合力，即"构建起多主体、立体式的大外宣格局"，展示真实、立体、全面的中国形象。在纪录片的国际传播方面，已有许多成功的探索。由北京市政府新闻办公室出品的中英双语系列微纪录片《京味》，围绕"建设一个什么样的首都，怎样建设首都"这一重大时代主题，展现北京古老与现代共融的新风情。上海广播电视台携手Discovery打造的《行进中的中国》，以上海实践、中国视角、国际视野，深耕纪录片内容与中国话语的创新表达，在海内外收获强烈反响。这些纪录片立足城市视角，围绕中国空间进行更有温度、更精细的传播实践，用城市品牌承载国家品牌的构建。海外观众看到的不再是全景式的概览，而是立足具体空间的更加深入、鲜活的细致刻画，深刻感受到一个立体、流动的中国。

沃尔特·费希尔的叙事范式理论强调人在本质上是讲故事者，价值、感情和美学构成了人们的信仰和行为的基础，人们更容易被一个好故事而不是一个好论证说服。[①]打造优质的传播内容需要向时代和社会深处去寻找中国故事的内在价值，依托创新表达形态呈现中华民族深厚的历史积淀和文化底蕴。在国际传播过程中，纪录片以其真实、鲜活、感染力强等特点，成为塑造立体国家形象、拓展国际话语空间的有力手段。面向国际受众的中国主题纪录片应加快提升空间叙事能力，充分释放多元空间的话语生产力，生动讲述兼具历史纵深感与时代精神的中国故事，向世界展示具有公信度、温润感和责任感的大国形象。

---

① FISHER W R. Human communication as narration : toward a philosophy of reason, value, and action[M]. Columbia : University of South Carolina Press, 1987.

# 第五章 《环球时报》海外社交媒体的
## 共情传播

　　《环球时报》（*Global Times*）创办于1993年，现由人民日报社主办，是一家着眼国内国际一体传播的新闻时事媒体。作为国内发行量最大的日报之一，《环球时报》拥有成熟稳定的高端读者群。其英文版 *Global Times* 创刊于2009年，秉承客观、敏锐、对敏感问题不回避的风格，以理性、开放的态度，报道、解读中国以及全球有价值的新闻。《环球时报》是目前唯一一份以中英文双语在我国发行的报纸，也因此成为国际舆论场上最受关注的中国媒体之一。凭借独树一帜的品牌效应，被公认为世界是解读中国的一条重要渠道。近年来，《环球时报》顺应媒体发展趋势，全力打造立体化、全媒体传播体系。旗下的环球时报中文网、环球时报英文网、中文客户端、英文客户端等网络媒体传播平台通过简讯、视频、图解、专题、图片等形式，配合纸媒独家解读，快速、全面、深入、生动地展现热点时政、社会民生、经济文化发展等话题。

## 第一节 　《环球时报》开展共情传播的可行性

　　共情（Empathy）是一个来自心理学学科的概念，由人本主义心理学创始人罗杰斯提出，被引入传播学领域展开了广泛的使用和研究。共情指个体准确地理解他人的情感，并在特定的情景下作出准确情感反应的一种能力。① 《环球时报》立足平台世界主义的媒介环境，充分发挥主流媒体的传播优势，推动了情绪传播与共情传播的效果趋同。

## 一、以平台世界主义降低文化折扣

随着媒介融合向前延展，为媒介所浸透的现代社会，走向"万物媒介化"的时代。一方面，整个"媒介化"社会向着"深度媒介化"转型，新兴传播技术在根本性地重构社会，开辟出新的社会行动方式和组织起新的社会交往关系；另一方面，作为新技术媒介平台的互联网，逐渐将社会生活的现实转向"平台社会"。社交媒体平台变成一张包罗万象的网，将不同国家的人和内容、服务互相联结，加深人类族群关系，嵌入国际传播。媒体在成为一种半独立制度的同时，也深深地嵌入其他社会制度，媒介逻辑正在成为形塑文化与社会的制度性力量。② "深度媒介化"依靠以互联网与智能算法为代表的数字媒介，成为一种新的结构性的社会力量，联结并改造着"旧"的媒介。③ 《环球时报》以平台带动自身传统媒体生产格局的整体演变，使原有的"单向逻辑"转变为多种主体在"平台社会"的资源结构中产生资源的流通，④ 拓宽自身传播张力，使得共情传播具备了技术依托。同时，平台技术使《环球时报》作为平台型媒体崛起，显示了未来媒体的发展模式。

---

① 唐润华.用共情传播促进民心相通［J］.新闻与写作，2019（7）：1.
② 侯东阳，高佳.媒介化理论及研究路径、适用性［J］.新闻与传播研究，2018，25（5）：27-45，126.
③ 喻国明，耿晓梦."深度媒介化"：媒介业的生态格局、价值重心与核心资源［J］.新闻与传播研究，2021，28（12）：76-91，127-128.
④ 喻国明.算法即媒介：如何读解这一未来传播的关键命题［J］.传媒观察，2022（4）：29-32.

平台与社会的相互建构是多方面、多维度的，个体用户与个人感情以平台作为节点，通过深层互动产生情感聚合，从而形成独特的网络圈层与文化认同。《环球时报》的海外社交账号代表着中华民族和中国的文化结构，这与其海外的国际受众的文化背景难免产生冲突，因文化折扣而导致传播效果削弱，加上网络圈层的感染和制约，成为影响公众感受的形成和发展的主要动力之一。哈贝马斯认为，在相互尊重和理解之上的"交往理性"能形成共识。《环球时报》通过运用共情培养受众对于信息或事件的相近解读，进而得到受众的反馈，打破语言、文化结构的壁垒。

平台世界主义是从平台的媒介逻辑出发强调国际传播向"转文化传播"的升级。随着平台化传播环境向全球的深度延展[①]，"平台化世界主义"的思路推动着转文化传播，在全球化时代以更为平等的态度，"赋权"世界各国的共同发展，平等交流和互鉴。《环球时报》依靠文化之间的平等交流和切磋，为不同文化之间的有机融合提供了文化传播的平台。要推动中外的融合发展，就需要主流媒体建立起海内外不同文化、不同人群的联结，在以更为平等的对话作为前提的基础上建立起文化传播的平等沟通状态。

## 二、共情与情绪传播效果趋同

在新闻传播学领域，共情多侧重于强调其作为政治、文化和社会互相影响、相互建构的产物，是一种个体与群体、群体与群体之间的关系模式。在个体面对群体的情景时，共情是情绪参与信息接收、感染和表达以及传递分享的行为过程，[②]这体现了共情传播的动态性。所谓情绪传播，是

---

① 张龙，曹晔阳.数据主权、数字基础设施与元宇宙：平台化视域下的国际传播［J］.社会科学战线，2022（6）：166-175.

② 刘海明，宋婷.共情传播的量度：重大公共卫生事件报道的共振与纠偏［J］.新闻界，2020（10）：11-21，31.

指"个体或群体的情绪伴随信息的表达、感染和分享的行为"①。共情传播与情绪传播相比，后者多指相同的情绪之间的传递和互通，前者则更侧重于对一种人类情感共通的崇高追求和理想，也因此具有了更深远的宏观意义。

《环球时报》的海外受众参与情绪传播过程，受到情绪传播的深刻影响。平台化传播环境给了情绪传播更宽阔的场域。个人情绪从公共领域转向私人领域，通过引发的大规模集体行动，集体单位容易受到整个社会的情绪的影响，因社会而产生行动。②《环球时报》通过营造"情境"的能力，对公众情绪进行同质化信息分发，显示出情绪传播广泛的"场景适应性"。一方面，愤怒、质疑、失望等负面情绪，通过传播机理得以迅速传播，形成负面的群体感染与传播影响；另一方面，具有"正能量传播"色彩的正面情绪，得以形成的集体记忆与认同，激发社会舆论的正能量，鼓励团结。在信息高度同质的传播环境中，由于群体心理和群体思维的影响，情绪的相关传染会加剧。③

《环球时报》在面向海外的传播中应运用情绪传播起到正向的作用，借助海外主流媒体，将社会情绪转化为情感合意④，提高海内外不同公众的情绪集合程度，建构具有联结性的共情文化。共情作为实施国际传播的一种基本框架，可以解释《环球时报》在信息与事实传播过程中的情绪与情感色彩。当《环球时报》开展国际传播实践时，在其他国家文化中作为"他者"的中国文化，既面临着文化"走出去"时必要的文化适应问题，

---

① 赵云泽，刘珍.情绪传播：概念、原理及在新闻传播学研究中的地位思考 [J].编辑之友，2020（1）：51-57.

② 李龙飞，张国良.算法时代"信息茧房"效应生成机理与治理路径：基于信息生态理论视角 [J].电子政务，2022（9）：51-62.

③ 彭兰.连接与反连接：互联网法则的摇摆 [J].国际新闻界，2019（2）：20-37.

④ 顾博涵.后电视时代的媒介空间：建构、特性及反思 [J].现代传播（中国传媒大学学报），2022，44（3）：76-83.

又受到跨文化冲突的影响。《环球时报》通过共情塑造国家形象，绝不是利用非理性的情绪作用的结果，而是对公众进行理性理解基础上的情绪感染，突破西方话语体系下的刻板印象，讲好中国故事。

## 三、主流媒体共情叙事的价值优势

《环球时报》作为主流媒体，通过打造具有共情力的国家形象，推动与海外公众的情感联结。在这个前提下，我们需要"重思国家形象的本质特征与生成机制，提出一种既能在最大限度上凝聚共识，又能面向不同群体特点实现差异化传播的国家形象建设框架"[①]。只有关注主流媒体账号在国际传播过程中的理论依据，才能建立起更具有现实意义的共情传播框架，发挥主流媒体共情叙事的价值。

一国之国家形象并不是一成不变的，而是在不同主体的互动和交往之中形成的，是受众心中投射出的印象与认识。《环球时报》对中国国家形象的建构需要传者与受众合力建立起认同和共识。而共情叙事所产生的具有共情力的内容，更为贴近公众的心理层面，也更容易产生受众与传者之间相似的情感符码。在叙事风格上，主流媒体会使用话语再造，以更为简单、真实、温暖、优美的国家形象感染公众。

"共情"作为连接人与人认知的情感纽带，凭借其社会心理的运作机制，连接着民族认同与国家意识。《环球时报》以具有共情力的话语创新讲好中国故事，通过共情叙事来开展情感治理，发挥增强文化认同、塑造集体记忆、激发社会正能量、化解舆情风险的功能。《环球时报》的共情叙事也依赖于社会化平台的崛起，平台化的技术手段可以帮助共情传播的策略以积极引导的方式聚集情感能量，促使社会成员作出亲社会行为。共

---

[①] 钟新，蒋贤成，王雅墨.国家形象的跨文化共情传播：北京冬奥会国际传播策略及效果分析［J］.新闻与写作，2022（5）：25-34.

情传播所需要的"感同身受",意味着《环球时报》与海外公众之间的交流与互动具有平等的传播关系,更体现人本主义价值与人文关怀精神。

# 第二节　《环球时报》海外社交账号的媒介功能

《环球时报》是在社交媒体平台上十分活跃的媒体,其在微博、微信、Facebook 和 Twitter 等平台开设的官方账号备受世界瞩目。《环球时报》海内外社交媒体矩阵体现出深厚的媒体影响力、权威的国际影响力和广泛的社会影响力。截至 2023 年 5 月 24 日,《环球时报》打造海外社交账号,在多个平台上拥有不错的粉丝数量。其中,《环球时报》Facebook 账号有 7430 万名粉丝,而《环球时报》Twitter 账号和《环球时报》YouTube 账号则分别有 188 万关注者和 8.23 万订阅者。《环球时报》海外社交账号具有成熟的传播体系,可以为实现更人性化、更触达人心的传播效果提供路径。

## 一、主流话语体系的权威发布功能

《环球时报》发挥着以更为主流的思想及舆论引导和传播党的政策的作用,在国际传播过程中,尤其要立稳宣传舆论导向,通过社交媒体等新渠道,以新型的传播策略讲好中国故事。《环球时报》海外社交账号一方面积极适应平台化传播环境中媒体迭代升级的趋势,在传播的内容和形式上积极作出改变;另一方面坚持其作为主流媒体一以贯之的话语风格,维护其作为主流媒体应该有的传播力、引导力、影响力与公信力。《环球时报》作为主流话语体系的构成要素,需要"维护专业权威及其治理下的信息秩序,从而保证专业主义或科学主义视域下权威信息的有效输出和广泛传达，以及相应的共识效果和共情效应"①。

在突发公共事件中，《环球时报》以其主流媒体的权威发布功能，发挥了积极的公众舆论导向作用。"主流媒体在任何一场重大热点事件中都承担着主要见证者、权威记录者以及全程参与者的职责，无论是从安抚民心到引导舆论，还是到维护社会平稳运行方面都起着不容忽视的重要作用。"②热点事件对于容易产生情绪化的海外公众，可能带来预料之外的负面影响，此时，主流媒体就要发挥其舆论引导作用，以积极的共情力引导海外公众，使海外公众的情感状态趋于稳定，以树立积极、健康、向上的中国形象。

《环球时报》海外社交账号将"蓝V"账号认证标识置于主页，充分彰显其官方媒体的属性。在《环球时报》Facebook账号中，每一条发布的媒体信息都带有"中国官方媒体"的标识，并在主页带有《环球时报》的详细联系方式。在《环球时报》Twitter账号中，主页还有"新闻和媒体公司"的专业类别、"北京，中国"的地理位置，以及《环球时报》的网址链接。《环球时报》YouTube账号则是直接在主页写明了其"中国国家英文报纸"的身份，是《人民日报》旗下品牌。以上这些元素将《环球时报》账号作为中国主流话语体系的权威发布身份呈现出来，如图5-1、图5-2所示。

①　姬德强，李蕾.信息疫情与数字平台语境下公共信息传播的新把关人建设：以新型主流媒体为例［J］.中国编辑，2022（6）：33-37.
②　杨丽雅，宋恒蕊.共情与共意：新型主流媒体在舆论场中的话语机制研究——以《人民日报》微信公众号新冠肺炎疫情报道为例［J］.新闻爱好者，2021（7）：49-52.

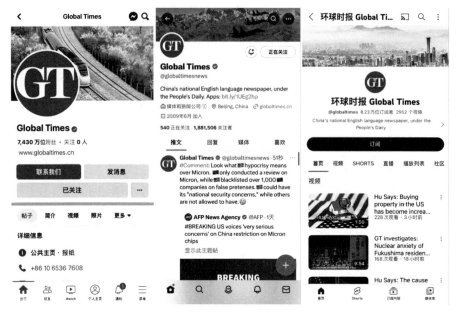

图 5-1 《环球时报》Facebook 账号、《环球时报》Twitter 账号与《环球时报》YouTube 账号截图

图 5-2 《环球时报》海外社交账号对中国外交新闻的发布与推送

## 二、国家媒介形象的调控功能

媒介本身具有调控的功能，国家可通过法律、行政、物资以及新闻宣传纪律等手段，对信息传播的流向与流量进行管理与约束。《环球时报》充分发挥官方话语代表的权威身份，通过公开权威的事实发表代表国家立场的言论，有效引导了海外公众对我国国际形象的认知。

面向海外的跨文化共情传播既能激发起正面的传播合力，以助于更积极的传播效果与意义，也存在加剧负面认知与情绪的风险。面对日益复杂的国际局势和日益激烈的国际舆论争锋，参与国际传播的主流媒体"应思考采用共情、分流等引导手段疏导愤怒、仇恨等负面情绪，将其转为同情、悲伤等情绪，释放不断积蓄的心理势能"[1]，以鲜明的立场与正确的价值导向调节海外公众情绪。共情是国家形象传播中的黏合剂，经由共情传播的国家形象更能激发"他者"的共同情感、凝聚主客共识。

国家形象能在共情维度上包含特定的信念和整体性的情感，[2]共情与功能、规范、审美一起，共同在西方话语主导下的现有传播秩序中，辅助中国主流话语体系打破被刻板化、边缘化的困局，增强融入国际社会的可能性。因此，《环球时报》等主流媒体需要以柔性传播为手段，增强情感沟通和信任培养，避免媒介印象的崩塌，防止信任危机。

《环球时报》作为中国主流话语体系的代表，通过发布权威信息有效回应和对冲了某些西方媒体的恶意抹黑，消解了虚假内容所引发的公众负面情绪，提升了对公众情绪的良性引导。以中东为例，中美两国给当地带

---

① 钟瑛，朱雪.风险社会中主流媒体调适社会情绪的机制构建 [J].内蒙古社会科学，2020，41（4）：185-191.

② 常欣，王沛.国家形象的内涵及其结构：多学科的视角 [J].中国外语，2018，15（6）：97-103.

去的是截然不同的写照。《环球时报》旗帜鲜明地推出"美国轰炸、中国建设"，美国高举"自由""人权"两杆大旗发动侵略战争，而中国从未改变初心，一直秉承互利共赢、相互尊重的原则，尽力帮助他国完善基础设施建设。借助图像和视觉元素的力量，传递中国态度和价值观，使之更易为全球受众所理解和接受。

如图5-3所示，"Today, the tunes from Xizang unfold with an increasingly natural, ever freer, and remarkably easy cadence, mirroring the very land that birthed them."（今天，西藏的曲调以越来越自然、越来越自由、越来越轻松的节奏展现出来，反映出孕育它们的这片土地。）《环球时报》用轻松有趣的柔性手法展示地域文化，从而婉转推至国家形象，更具有亲切感和真实感。

图5-3　体现西藏人民生活的信息

　　《环球时报》Twitter账号发布了大量关于中国经济发展、国家政策、自然环境、科技进步等内容，把中国的真实形象客观地呈现给海外受众。《环球时报》还对中国外交发言进行报道与展现，外交是国家形象在政治上直接展示的窗口，《环球时报》通过对中国和世界议题的正面回应和积极引导，利用其权威性将公众的短效认识转化为一种长久的集体共识。《环球时报》在新闻报道中以更为主动的姿态展现出真实的生活，将中国与其他国家的关系融入共同体之中，推动我国国际形象的建设。

## 三、沟通公众情感的中介功能

　　主流媒体的海外受众可划分为海外华人和海外非华人。在这个过程中，主流媒体的海外社交账号起到了桥接这两部分公众之间互相交流、沟通的功能，从而更好地传播中国声音、中国形象。个体对华人群体的认同程度越高，就会在行动上越愿意接受和传播中华文化。①我国主流媒体的海外社交账号可以成为华人华侨之间沟通的平台，成为他们思念家乡、展现爱国情怀的精神家园。海外华人可以"帮助中国主流媒体走入西方社会"。由于西方社会对中国主流媒体持有的偏见与排斥的态度，西方主流社会对中国主流媒体提供的信息信任度不足，而以海外华人作为桥梁，可以推动中国声音、中国方略和中国智慧的世界传播。这个过程也能促进海外华人增加自身民族认同感和家国情怀。

　　《环球时报》的海外社交账号也高度关注海外非华人公众在接收其信息时的情感体验，同海外华人和海外非华人等各方公众，建立起圈层化的情感共通机制。通过打造"精神与情感层面形成身份与情感归属，营造出令圈层内部成员感到与他人的相似性，认同与他人间的相互依赖关系的社

---

① 李沁，王雨馨.华人华侨身份认同程度与中华文化传播行为研究［J］.当代传播，2019（2）：55-60，64.

区感"[①]，使海外华人和海外非华人之间产生联结，形成共鸣。

《环球时报》Facebook账号发布的内容不限于中国国内新闻及相关信息，而是将目光放宽至全世界，从欧洲到美洲、从自然到艺术，均有所报道和转发（图5-4）。这体现了中国面向世界所抱持的包容、开放的进取态度，同海外公众在共同关注的议题上形成情感共鸣。

图 5-4　对世界新闻和信息的报道

---

① 戴元初，刘一川."破圈"：新型主流媒体影响力拓展的传播逻辑与现实选择 [J].传媒，2022（2）：80-82.

# 第三节 共情传播的挑战与应对

当今世界正处于百年未有之大变局，国际秩序革故鼎新、国际舆论争锋日益激烈，主流媒体处于国际传播媒体矩阵的最前线，也是讲好中国故事的主力军和"国家队"。科学研判国际舆论场中具有隐蔽性、复杂性和易变性的风险和挑战，并提前储备应对策略，正向引导公众情绪和舆论风向是极为必要的。

## 一、以亲近平和的内容风格触达公众情绪燃点

### （一）挑战：隐蔽性与差异化的情绪燃点

公众情绪燃点具有隐蔽性的特征。出于文化差异以及不同受众的认知框架差异，公众对传播者的认知存在偏差和分歧。处在不同文化场域内的定式思维，会影响公众共识的建构，甚至会导致负面群体情感的滋生和蔓延。在共情机制下的主流媒体海外传播，可能还包含着因集体记忆而出现的非常态化群体行动，使媒体陷入舆论旋涡、产生信任危机。海外公众的情绪燃点还存在着差异化的特征。海外不同文化背景，不同立场、观点、圈层的群体，都存在着各自的情绪燃点。主流媒体的海外社交账号要高度重视差异性情绪燃点带来的共情存在的多种状态，对共情伤害、共情超限等"反共情"现象进行探讨，避免"认知失真"和"共情反向"。

在《环球时报》海外社交账号的评论中，不乏对发布的内容具有偏见的质疑与诋毁。特别是在《环球时报》Facebook账号中，庞大的粉丝基数

和平台流量所负载的评论天然存在差异性和多元性。在海外公众情绪燃点的隐蔽与差异之下，正面信息难以准确传达，共情效果无法被及时激发。

## （二）应对：亲近平和的内容风格引爆燃点

亲近平和的内容风格首先体现在简单朴素的信息上。面对多元文化背景的海外公众，化繁为简、直接明了，能更好地激发起公众的理解和共情。共情本身就是在人类多元文明体系中被认同的共同价值，能够激发全人类共鸣的朴素情感。[①] 随着社会深度媒介化的发展，过度的噪声效应容易导致公众对理解的信息产生失真。简单朴素的共情信息能在短暂的时间内准确地向受众传达主题和核心内容，更快拉近传播者与海外受众之间的距离。简单朴素的信息传递，并不是将叙事信息简单化，而是要在共情传播的框架之中，以具有情感认知和利他取向的信息在深度的激活、互动、叙事等要素中开发出来，赋能到国际传播的过程之中。这样的信息方式也有利于配合算法产生聚合效应，形成强大的文化力量。

在《环球时报》Facebook 账号和《环球时报》Twitter 账号中发布的内容多为简单的一段话或几个句子，这样简单化的内容将共情核心直观地展现在受众面前。在《环球时报》YouTube 账号中，内容以2—3分钟的短视频为主，且视频的标题简洁明了，易于受众获取关键信息。在《环球时报》YouTube 账号发布的视频中，播放量较高的视频是一个识得多个国家的语言的柬埔寨小男孩在中国接受良好教育的故事。视频的拍摄与剪辑简单直白、视频语言流畅舒展、画外音语气平静舒缓，却更体现出故事内容强大的情感感染力。在这段视频下的评论中，可以看到大量海外用户的赞赏和肯定。北迁象群（图5-5）的直播活动引起了海内外公众的高度关注和好评，产生了巨大的声量，北迁中的象群拉近了中国受众与外国受众之

---

① 邵培仁，陈江柳.人类整体传播学：人类命运共同体视阈下的传播研究[J].现代传播（中国传媒大学学报），2019，41（7）：13-20.

间的心理距离，不仅让他们对大象北迁进程产生担心情绪，而且对大象憨态可掬的形象产生喜爱之情。

**图 5-5 关于北迁象群的新闻**

亲近平和的内容风格更是真实温情的信息传达。习近平总书记在全国宣传思想工作会议上指出，要向世界展现真实、立体、全面的中国。共情传播是一种塑造中国国家形象的新思路和新探索，而高度真实的生活情景的展现，能提高共情传播时情绪传染的效果，与受众情感相通、实现传授共鸣。主流媒体在国际传播中需要贴近真实的人类情感需求，贴近公众的内心，给予真实共情。真实共情是基于情感意义之上的，可以改变公众的认知，在温情中彰显人文关怀。主流媒体账号作为面向海外进行国际传播的重要渠道，在注意到文化间性、填补文化与传播之间的沟壑的同时，需要在传播实践中注入温情的人文关怀，以真实唤起共情。《环球时报》Facebook账号发布的内容多配有精美的新闻摄影图，这些新闻摄影图能真实地反映出来自全球各地的真实情况，一定程度上改变公众的认知，通过真实温情的信息使公众产生认知共情。

## 二、诉诸公共议题引导情感舆论趋向

### （一）挑战：国际舆论场的情感表达压力

相对于海外媒体的社交账号，我国主流媒体的海外社交账号成立时间较晚，且缺乏海外背景的运维人员，面向海外市场的账号运维方式还欠缺专业度和灵敏性。在议题设置、风格塑造、流量引导等方面缺乏对用户的情感价值的挖掘意识，这导致了我国主流媒体海外社交账号的共情力表现不佳，未能很好地承担设计者和桥接者的角色。

缺乏基于平台算法和推送机制而设计的内容，是造成舆论场中共情力欠缺的直接原因。目前，我国主流媒体海外社交账号在内容呈现上，缺乏立足于平台特点、审核要求和推送机制的专门考量，依然较多地停留在对中文新闻稿件的英文翻译上。这并不能起到良好的传播效果，即便是本身具有共情力的稿件，如果不能适应海外平台所需要的运营思维，也难以产生共情效果。在海外社交媒体平台的舆论竞争中，中国主流媒体发布的信息常常面临被过滤的风险，导致在某些公共议题上的"失声"。海外受众无法在国际焦点事件中有效听见中国声音，将不可避免地降低情感认同性和信服性，这直接影响了《环球时报》海外社交账号的影响力和公信力。

海内外的情感舆论场存在割裂也是影响共情力的一个重要原因。在国际传播中，信息的传递存在时间和空间的差距，会导致信息沟通不畅，一方面使得谣言、谎言等不真实的信息迅速传播扩散，另一方面则导致社会误解和中国国家形象的污名化。①共情力的匮乏与运营思维的代沟，海外主流媒体在海外网络空间中的话语建构存在着割裂，使得共情力量的抵达受到阻碍，因此，海内外的情感舆论场难以形成共振。

共情力是舆论生成的催化剂，它既可能激发良好的正面舆论，也可能滋生极端的负面言论。在复杂的国际传播中，公众的自然身份和社会身份，以及其在收到传播信息之后的情绪反应既有必然性也有随机性。输出具有共情框架的信息，能够引导海内外公众的情感认同，从而实现舆论引导能力的建构。关键意见领袖和情绪感染对于舆论趋向的引导具有明显的作用，具有共情、共通、共享特征的政治话语，在国际舆论场上更容易得到媒体广泛报道。②

## （二）应对：以基于共同体的情感主题激发深度共情

共情传播是引导公众更深层的心理层面的启发，要通过情感的心理暗示，在互动中呈现出多元化的互通情感的凝聚，实现多元文化互动交融的情感依赖和联结，形成最终的情感共通。而"人类命运共同体中所包含的'包容''互鉴''尊重'的文明观，就是一种共情的文明观"③，只有通过共同体的传播，才能凝结和沟通具有人文精神的价值共识，激发、暗示和唤起受众深层次的情感。诉诸共性议题是一种重要的共情策略。共性议题是指在不同的国家和地区中普遍存在的、跨越国界的议题，它更容易打破国家和文化之间的壁垒，引发人们的情感共鸣，进而在共同关注的议题上达成共识。因此在国际传播中，应严谨对待国家政治、宗教等敏感话题，更

---

① 沈悦，王雅婷.健康中国的媒介治理路径考量［J］.云南社会科学，2020（5）：172-180.

② 于运全，朱文博.共情、共通、共享：中国话语国际影响力提升的新进路［J］.现代传播（中国传媒大学学报），2022，44（2）：61-65.

③ 吴飞.共情传播的理论基础与实践路径探索［J］.新闻与传播研究，2019，26（5）：59-76，127.

多聚焦人类共同面临的问题，如环境保护、健康、教育、科技、饮食、艺术等话题。以杭州第19届亚运会的报道为例（图5-6），《环球时报》的新闻图片和稿件呈现了《奥林匹克宪章》赋予奥林匹克精神的内涵，即"相互理解、友谊、团结和公平竞争"。《环球时报》多次报道运动员与对手拥抱、喜极而泣、互相安慰的画面，将体育精神融入赛事报道，实现了信息的柔性传播。

图 5-6　关于杭州第 19 届亚运会的新闻

共情传播是一种情感深度的互动，因此需要以打动人心的情感主题，建立共情、信任和认同。在跨文化传播中，根植于人类历史与文化的命运主题形成了相似的情感母题，团结、互助、友爱、善良等人性美德的议题能够增加受众的好感度，唤起受众的共鸣。《环球时报》的海外社交账号对其他国家的灾难新闻也充满人文关怀，体现出人类命运共同体的情感厚度。

## 三、以人文关怀冲破文化偏见

### （一）挑战：文化偏见阻碍良性情感传递

由于国外公众对我国主流媒体传播存在文化偏见和刻板印象，加上传播渠道障碍，"自我陈述"不能突破固有的制度、文化障碍，即便进行传播内容创新，也难以获得良好美誉度。[1]海外主流媒体在面向海外进行文化传播时，可能会遇到群体极化导致的排外共情、意见气候中的排异共情、从众心理导致的泛娱乐化共情、刻板印象导致的偏颇共情、真相披露缓慢造成的模糊共情等，这些都是非理性共情的表现。[2]而非理性共情并不能达到海外主流媒体账号在共情传播中的作用。良性共情应是真实的情感传递，需要通过真实事例进行正确引导，引领其达到理想状态。从长远来看，中国主流媒体海外社交账号需要在发布信息和与用户互动的过程中对共情力进行更为深度的挖掘，通过良性的引导稳定和提升公众群体的情感认同，使得账号本身能够更好地在国际传播中发挥自身意见领袖的作用，从而更有效地开展舆论引导。

---

① 崔维维.国家形象的共情传播及其引发机制［J］.哈尔滨工业大学学报（社会科学版），2022，24（1）：58-64.
② 王德胜.信息时代公共事件中的共情引导策略［J］.人民论坛，2020（19）：108-111.

在社会化媒体时代，群体认同、社会比较和观点采择等情境因素都对媒介化共情效果产生影响。[1]对于海外公众来说，在"内容为王"的时代，需要以有情感、有温度的内容，实现传媒与海外公众的良性互动，以达到良好的国际传播效果。在共情机制下，以内容来实现媒体的表情达意，探索符合共情机制推广宣发的表现形式，以使共情的内容与形式更好地结合起来。媒体要承担自身肩负的社会职能，发扬其引导海外公众、推动建立良好的中国国家形象的责任，则需要提高自身运营队伍的水平，以共情传播来引导海外公众形成更加良性的认识。在《环球时报》Facebook账号的评论中，有不少海外公众对发布的中国新闻表示了肯定与赞同，有的海外公众会发布活泼可爱的表情包，以表示他们对内容的共情。

## （二）应对：展现温暖包容的人文形象

《环球时报》以温暖的国家人文形象，展示着具有温度的人文关怀的信息。这不但作用在具体的事件和案例上，更是作用在直接的国家人文形象的展示上。在有限的受众注意力、有限的传播空间内，让中国的国家形象最大限度地赢得共识，使得海外公众共情，则需要对国家人文形象进行直接的展示。

当下外媒对中国信息的报道具有"他者化"的倾向，歪曲中国的国家现状，使公众在潜移默化中形成了先入为主的偏见。然而，越是具有偏见和受制于文化语境的差异，越需要努力打破这种偏见，越有必要通过共情传播来展现温暖的国家人文形象，重塑海外公众心中的中国国家形象。在国际舆论场上，国家形象更容易成为一种认知和共识，需要获得国际社会诸多行为体的认可和接受。[2]展现温暖现实的中国国家的人文形象，能获

---

① 彭修彬.文化接近性与媒介化共情：新冠疫情中的数字公共外交探索［J］.新闻大学，2020（12）：76-92，121.

② 薛文婷，张麟，胡华.仪式·意义·认同：北京冬奥会开幕式与中国形象塑造［J］.中国广播电视学刊，2022（4）：8-12.

得共鸣和认同。如《环球时报》对中秋节的报道，重点突出了世界各地其乐融融过中秋的场景（图5-7），向海内外公众传达着热闹与喜悦的情感。这些报道既传播了中华文化，也实现了深层的情感认同。

图 5-7　关于世界各地欢度中秋节的新闻

　　在《环球时报》的账号中，多有对国家人文形象展示的内容，包括我国的自然地理、民族风情、节日特色等，这些内容将中国温暖的国家人文形象中最真实的一面展现出来，将民族的、地方的、国家的特色文化呈现给海内外公众。富有人情味的立场和观点表达也是《环球时报》人文关怀的体现。在主流媒体面向海外传播的时候，需要通过具有共情力的表达方式增强报道的感染力，以一种更为平和、接近受众内心需求的方式回应海外公众的关切，用富有魅力的语言来阐述观点和立场，更利于受众接受和理解。

# 第六章　框架视域下新华社的
## 国际传播策略

　　新华通讯社（简称新华社）是中国国家通讯社和世界性通讯社，前身是红色中华通讯社。1931年11月，红色中华通讯社在江西瑞金诞生，作为革命根据地的新闻事业之一，积极宣传建设和巩固工农民主政权，并协助党和苏维埃政权进行多方面的战争动员工作。抗战期间，中共中央出于团结抗战的目的，将红色中华通讯社改名为新华社。新华社不断调整、扩充组织机构，至1942年底基本形成了以延安总社为中心的新闻通讯网络，在信息传播方面发挥了巨大作用。新中国成立后，中共中央发出关于改新华社为统一集中的国家通讯社的指示。新华社以"消息总汇"为目标，集国内报道、对外报道、国际新闻报道等多种功能于一身，不断建设成为一个具有权威性的消息采集与发布中心。

　　随着我国进入改革开放的新时期，新华社于1983年提出"建设世界性通讯社"的奋斗目标，由一个国内通讯社发展为具有中国特色的社会主义现代化的世界性通讯社，由单一的新闻发布机构发展为拥有报纸、刊物、信息网、出版社、新闻学研究、新闻教育和其他多种经营的综合性的新闻媒体集团。

　　从革命战争年代的宣传工具，到新中国成立初期的"消息总汇"，再到改革开放以后的"世界性通讯社",新华社见证着中国共产党和新中国的发展壮大,也在不同时期发挥重要作用,将党和国家的理念与主张广泛传播,并不断走向国际舞台,加强中国与国际社会的信息流通。如今,新华社作为中国最大的通讯社之一,已成为国际社会了解中国的重要平台和窗口。在信息网络飞速发展的当下,新华社不断提高自身使用新技术手段的能力,加强国际传播建设,深入布局世界性传播网络。其中,海外社交媒体作为世界信息流通的重要平台,越来越成为新华社工作的重点。2012年以来,新华社加速布局海外社交媒体平台,在新形势下更好地传播中国声音,积极回应国际社会关切。

# 第一节　新华社海外社交媒体传播历程

## 一、建立社交账号

2012年2月,美国互联网流量监测机构ComScore发布"2012 U.S. Digital Future in Focus"(《2012年美国数字前景聚焦报告》),对美国的数字生活发展趋势作出预测。其中指出,社交网络在2011年仍保持大幅增长,占据用户网络使用时间的16.6%,Facebook则占据了其中的绝大部分时间,处于绝对领先位置,LinkedIn(领英)与Twitter争夺着第二的位置。海外社交媒体作为国际传播重要平台的属性不断凸显。也正是在这一年,新华社开始将建设的步伐迈向海外社交媒体平台。

2012年2月,新华社在海外社交媒体平台Twitter上开设了我国国家通讯社的首个英文Twitter账号@China Xinhua News。同年3月1日,新华社从当日已发英文稿件中选取了一条，发布首篇推文："Annual sessions of China's top legislature and political advisory body are scheduled to open in early March."（中国最高立法机构和政治协商机构的年度例会将在3月初按期召开。）

在2012年的全国两会报道中，新华社积极拓展、运用新媒体平台，以文字、图片、视频、标签、超链接等报道方式，向用户推送国内新闻和国际新闻。至2012年3月14日两会闭幕，该账号共发稿150余条，在Twitter上建立起了稳固的国际传播阵地 Xinhua News Agency（新华通讯社），并获得了法新社等一批账号的关注。[①]两会前后，新华社通过Twitter平台既发布重大热点新闻，又着重推送适合新媒体的新闻，通过娱乐性、社会性较强的新闻事件反映深刻主题。在报道方式上，则注意文字、图片、视频的配合使用，贴合新媒体用户习惯。至2012年12月11日16时左右，新华社Twitter账号已发布3000条内容，有6200多名关注者。

2012年5月，新华社在海外视频网站YouTube上开通账号@New China TV，开始以视频的形式向海外受众发布新闻报道。2012年9月，新华社在海外社交媒体平台Facebook开设账号@China Xinhua News。至此，新华社已围绕Twitter、YouTube和Facebook，初步建立起了海外社交媒体传播阵地。

不过，新华社早期的海外社交媒体传播实践互动性并不强。在Twitter平台上，@China Xinhua News早期并不擅长与其他用户互动，仅采用转发的形式将其他账号发布的信息进行分享，这些账号也多为《华盛顿邮报》、美联社等官方媒体，或是默多克、《华尔街日报》头版记者等知名人士，与普通民众的交流效果和议题设置能力有待提升。

---

① 韩松.立场、深度与可传播性的统一：新华社两会对外报道试水新媒体［J］.中国记者，2012（4）：39-40.

## 二、打造媒体矩阵

随着社会化媒体的迅猛发展与广泛应用，信息生产和传播的格局发生了深刻的变化。《国际传播蓝皮书：中国国际传播发展报告（2015）》指出，新闻报道，特别是热点事件的报道，越来越依靠社会化媒体和智能设备进行发布，从而迅速消解传统媒体所依托的信息生态圈。[①]因此，国际传播不仅要通过社交媒体平台发布信息，更要注重利用好这一重要的传播阵地，切实影响海外受众。

2015年3月1日，新华社在Twitter、YouTube和Facebook三个平台的账号统一以"NEW CHINA"正式运行，并统一更换了标识（图6-1）。新标识以"NEW CHINA"为设计原点，将字母N设计为笔，代表媒体创新精神；将字母C设计为橄榄枝，代表活力和希望。字母NC相交融合的图形恰似一条纽带，代表新华社是让世界了解中国、让中国走向世界的纽带。这标志着新华社在海外社交媒体平台统一了对外形象，形成对外传播的"统一名片"。

图6-1　新华社海外社交平台统一新标识

① 胡正荣，李继东，姬德强.国际传播蓝皮书：中国国际传播发展报告（2015）［M］.北京：社会科学文献出版社，2015：3-13.

根据新华社发布的报道可以看出，此举是为了顺应世界媒体变革的需要，在新形势下更好地传播中国声音，积极回应国际社会关切。[①]为此，新华社内部组建了一支100余人的专业队伍，对海外社交媒体账号进行统一运营，总社编辑部和亚太、中东、非洲、北美、拉美、欧洲、亚欧等七个海外总分社选派精干采编力量负责这项工作。

同时，新华社开始以更为积极主动的姿态布局海外社交媒体。首先，新华社进一步开设多国家、多语种的社交平台账号。2015年，新华社在Twitter平台先后开设了@Xinhua Myanmar、@中国 新華社 日本語、@Xinhua Indonesia等账号，用缅甸语、日语、印尼语等语言发布消息，积极拓展主流英文国家以外的海外用户。其次，新华社将信息内容进行分类，开设内容垂类账号。2016年，新华社在Twitter、Facebook平台分别开设科技、体育内容账号，专门发布中国和世界的科技、体育新闻，建设并深耕专门领域的内容渠道。最后，新华社不断适应新媒体发展潮流，将新兴平台纳入国际传播建设。Instagram是一款以分享图片为主的海外社交媒体应用，深受海外青年青睐。2014年4月，新华社在Instagram平台开通账号@chinaxinhuanews，以"图片为主、文字为辅"的形式发布报道。

可以看到，新华社已经初步具备了国际传播的品牌意识，通过统一媒体定位与形象标识，多平台、多层次地打造海外社交媒体账号，及早布局垂直社交领域，围绕"NEW CHINA"建立起海外社交媒体账号矩阵，适应网民分众化、差异化的特征。该矩阵以最初建立的@China Xinhua News为主账号，并使其他账号与主账号相呼应，形成国际传播的合力，提升国际传播的声量，成为海外用户了解中国的重要窗口。但媒体账号矩阵成形后，相应的内容生产和传播的工作还有待补足：一方面是系统意识欠缺，

---

① 人民网.2015年中国互联网国际舆论研究报告［EB/OL］.（2016-06-24）［2023-12-28］. http://www.cac.gov.cn/2016/06/24/c_1119108711_6.htm.

对不同平台、不同账号的内容建设缺乏整体规划，导致各个账号之间的职责不明晰、配合不密切；另一方面是缺乏新媒体思维、用户思维，很多时候仅仅是将通讯稿件翻译成不同的语言进行发布，没有与社交媒体传播特点、用户接收习惯相结合，虽有优质内容，但难以产生强大、持续的传播效果。

## 三、健全传播格局

经过2015年、2016年的媒体矩阵建设，新华社已经在海外社交媒体平台上建立并稳固了自身的发声渠道。随着新一轮科技革命等变化的到来与演进，全球治理体系和国际格局加速调整，我国的国际传播面临更加严峻的挑战。新华社在原有媒体建设的基础上进行精品化、多元化建设，不断健全海外社交媒体平台的传播格局。

首先，新华社在原先媒体矩阵的基础上不断完善。先是停用了部分媒体账号。《中国文化"走出去"研究报告：中国媒体微传播国际影响力年度报告（2018）》显示，2018年，新华社在Facebook平台同时运营了包括@Xinhua News North America、@Xinhua Europe、@Xinhua Africa等在内的14个地区新闻账号，以及@Xinhua Hindi、@Agencia de Noticias Xinhua两个按语种划分的账号。[①]目前，这些Facebook账号的大部分已经停止更新，只有少部分仍在继续发布内容。在Twitter上，不同语种、不同地区的细分账号则大部分被保存了下来。即基于不同平台的用户特点，新华社对海外社交媒体账号进行了精简，避免了资源浪费与重复建设。同时，新华社也新增了部分社交媒体账号。2020年5月，新华社在Twitter、Facebook平台

---

① 章晓英，刘滢，卢永春.中国文化"走出去"研究报告：中国媒体微传播国际影响力年度报告（2018）［M］.北京：社会科学文献出版社，2019：190.

开设乌尔都语媒体账号，面向巴基斯坦、印度等地区开展对外传播。开设专门的乌尔都语报道账号，对增进中国与巴基斯坦及南亚有关国家人民间的了解和友好、促进中国与南亚地区的文化交流具有一定的现实意义。这也意味着新华社不断完善国际传播的图谱，丰富国际传播的载体，本着和平友好态度，努力面向更多元的世界民族文化、走向更广阔的世界舞台。

其次，新华社不断探索海外社交媒体传播的新路径、新形式。2019年4月，新华社整合影像资源，贴合新媒体、移动媒体用户特点，在Facebook、Twitter、Instagram平台开设无人机对外报道账号@FlyOverChina。该账号借助无人机技术，一方面展现俯瞰视野下的中国景观，传达出恢宏澎湃的新时代中国的气势，使用户对中国产生整体观照；另一方面则从小视角切入，展现丰富多元的民间生活、民间文化，寻求情感与价值共鸣。经过一季度的内容运营，账号粉丝总量超过了200万人，形成了无人机对外报道品牌，也进一步丰富了新华社海外社交媒体矩阵。

最后，新华社也将记者个人账号纳入国际传播格局建设，徐泽宇、任珂等记者的个人海外社交媒体账号也成为新华社对外传播的通道。围绕热点话题，记者们通过个人账号转发官方媒体报道，突出科学性、权威性，又站在中国立场发表个人解读，提高可读性、实效性，确保报道入眼、入耳、入脑、入心。多方位展现中国的实际情况，及时澄清谬误，主动回应海外受众关切，有力提升了对外报道的传播力、引导力、影响力和公信力。

这一时期，新华社的海外社交媒体建设已经具备系统思维和整体视野，在追求多元化的同时，向着精品化迈进。在微观层面，新华社不断完善自身的海外社交媒体传播格局建设，真正贴近海外受众，切实提升国际传播效能。在宏观层面，新华社不断明晰自身作为国家通讯社的战略定位，加强与其他社交媒体对外传播工作的协调配合，推进中国故事和中国声音的多元化、多层面表达。

# 第二节　海外社交账号内容的框架分析

框架概念源于心理学和社会学研究，指人们受到自身经验和社会文化影响形成的了解和认知世界的基础架构。1974年，欧文·戈夫曼（Erving Goffman）的 *Frame Analysis: an essay on the organization of experience*（《框架分析：经验组织的评论集》）对框架概念进行了系统梳理。戈夫曼以微观为视角、以建构主义为研究倾向，展示了现代社会日常生活中人际交流与传播是如何建构社会的这一问题。[1]该书深刻影响了新闻传播学研究，在一定程度上启发了20世纪70年代末至80年代初的"生产新闻"研究浪潮。盖伊·塔奇曼（Gaye Tuchman）的 *Making News*（《做新闻》）详细分析了新闻生产各环节中的框架，包括新闻源、时间、叙事方式等，认为新闻框架能够组织现实并赋予其秩序。[2]托德·吉特林（Todd Gitlin）则提出 media frame（媒介框架）概念，并试图寻找框架背后的社会力量，他将框架和安东尼奥·葛兰西（Antonio Gramsci）的思想相结合，认为霸权为新闻规定了报道内容和标准。[3]

20世纪90年代以来，框架理论被广泛应用于新闻传播研究中，考察媒体框架是什么、媒体框架如何被建构，以及受众如何接收和处理媒体框架。这意味着对新闻的认知不再仅仅是对事实的报道，而是文本制作者、

---

[1]　胡翼青.再度发言：论社会学芝加哥学派传播思想［M］.北京：中国大百科全书出版社，2007：221-225.

[2]　塔奇曼.做新闻［M］.麻争旗，刘笑盈，徐扬，译.北京：华夏出版社，2008：30-38.

[3]　GITLIN T.The whole world is watching: mass media in the making and unmaking of the new left［M］.Berkeley & Los Angeles：University of California Press，1980：269.

受众与文本之间互动并且受到社会情境影响的结果，事实上代表着从信息传输向文化传播的范式转变。

1999年，台湾学者臧国仁在《新闻媒体与消息来源：媒介框架与真实建构之论述》中提出框架理论的三层次结构，包括高层次框架、中层次框架和低层次框架，以及框架理论的两种机制，即选择机制和重组机制。[①] 这一理论被广泛应用于国际传播相关研究，用文化视角分析对外报道。因此，本书以臧国仁的框架三层次为理论基础，对新华社在海外社交媒体平台发布的内容进行框架分析。为了更加深入、可靠地展现新华社海外社交媒体平台的内容特点，选取新华社在Twitter平台的主账号@China Xinhua News进行分析。采用构造周抽样法，在2022年上、下半年中各选取七天，得到两个构造周，收集到可用于研究的样本共498条，并对样本内容的高层次框架、中层次框架和低层次框架进行分析。

## 一、高层次框架：对象·主题·议题

高层次框架主要指对某一主题事件的界定，即"这是什么事"，是新闻选题的具体体现，可以在一定程度上反映媒体的关注点与倾向性。结合已有研究，这里选取国家（对象）、主题和议题为高层次框架的维度。国家指新华社报道的内容主要围绕哪个国家，体现其同时作为中国国家通讯社和世界性通讯社的关注面向；主题指新华社报道内容属于哪个领域，体现新华社对报道内容的聚焦与侧重；议题指新华社把握国际社会重要话题的能力，即如何将话题性事件转化为展现中国国家形象的能力。由于社交媒体平台灵活、快捷的传播特点，新华社在报道时多为"一事一报"，报道内容具有很强的针对性，也方便了后期统计。

---

① 臧国仁.新闻媒体与消息来源：媒介框架与真实建构之论述［M］.台北：三民书局，1999：32-44.

## （一）国家：立足中国，同时放眼世界

经统计，抽取的498条新华社推文样本[①]关注世界各地的情况。既聚焦单个国家和地区的最新消息，又报道国家之间的交往动态。

样本当中涉及单一国家和地区的有384条，占比77.1%；涉及多个国家和地区的有99条，占比19.9%；面向全球的有9条，占比1.8%；无国家指涉的有5条，占比1.0%，如图6-2所示。多数样本都有明确清晰的国家指向，或报道单个国家或地区的情况，或展现多国之间的关系往来，说明新华社在面向全球进行报道时并没有空泛地论及世界性情况，而是从具体的事件出发进行呈现。

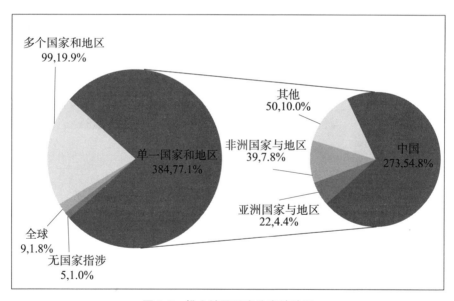

图 6-2 推文涉及国家分布统计图

如图6-2所示，在报道单一国家情况的推文中，中国占据绝大部分，共有273条，占全部样本的54.8%，包括268条关于中国大陆的报道、4条关于中国香港的报道、1条关于中国台湾的报道。关于中国大陆的内容多

---

① 于2022年抽取的498条新华社推文样本。

是围绕某城、某地展开，动态呈现各地区的最新消息。美国也占据了一定比例，共有27条关于美国的内容，占比5.4%。除此之外，新华社广泛关注世界各国情况，报道视野遍布全球。其中，对非洲国家与地区的关注占据相当一部分，共有39条，占比7.8%，既围绕东非、南非、非洲之角等区域开展报道，也密切关注着津巴布韦、肯尼亚、卢旺达等非洲国家。

如图6-3所示，在涉及多个国家情况的报道中，中国、美国、俄罗斯成为重要的节点国家。有69条推文关注中国与其他国家的关系，涉及40个不同国家和地区。报道中国与美国、中国与肯尼亚、中国与俄罗斯、中国与老挝关系的推文数量占据前列，分别有6条、5条、4条、4条。有20条推文关注美国与其他国家的关系，涉及9个不同国家和地区。有19条推文关注俄罗斯与其他国家的关系，涉及5个不同国家和地区，其中俄乌关系是报道焦点，共有12条推文涉及此内容。

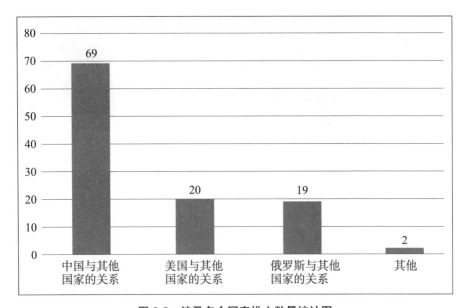

图6-3　涉及多个国家推文数量统计图

通过以上数据可以发现，新华社在Twitter平台的报道立足中国，表明其作为国家通讯社的政治站位，全面报道中国情况，持续在世界性的社交媒体平台展现中国形象。同时，新华社也将报道视野广泛地投向世界，既关注各国的重要情况，又展现中国与各国的友好关系，充分践行了人类命运共同体理念。在这一过程中，新华社并没有延续多数英文媒体的"西方中心主义"，而是更多关注西方国家以外的区域，特别是将第三世界国家的最新情况呈现出来，充分尊重了它们在世界舞台中的主体性质。

### （二）主题：广泛关注，带有时代烙印

主题分为经济、文化、社会、卫生、政治、环境、科技、外交、军事等九个类别，如图6-4所示。

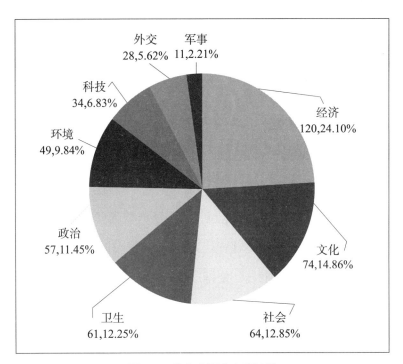

图 6-4　推文主题分布统计图

数据显示，新华社在Twitter平台的报道主题广泛。经济主题主要关注各国经济发展情况与问题，探讨经济发展的方向，共有120条内容，占比24.10%，其中新冠疫情背景下的经济发展是报道的重点；文化主题主

要关注中国及世界丰富多元的传统、现代文化，突出全球化背景下的文化共享，共有74条内容，占比14.86%，其中随北京冬奥会成功举办兴起的各项体育文化活动占据相当一部分；社会主题主要关注各国社会和民生问题，共有64条，占比12.85%；卫生主题主要关注各地新冠疫情动态和防控措施，展现医疗发展最新成果，共有61条，占比12.25%，且相关推文数量随时间呈现下降趋势，反映了新冠疫情作为大背景的退场；政治主题既有对中国内部重大政治事件和政治理念的报道，又有关注国际间政治理念的交锋与对话，共有57条，占比11.45%，反映当前世界复杂的政治局势；环境主题主要关注生态环境保护和可持续发展，共有49条，占比9.84%；科技主题主要关注中国科技的最新成果，展现中国努力建设科技强国的前进步伐，共有34条，占比6.83%；外交主题主要关注中国的外交活动、外交主张，共有28条，占比5.62%；军事主题主要关注国际军事冲突，共有11条，占比2.21%，其中俄乌冲突是报道重点。

主题的多元化展现了新华社在选取报道内容时的开放视野，广泛发布世界各方面的新闻，没有偏重某一主题或某一行业。这体现了@China Xinhua News这一主账号的内容定位，面向所有普通受众，积极争取更多的关注与支持。同时，这些主题背后又有着鲜明的时代烙印，真实再现了特定时代背景下的世界性问题，使得这些内容成为了解中国和世界的重要窗口。新华社在这一点上的努力，符合其作为"消息总汇"的世界性通讯社定位，更体现其积极抢占海外社交媒体平台、打造"网上通讯社"的不懈作为。

### （三）议题：紧跟热点，展现中国成就与态度

在选取的推文样本中，可以发现新华社对某些热点事件进行了持续性报道。因此，选取了新冠疫情、2022年北京冬奥会、俄乌冲突3个热点事

件的相关推文，并对具体的报道议题进行细分，见表6-1。

表 6-1　热点事件报道议题划分

| 事件 | 议题 | 频数 |
|---|---|---|
| 新冠疫情<br>（共48条） | 疫情动态 | 22 |
| | 防疫措施 | 17 |
| | 合作抗疫 | 2 |
| | 外部肯定 | 3 |
| | 外部参与 | 1 |
| | 中国方案 | 1 |
| | 其他 | 2 |
| 2022年北京冬奥会<br>（共15条） | 精彩瞬间 | 4 |
| | 外部肯定 | 5 |
| | 开赛准备 | 1 |
| | 举办理念 | 1 |
| | 友好关系 | 2 |
| | 运动热潮 | 2 |
| 俄乌冲突<br>（共23条） | 最新进展 | 4 |
| | 双方谈判 | 3 |
| | 俄方措施 | 1 |
| | 俄方声明 | 3 |
| | 北约支持 | 1 |
| | 后续影响 | 4 |
| | 专家分析 | 2 |
| | 中方声明 | 5 |

　　新冠疫情是全球公共卫生事件，样本中共有48条相关推文。其中，"疫情动态"主要关注各国新增病例、死亡人数等情况，有22条；"防疫措施"主要关注各国为控制新冠疫情、阻断传播所进行的疫苗接种、全民核酸筛查等措施，有17条；"合作抗疫"主要关注中国为抗击新冠疫情进行的合作，有2条，包括中国内地对香港的援助和中国各省的合作抗疫情况；"外部肯定"主要关注在华外国人对中国抗疫措施的态度，有3条；"外部参与"主要关注在华外国人积极参与中国的抗疫活动，有1条；"中国方案"主要关注中国抗击新冠疫情的相关政策，为世界应对提供中国方案，有1条；"其他"相关信息有2条。新冠疫情持续时间长、影响范围广，是2022年全年的重要事件。在对该事件进行报道时，一方面，新华社持续报道最新动态，更新疫情信息，使受众及时了解新冠疫情的传播与控制情况，这部分内容成为报道的重点。另一方面，新华社也持续展现中国在应对这场全球性公共卫生事件中的理念和措施，包括全民筛查、合作抗疫等，展现中国防控疫情的科学性与人文性。同时，新华社呈现了部分海外人士的观点，通过"外部肯定""外部参与"议题进一步展现中国方案的有效性，增强说服力，向世界各国展现出积极的中国形象。

　　2022年北京冬奥会是重大体育赛事，更是中国作为主办国的世界性盛会。在选取的样本中，共有15条相关推文。其中，"精彩瞬间"主要关注运动员在赛场上的精彩表现，有4条；"外部肯定"主要关注外国运动员等人士对北京冬奥会的称赞和肯定，有5条；"开赛准备"主要关注北京冬奥会比赛场馆的介绍，有1条；"举办理念"主要关注北京冬奥会"致力于追求共同未来"的理念，有1条；"友好关系"主要关注赛场外中外之间的友好关系，包括国家领导人之间的友好会晤、中国志愿者与外国记者的交往，有2条；"运动热潮"主要关注北京冬奥会带来的影响，推动了中国冰雪运动的新潮流，有2条。可以看到，新华社在报道这场世界性赛事时，既立足"体育"的定位，报道运动赛场上的精彩瞬间，又跳出体育运动本身，更多地注重展现中国在其中的行动和作用，包括中国作为主办方的不懈作为、中国内部的冰雪运动热潮等。将这一世界性的体育赛事转换为展现中国形象、增进中外交流的平台，推动中国国际形象的有益转化。

俄乌冲突是俄罗斯与乌克兰之间的政治军事矛盾。在选取的样本中，共有23条相关推文。其中，"最新进展"主要对这场冲突的最新情况进行简短、集中的呈现，有4条；"双方谈判"主要关注俄乌双方进行谈判的情况，有3条；"俄方措施"主要关注俄罗斯为应对这次危机所采取的行动，有1条；"俄方声明"主要关注俄罗斯领导人、俄罗斯国家机构的态度，有3条；"北约支持"主要关注北约盟国对乌克兰的支持，有1条；"后续影响"主要关注这场危机为平民百姓带来的经济、民生等各方面影响，有4条；"专家分析"主要关注俄乌两国之外的专家对这场冲突的看法，有2条；"中方声明"主要关注中国外交部发言人、特使等站在中国立场的态度，呼吁和平解决争端，有5条。应对这场矛盾，新华社在Twitter平台不断更新最新情况，呈现涉事双方的态度观点，力求客观、平衡地反映真实情况。同时，新华社引入他国专家的观点，为受众呈现对这场国际性冲突的分析观点。最后，新华社致力于呈现中国的态度，积极回应国际社会对中国的质疑，为俄乌双方和平解决争端作出努力，展现中国"和平外交"的理念与担当。

这三个事件分别代表了不同性质的国际性事件，分别是全球性公共卫生事件、中国为主的全球性体育赛事、他国的国际性争端。在报道过程中，新华社积极利用社交媒体平台的灵活特点，及时更新最新情况，同时立足中国自身，声明中国立场、展现中国形象，将热点事件积极转化为对外报道的重要议题，从而致力于带动提升中国对外传播的可信度、好感度。

通过对新华社 Twitter 平台发布内容的高层次框架分析，可以发现新华社在社交媒体平台的内容选取呈现"全面报道，客观呈现，突出重点，以我为主"的特点。"全面报道"指新华社坚持全球视野，把握海外重要新闻事件和舆情热点，聚焦国际关切。这里的"全球"既包括了西方发达国家，又广泛关注亚洲、非洲的第三世界国家，是真正的人道主义的全球视野。"客观呈现"指新华社在报道国际性事件时，力图做到平衡、公正，呈现双方观点。"突出重点，以我为主"指新华社在报道时，更多从中国出发，呈现以中国为主的正面叙事框架。既报道中国各领域的最新情况，展现中国与国际社会的交往动态，又针对国际事件发表中国声音、中国主张。有效构建和传播中国话语、中国叙事体系，推动国际传播从"阐释中国"走向"中国阐释"，切实提升中国国际话语权和国际传播影响力。

## 二、中层次框架：图式·方法·信源

关于中层次框架是臧国仁在简·梵·迪克的新闻图式研究的基础上提出的，框架的中层次结构由主要事件、先前事件、历史、结果、影响、归因和评论等 7 个要素组成。[①] 其中，先前事件、历史、结果、影响属于主要事件发生前后的时间变项，而归因与评论则属于主要事件的缘由与评断。此外，也有研究在分析中层次框架时，将信源、报道方式纳入其中。由于 Twitter 并不属于严格的新闻报道，内容篇幅不长，仅从上述 7 个要素进行拆解稍显不足。因此，本书结合多个中层次框架的研究角度，对新华社 Twitter 平台内容的图式结构进行分析，并加入对报道方式和信源的研究，从而较为全面、深入地了解新华社在海外社交媒体如何进行内容的报道与传播。

---

① 臧国仁.新闻媒体与消息来源：媒介框架与真实建构之论述 [M].台北：三民书局，1999：37.

### （一）图式结构：呈现主要事件，突出报道重点

本书将新华社Twitter平台内容框架的中层次框架分为主要事件、先前事件、历史、后果、口头反映、评估等6个环节。主要事件指推文中包含的主要事件内容，是对新闻事件的描述，这里把对新闻事件的简短提及也包括其中；先前事件指引起主要事件的直接原因，即推文中含有直接的因果关系；历史指引起主要事件的间接原因，比如对主要事件发生的前置背景进行介绍，含有间接因果关系；后果指主要事件引起的直接或间接的结果，包括短期结果和国际性的长期影响；口头反映属于后果的一种特殊表现形式，指在文本中新闻事件之后，主要事件参与者或者他人对主要事件所发表的言论；评估指新华社对主要事件的未来预测与评价。

如图6-5所示，由统计结果可知，推文样本有450条都包含了对主要事件的报道，占样本总数的90.36%。其中，有219条推文内容仅对主要事件进行了介绍，即使用简洁凝练的语言对新闻事件进行概括性介绍，并没有对主要事件的前因后果进行呈现。这类图式结构占据了总体样本的43.98%，充分体现新华社作为新闻媒体客观报道事实的专业性，也贴合了社交媒体平台短平快的传播特质。此外，主要事件多与其他环节组合出现，有65条内容同时包含主要事件、先前事件两个环节，往前追溯了引发主要事件的直接原因；有31条同时包含了主要事件、历史两个环节，交代了主要事件发生的间接原因，或相关的背景信息；有60条内容同时包含主要事件、后果两个环节，往后进一步介绍了主要事件带来的直接或间接影响。这些都对主要事件进行一定程度的补充。在其余的五个环节中，含有先前事件环节的有65条，占比13.05%；含有历史的有31条，占比6.22%；含有后果环节的有60条，占比12.05%；含有口头反映环节的有76条，占比15.26%，其中口头反映作为单一结构出现的推文有38条；含有评估环

节的有59条，占比11.85%，其中评估环节作为单一环节出现的推文有9条。可以发现，有将近半数的推文仅含有对主要事件的描述，少部分仅含有口头反映、评估环节，其余半数左右的推文都是以"主要事件+"的组合形式，较为丰富地呈现新闻事件的相关信息。

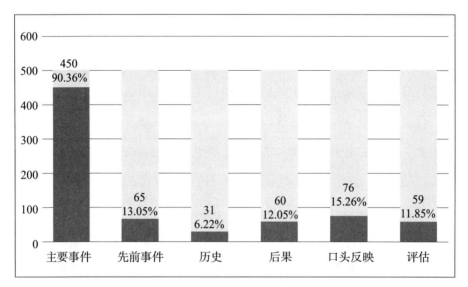

图 6-5　推文图式结构分布统计图（截至 2023 年 4 月 20 日）

在选取不同角度对主要事件进行报道时，新华社在 Twitter 平台上的表现呈现出三个主要特征。

第一，篇幅简短但内容丰富。新华社考虑到社交媒体平台的字数限制，尽可能地通过简短的语言表达更多信息。例如：

Fruits are luxuries that we cannot afford，says a businessman in Kenya.The U.S. dollar's aggressive interest rate hikes boost inflation，taking a toll on the Kenyan economy and people's lives.（肯尼亚的一位商人表示，水果是我们买不起的奢侈品。美元咄咄逼人的加息推动了通货膨胀，对肯尼亚的经济和人民的生活造成了影响。）

——@China Xinhua News 2022 年 10 月 27 日推文

这条推文的内容并不长，仅有两句话，却同时包含了主要事件、后果、口头反映三个结构。美国的加息政策是主要事件，通货膨胀、对经济和生活的影响是该主要事件引发的一系列后果，而肯尼亚商业的话作为口头反映进一步佐证了这一后果。这些结构组合在一起构成了完整的新闻叙事，暗含对美国加息政策的批评、指责。

第二，在很多报道中，有的环节在推文内容中是隐性的。例如：

Resolutely safeguarding the sovereignty and territorial integrity is the firm will of the Chinese people. The will of the people cannot be defied, and those who play with fire on the Taiwan question will perish by it（Wan Huo Bi Zi Fen）.（坚决维护国家主权和领土完整是中国人民的坚定意志。人民的意志不容违抗，在台湾问题上玩火者必将自取灭亡。）

——@China Xinhua News 2022 年 8 月 8 日推文

Why foreign enterprises double down on investment in China（外企为何加倍投资中国）

——@China Xinhua News 2022 年 10 月 27 日推文

Xi extends condolences to Cuban president over fuel farm explosions（习近平就燃料农场爆炸事件向古巴总统表示慰问）

——@China Xinhua News 2022 年 8 月 8 日推文

第一条推文似乎并没有清晰地介绍或呈现某一事件，仅仅是一段中方的声明。但如果结合该时间段内新华社在 Twitter 平台发表的其他内容，就会明白这是针对佩洛西台湾之行这一主要事件表明中方立场，属于评估结构。在这条推文中，作为新闻报道核心的主干事件是缺失的，但由于社交平台的信息自然地形成了信息流，为这条推文提供了语境，所以受众并不会对此感到困惑，能够自动结合先前的内容进行理解。新华社充分把握了社交媒体平台的特点，并没有将每条推文看作单独的新闻报道，而是将该平台上的相关信息看作文本整体，对某一事件不断报道新动态、补充新信息，使用户对某一事件的了解不断充实、全面。第二条推文仅呈现了"外企加倍投资中国"这一有效信息，至于具体原因，则附上详细报道的链接，吸引受众深入了解。从图式结构的角度，这里仅包括了主要事件和先前事件两个环节，但主要事件"外企加倍投资中国"是明晰的，"为什么加倍投资"则并未展现，需要从详细报道中获取。这有效激发了受众的好奇心，吸引他们进一步点击链接了解具体情况，探求先前事件的具体信息。第三条推文的主要事件是习近平主席向古巴总统表示慰问，其中的"农场爆炸事件"交代了慰问的原因，属于先前事件环节，短短四个单词的交代使得新闻报道更为完整合理。

这三个例子代表了报道中部分环节"隐而不显"的不同状况，充分体现了新华社运用社交媒体进行新闻报道的智慧和策略。它并不只是机械地发布信息，而是注重筛选和取舍，注重详细与简略的配合，使得内容更具吸引力、可读性。

第三，通过后果、口头反映环节落实正面报道。作为中国国家通讯社，新华社自然承担起对外宣传中国的重要任务。在社交媒体平台进行报道时，新华社通过客观呈现主要事件的积极影响以及他人对主要事件的正面评价，弱化宣传色彩但极大提升了对外宣传的效果。例如：

The China-Laos Railway has significantly bolstered passenger transportation，greatly facilitated travel，and helped promote tourism in Laos.（中国—老挝铁路大大加强了客运，大大方便了旅行，并有助于促进老挝的旅游业。）

——@China Xinhua News2022 年 12 月 2 日推文

Turkish barista Gokhan Bukmus，who has been living in China for 20 years，says he likes Chinese culture very much，and that China also offers foreigners a lot of opportunities.（在中国生活了20年的土耳其咖啡师 Gokhan Bukmus 说，他非常喜欢中国文化，而且中国也为外国人提供了很多机会。）

——@China Xinhua News2022 年 10 月 27 日推文

第一条推文通过多元呈现中国—老挝铁路带来的益处，展现了中国在带动世界各国共同发展方面的积极作为，易使受众了解并对中国产生正向态度。第二条推文则使用土耳其咖啡师的话作为口头反映，展现中国对海外人士的包容与开放，并以"在中国生活了20年"加强说服力。这种弱化主要事件、强化影响和评价的报道图式打破了固有思路，丰富了宣传报道视角，有效优化了中国形象国际传播效果。

### （二）报道方式：融媒结合，传达有效信息

社交媒体可以集文字、图片、视频、链接等形式于一体，多媒传达统一信息。在Twitter平台的传播当中，新华社始终以文字传播为主，同时结合图片、视频、链接的方式，增强内容的可读性和吸引力（表6-2）。

表 6-2　报道方式统计（截至 2023 年 4 月 20 日）

| 报道方式 | 频数 | 百分比 |
| --- | --- | --- |
| 文字 + 图片 + 链接 | 292 | 58.63% |
| 文字 + 图片 | 8 | 1.61% |
| 文字 + 视频 | 190 | 38.15% |
| 文字 + 视频 + 链接 | 3 | 0.60% |
| 文字 + 链接 | 4 | 0.80% |
| 文字 | 1 | 0.20% |

从单一方式的使用来看，新华社在Twitter平台的报道使用了文字、图片、视频、链接四种形式。首先，文字是新华社在Twitter平台传播内容的最主要方式，且是必须使用的方式。@China Xinhua News持续不断地使用英文向海外用户传播信息，具有简洁明了、方便快捷的特点。特别是对一些突发事件，单一文字报道能够迅速成稿、及时发布，抢占了海外社交媒体平台传播的先机。

其次，图片也占据相当一部分。图片使内容生动形象、一目了然。在Twitter平台，新华社配发的图片主要分为三类：第一类是新闻照片，是对具有新闻价值的人、物、景的拍摄，能够重现人、物、景的原貌，对文字起到补充说明的作用，增强内容的真实性与现场感；第二类是带字图片，主要是将重要文字信息以图片的形式发出，通过重新排版布局，起到突出强调的作用，多用于报道习近平总书记重要讲话、展现经济数据等内容，突破了社交媒体平台的文字限制；第三类是专用配图，即一张带有"Xinhua News"字样的图片，该图片被反复使用，虽不含有效新闻信息，但能够引起用户的重视，多用于对突发重大事件的报道。

再次，视频特别是短视频，在新华社Twitter平台报道中发挥了重要作用。这些视频时长多为半分钟到3分钟，适应了社交媒体平台碎片化传播的特点，贴合受众快节奏的生活与阅读习惯，使其快速了解真实情况。

最后，链接的应用越发丰富。链接可跳转进入相关信息的新华社新闻网页，阅读详细报道内容。这为用户提供了全面了解新闻背景与信息的窗口，并有效地将用户引入自身的新闻报道阵地。

从不同方式的组合来看，在抽取的498条样本中，"文字+图片+链接"的组合报道方式最多，有292条，占比58.63%；"文字+视频"的组合报道方式居于次位，有190条，占比38.15%。这两种组合方式既有文字说明，又有图像展现，使得推文成为一个形式丰富的整体，更加易于被用户接受。无论使用什么方式，新华社都始终以内容为主，一切都为信息的有效传播服务。正是秉持着这种理念，新华社在Twitter海外社交媒体平台紧扣主题主线，组合运用不同报道方式，有效呈现新闻信息，推动对外传播工作不断扎实、深入。

### （三）信源：多元引用，兼具权威性与平民性

信源即新闻信息的来源，为新闻报道的真实性提供有力支撑。同时，信源的选取也暗含着报道的角度。在选取的498条新华社推文样本中，共有136条内容标明了明确的信源，具体情况如图6-6所示。

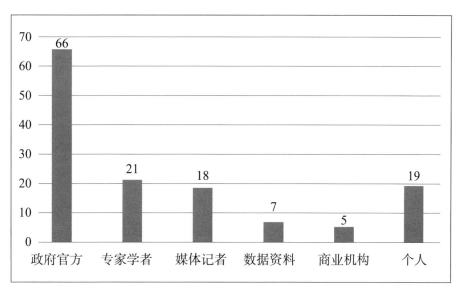

图 6-6　推文引用信源统计图（截至 2023 年 4 月 20 日）

如图6-6所示，新华社对信源的选取和引用呈现出多元化特征。"政府官方"类信源多为国家机构、领导人、发言人等，代表国家的官方立场，有66条；"专家学者"类信源主要是领域内的专家、分析家等，代表权威、科学的信息和观点，有21条；"媒体记者"类信源主要是路透社、CNN等国际知名媒体报道，以及来自各个媒体的记者，在海外具有相当公信力，

有18条；"数据资料"类信源则是公开出版或发表的研究、数据信息等内容，同样新闻信息真实、可信的重要佐证，共有7条；"商业机构"类信源主要聚焦商业公司，代表商业利益，多出现在经济主题的报道当中，共有5条；"个人"类信源主要是来自海内外的普通个体，共有19条。

不难发现，前四类信源都代表着权威、真实，新华社的引用不仅客观呈现了世界舞台中各方的鲜明立场，又体现其作为世界性通讯社的专业特性。但除此之外，新华社竭力贴合社交媒体平台个体化、轻量化传播的特征，展现不同个体的真实体验与想法。在这19位个人当中，有来自德国的Vlog博主，有在中国读书的哈萨克留学生，有来自中国新疆的舞者，也有肯尼亚当地的普通商人，他们的声音充分展现了"人"的主体地位，使得新闻报道更加鲜活、立体。这种多元化的呈现使得新华社的对外报道实践更具温度，也更具打动人心的力量。

通过对推文样本中层次框架的分析，可以发现新华社在海外社交媒体的报道框架具有选择、凸显和诠释三个层面的作用。选择，即在报道时选取特定的角度、引用权威的信源，从而加强报道的影响力与说服力；凸显，即在报道时赋予不同环节不同程度的显著性，从而突出某个图式环节，使该环节成为受众的重点关注方面，加强对中国国家形象的正面宣传；诠释，即使用丰富多元的报道方式呈现信息，从而使内容更生动、更有吸引力。于是新华社在海外社交媒体成为兼具"信息中介"和"观念影响"双重功能的意见领袖，持续增强海外投送能力，持续深化"好感传播"，着力为我国改革发展稳定营造良好的外部舆论环境。

## 三、低层次框架：句式·语言·修辞

不同字、词的排列组合会形成不同话语结构，虽然都是社会真实活动的反映，但传达出的意义却会有所差异。臧国仁认为，新闻报道除了通过高层次框架、中层次框架表现，还须通过语言或符号表现。由字、词等组合而成的修辞与风格，语句的用法以及文字的风格均可显示言说或论述对事件、人物的评价。易言之，"任何文字或符号的组合与运用，其实都反映了真实世界的转换框架效果"①。这里提到的修辞，并非仅指常见的写作手法，还包括为增加新闻报道的真实性、合理性、正确性、精确性和可信度而使用的策略性手段。简·梵·迪克认为，新闻话语的修辞分析不可能完全独立于它的语义和思想态度的分析之外。②通过对内容的修辞风格进行分析，能够进一步了解新闻报道中的思想意识形态如何运作，从而进一步归纳新华社的国际传播手段。因此，本书结合社交媒体平台具体内容与已有研究，从句式、语言、修辞等方面来分析样本内容的低层次框架。

### （一）句式：内容凝练简洁，巧用多种句式

社交媒体传播具有碎片化、灵活性的特征，平台对发布内容的长度也会有一定限制。Twitter最初对每条推文的字数限制为140词，2017年放宽至280词。Buddy Media（伙伴媒体）的数据显示，包含少于100个字符的推文平均比长推文高出17%的粉丝参与度，这说明简洁凝练的内容更受到用户欢迎。出于这一特点，我们以10词为间隔，对样本内容的词数情况进行统计。

---

① 臧国仁.新闻媒体与消息来源：媒介框架与真实建构之论述［M］.台北：三民书局，1999：41.

② 迪克.作为话语的新闻［M］.曾庆香，译.北京：华夏出版社，2003：96-97.

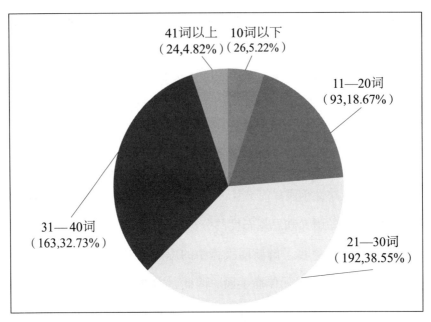

图 6-7　推文词数统计图（截至 2023 年 4 月 20 日）

通过对样本推文的词数情况进行统计（图6-7），发现新华社在Twitter平台报道的词数分布较为集中。有192条推文词数为21—30词，占比38.55%；有163条推文词数为31—40词，占比32.73%。这两类占据了绝大部分，说明新华社在Twitter平台的报道词数广泛集中在21—40词。此外，11—20词也占据一部分，有93条，占比18.67%；10词以下、41词以上占比较小，分别有26条、24条。虽然平台规定了280词的限制，但新华社没有一味追求长篇幅，而是用短短一两句话，甚至一个短语来呈现信息。例如：

2.89 bln #COVID19 vaccine doses administered on Chinese mainland.

（中国大陆接种了28.9亿剂新冠疫苗。）

——@China Xinhua News2022年1月9日推文

China's foreign ministry clarifies nature of relationship with Russia.

（中国外交部澄清与俄罗斯关系的性质。）

——@China Xinhua News2022 年 3 月 30 日推文

这两条推文均不满 10 词，却非常清晰地包含了新闻报道的重要要素，传达出有效信息。可见新华社迎合了社交媒体平台特点，运用浓缩概括、化整为零、断裂行文等方法体现简单明了、凝练概括的新闻内容。

在追求内容简洁凝练的同时，新华社也力图呈现更为丰富的信息。例如：

China and the Maldives pledge to jointly build the Belt and Road and focus on post-pandemic recovery.（中国和马尔代夫承诺共同建设"一带一路"并关注疫情后的恢复工作。）

——@China Xinhua News2022 年 1 月 9 日推文

China's economic development an example for Pakistan and the world: Pakistani FM #WorldEconomicForum.（巴基斯坦外交部：中国的经济发展是巴基斯坦和世界的榜样 #世界经济论坛。）

——@China Xinhua News2022 年 5 月 27 日推文

在第一条推文中，新华社使用了长句式，结构清晰完整，并且通过使用副词 jointly、形容词 post-pandemic 丰富报道内容，传达更多有效信息。在第二条推文中，新华社整体以短语形式呈现，不拘泥于传统的句法结构，同时使用缩写避免冗余。这些报道以简洁凝练的方式报道客观事实，很好适应了社交媒体平台的用户偏好。

在句式上，新华社在 Twitter 平台的报道以陈述句为主，同时加入疑问、感叹句式加强与用户的互动。例如：

World's largest free-trade pact #RCEP has come into force for almost ten days. What benefits have companies in China actually felt? Click the video to find out.（世界上最大的自由贸易协定 #RCEP 已经生效近十天了。中国的企业究竟感受到了什么好处？点击视频了解详情。）

——@China Xinhua News2022 年 1 月 9 日推文

Cute alert! A pair of male giant panda twins，born on July 22，met media Monday at Chongqing Zoo in southwest China. This is the second time that their mother Er Shun，which stayed in Canada from 2013 to 2020，gave birth to twins.（可爱预警！一对雄性大熊猫双胞胎于 7 月 22 日出生，周一在中国西南的重庆动物园与媒体见面。这是它们的母亲二顺第二次生下双胞胎，二顺从 2013 年到 2020 年一直待在加拿大。）

——@China Xinhua News2022 年 8 月 8 日推文

问句的形式给用户设下悬念，吸引其进一步通过短视频了解详情。当用户带着好奇心与思考观看视频，也就会对中国企业的发展、中国在国际合作中的姿态产生更深的认同。感叹号与短句的使用则有强调、突出的作用，具备较强的情感特征，容易引发用户的共鸣。

综上，在内容长度上，新华社顺应 Twitter 平台的传播特点，内容较短，注重以简洁凝练的方式表达丰富信息，用词灵活多变。在句式选取上，以陈述句为主，使用疑问句、感叹句增强情感，引发受众好奇心与思考力，不断丰富报道感情。

### （二）语言：官方风格为主，适应不同传播面向

在传统的新闻报道中，要求语言客观公正，尽量避免倾向性和引导性。但国际传播的要求、社交媒体平台的特征不断重塑着传统新闻写作，使得语言风格呈现出新的特点。根据推文内容的用词、语气等特征，将语

言风格分为客观平衡的、积极肯定的、严肃强硬的、轻松诙谐的、担忧关怀的等五个类别。

统计结果显示（图6-8），新华社在Twitter平台的语言风格仍以客观平衡的为主，共有372条，占比74.70%，力求用词和表达的精准，如实反映情况。除此之外，新华社也力求语言风格的多样，发挥其对外传播的重要作用。

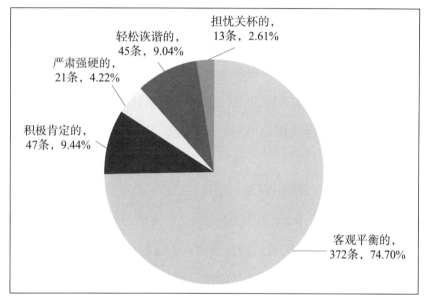

图 6-8　推文语言风格统计图

首先，新华社充分把握国际传播的主动性，广泛宣介中国主张、中国智慧、中国方案，展现中国人民的幸福生活，同时证明中国在全球发展中的重要角色。因此，不少推文语言充满积极、肯定的色彩，比如"shows China's commitment to pursuing a shared future for mankind"（展现中国追求人类共同未来的承诺）"China is expected to continue to act as a stabilizer for the global economy with its sound long-term fundamentals"（中国凭借其良好的长期基本面，预计将继续充当全球经济的稳定器），呈现了"中国之治"的独特魅力，有能力也有责任在全球事务中发挥更大作用，同各国一道为解决全人类问题作出更大贡献。

其次，在应对国际舆论场的质疑与挑战时，新华社也通过Twitter进行正面回应，语言风格较为严肃、强硬。如2022年8月，应对美国国会议长佩洛西中国台湾之行一事，新华社在海外社交媒体平台递进式报道中国反制措施，准确阐述中方坚定立场及反制措施的正当性与必要性，揭露佩洛西捞取个人政治私利的丑陋动机，戳穿美国背信弃义、妄图"以台制华"的虚伪本质。通过使用"urge""clarify""call on"等动词，以及"firm""resolutely"等形容词、副词，坚决表明中国立场，向国际舆论场发出有理有节、有力有效的中国声音。

再次，在社交媒体平台进行传播时，新华社也致力于塑造亲切友好的媒介形象，语言风格偏向轻松、诙谐。比如，通过使用问句、感叹句，加强推文内容的对话感，引发受众的阅读兴趣；通过使用"let's""join""you"等词，拉近与受众的距离，扮演亲密的媒介角色；通过使用"vibe""hey""cute"等口语化表达，诉诸与受众的日常生活相呼应，产生一种先声夺人的鲜活的传播效果。这种风格立足新媒体传播特征，能够最大限度地激发起读者的阅读兴趣和热情，让可信、可爱、可敬的中国形象更加深入人心。

最后，新华社在注重专业报道、宣传中国形象的同时，重视自身的伦理责任，将人文关怀注入对外报道，语言风格充满温度。例如：

The number of confirmed COVID-19 cases in Africa has exceeded 10 million. But the continent remains the least vaccinated region around the world.（非洲的COVID-19确诊病例数已超过1000万。但该大陆仍然是世界上接种疫苗最少的地区。）

——@China Xinhua News2022年1月9日推文

Severe drought could adversely affect 8 million people in Somalia or half of the country's total population（严重的干旱可能对索马里的 800 万人口或该国总人口的一半产生不利影响）

——@China Xinhua News2022 年 5 月 27 日推文

在报道灾难事件、弱势群体的过程中，新华社一方面呈现客观事实，另一方面则通过转折词、归因、结果状语等方式进一步作补充说明，带有担忧、关怀的风格色彩。第一条推文用"but"一词引出非洲目前的疫苗状况，暗含了对低疫苗接种率情况下新冠疫情状况的担忧。第二条推文则使用"adversely"表达隐晦的感情色彩。这种报道方式背后是新华社对人的主体性的肯定，即强调人的价值、人的尊严，关注人的生存状态和社会权益。

总体看来，新华社在 Twitter 平台的语言风格以客观平衡为主，主动发挥国际传播的主动性，鲜明地展现中国思想，响亮地提出中国主张，同时使用海外受众乐于接受和易于理解的话语，努力实现情感共鸣。此外，新华社也充分体现对具体的人的关怀，使得新闻传播真正有态度、有高度、有温度。

### （三）修辞：比喻与挪用，增强生动性与说服力

从微观上看，新闻本质是符号的集合。通过新闻活动，人们约定符号传达信息、表达思想、获得记忆，目的是达到对世界深层次的理解。在新闻工作者的引述和呈现中，话语的表达也存在选择性和建构性，于是就有了"怎么说"的问题，话语的不同表述角度和其约定俗成的修辞惯例暗含了不同的评价。

批评语言学认为，由于话语在社会意义层面的建构性，在传播研究

中，借助语言的观念功能对媒介文本进行分析可以从意义方面说明世界、建构世界。[1]传播者在用语言表达事实的过程中，通过比喻搭建描述框架，使意义的传达更为深刻幽微。在新华社对外报道过程中，运用不同的话语修辞策略呈现报道文本，提供了特定的意义空间，建构了其产生、流通的社会场域及意义解释机制，表达了不同的主旨意义。例如：

The Global Development Initiative #GDI has taken a leap from "laying the foundation" to "building the framework," a stride from "freehand brushwork" to "meticulous painting."（全球发展倡议#实现了从"打基础"到"建框架"的飞跃，实现了从"写意的画笔"到"细致的绘画"的跨步。）

——@China Xinhua News2022年9月21日推文

A Chinese Foreign Ministry spokesperson said disclosed money paid to the United States by the Taiwan authorities is only "tip of the iceberg".（中国外交部发言人说，披露的台湾当局支付给美国的钱只是"冰山一角"。）

——@China Xinhua News2022年6月18日推文

上述两条推文均使用了明喻，既有明确的本体、喻体，也通过引号较为清晰地表明了修辞机制的存在。第一条推文用建筑、绘画艺术比喻全球发展倡议从起草到不断细化的过程；第二条推文则用"冰山一角"比喻表面现象之外还有更多不为人知的部分。明喻化抽象为形象、化枯燥为生动，极大提升了推文内容的可读性与易理解性。

① 费尔克拉夫.话语与社会变迁［M］.殷晓蓉，译.北京：华夏出版社，2003：50.

Village doctors，safeguarding the health of rural residents，are playing a key role in the healthcare of China's vast rural areas. They are considered health guardians in towns and villages，offering emergency response and medical support.（保障农村居民健康的乡村医生在中国广大农村地区的医疗保健中发挥着关键作用。他们被认为是城镇和乡村的健康守护者，提供应急反应和医疗支持。）

——@China Xinhua News2022年3月1日推文

Hong Kong media：Traditional Chinese medicine has a role in virus fight.（香港媒体：传统中医药在抗击病毒方面有作用。）

——@China Xinhua News2022年3月30日推文

上述两条推文则包含了暗喻，有明确的本体和喻体，但没有明确的提示比喻的标志，因此意义的传达更为隐蔽。第一条推文将乡村医生比作健康的守护者，含有对他们的肯定与赞扬；第二条推文将预防与控制病毒比作战争，包含了对新冠疫情的重视，以及将其遏制住的坚决态度。暗喻同样使得表达更为生动，并且暗含了某种态度，在报道信息的同时表明自身的价值主张。

The resumed fifth session of the UN Environment Assembly（UNEA-5）kicked off in the Kenyan capital of Nairobi on Monday，with delegates renewing the call for action on the triple planetary crisis of climate change，pollution and biodiversity loss.（第五届联合国环境大会（UNEA-5）续会周一在肯尼亚首都内罗毕拉开帷幕，代表们再次呼吁就气候变化、污染和生物多样性丧失这三重地球危机采取行动。）

As the Chinese economy has bounced back after having weathered shocks of the latest COVID-19 resurgence，global investors and international economists cast a vote of confidence in the world's economic thruster.（随着中国经济在经受了最近一次COVID-19复苏的冲击后出现反弹，全球投资者和国际经济学家对这个世界经济的推进器投下了信任票。）

——@China Xinhua News2022年6月18日推文

上述两条推文含有对表达的挪用。在第一条推文中，"kick off"本义为"（足球比赛中）开球"，这里挪用至联合国环境大会的语境中，表明大会开始召开；在第二条推文中，"weather"本表示"遭受风吹日晒等"，这里挪用至新冠疫情的语境中，表明新冠疫情带来的冲击与影响。这些用法深入英文表达，使得报道更为贴合英语语言环境，从而拉近与受众的距离。

在客观、平实的报道之外，这些修辞为报道内容增添了不少生动形象的色彩，同时隐含了新华社对外传播的态度导向。特别是在重要国际事件的报道中，新华社明确政治站位，但弱化宣传色彩，充分运用语言的斗争艺术，切实回应国际社会的质疑。这既展现了新华社作为国际性通讯社在英文写作上的强大能力，又蕴含着其以事实说服人、以形象打动人、以情感感染人、以道理影响人的不懈努力。

国际传播归根结底是立足于现实层面的国际关系和权力格局，通过整合领土内外的多元传播主体，以舆论博弈和意识形态交锋为主要场域，最终服务于国家意志和国家利益的跨国传播活动。[①]新华社在社交媒体平台使用的微观修辞策略为国际传播提供了一个范例。通过句式、语态和修辞的灵活运用，将表达的立场、态度潜藏于词句之中，实现中国话语的对外

---

① 姬德强，朱泓宇."网红外宣"：中国国际传播的创新悖论［J］.对外传播，2022（2）：54-58.

转换，使国际传播更具解释力、说服力和感染力，从而使中国特色社会主义基本理论讲得清、传得开。

# 第三节　基于会话思维的国际传播创新策略

习近平总书记指出："讲事实才能说服人，讲形象才能打动人，讲情感才能感染人，讲道理才能影响人。"①新华社将政治性宏大叙事和个体的微观叙事结合起来，通过典型的小人物、小话题反映中国民情，进而体现国家制度的优越性，争取国际社会的情感共鸣。这也启示着国际传播工作要跳出固有思路，立足具体地点、具体人物进行更加深入、鲜活的细致刻画，以动态展现立体、多元的中国形象。

## 一、互文构建，形成"一个声音、多个声部"

"互文性"（Intertextuality）是话语分析中的重要概念，指的是"一个（或几个）符号系统移位到另一个符号系统"，强调意义产生于语篇之间的相互联系。克里斯蒂娃（Kristeva）认为，所有语篇本质上都是互文的，"任何语篇都是由引语拼凑而成；任何语篇都是对另一语篇的吸收和转换"②。也就是说，任何语篇中都充满其他语篇的片段和"他者"的声音，因而阅读和写作是一种与此前的语篇、作者和常规惯例的互动对话过程：

---

① 中共中央文献研究室.习近平关于社会主义文化建设论述摘编［M］.北京：中央文献出版社，2017：212.

② KRISTEVA J. The Kristeva reader［M］. New York: Columbia University Press，1986：37.

"每一话语都是对其他话语的反驳、肯定或补充，都依赖其他话语。"①被经过改造、编辑的语篇形成一种相互依赖关系，与讲话主体的价值系统相符合。

在国际传播当中，互文性可作为一种话语策略发挥重要作用，大众媒介也可以借此有目的地建构国家形象。②国际传播不再是依靠单一文本的"单兵作战"，而是按照协同思维的内在要求，在文本实践层面打造一个系统性的文本之链与意义之网。单一的文本只能成就一种意义结构，而不同文本之间的整合、协同与对话，则意味着一个更大的意义生态。③在数字媒体时代，就需要综合调用各种传播平台和渠道，以生产相应的文本形态，形成共建国际传播能力的局面。

新华社在通过海外社交媒体进行对外报道时，统筹协调各个渠道，使语篇和文本紧密联系在一起，构建形成对外传播的"统一声音"。在某一账号的对外传播中，新华社对特大事件、重要议题的持续报道形成明显的互文性。通过使用话题标签形成语篇集合，同时不断呈现事件最新动态、引用有利于中国国际形象的多方看法，从而使得这些语篇相互交织在一起，以利于对外传播实践的顺利开展。

在某一特定平台，新华社则充分意识到海外社交平台的广泛面向，通过不同账号开展对外传播活动。一方面，面向不同国家的受众使用不同的语言，需要根据语言特点进行适应性改写；另一方面，根据不同账号的内容传播定位有选择地进行报道，使得报道有取舍、有重点。这样，各账号既有各自的针对性，又统一起来形成对外传播的整体。

---

① BAKHTIN M. Speech genres and other late essays[M]. Austin: University of Texas Press, 1986.

② 武建国，徐嘉.互文性策略与中国国家形象建构研究：以港珠澳大桥新闻报道为例[J].中国外语，2021，18（6）：45-50.

③ 刘涛，刘倩欣.新文本 新语言 新生态"讲好中国故事"的数字叙事体系构建[J].新闻与写作，2022（10）：54-64.

新华社结合不同社交媒体平台的传播特点，推出多种形式的对外报道。例如两会期间，新华社抓住这一重要对外传播事件，在海外社交媒体平台开展了多角度、全方位的报道。由于Twitter、Facebook平台具有简洁、开放、高效交互的特点，新华社在这两个平台的对外报道以图文为主，及时编译发布两会重要讯息，主打时效性、简洁性。由于Instagram是图片类社交平台，具有较强的分享性，新华社在该平台突出图片报道，通过图片再现新闻现场、传达有效信息，注重图片的清晰度与美观性，同时辅以文字说明。YouTube是视频创作平台，擅长简短视频内容的互动性传播。全国两会期间，新华社在YouTube对会议开幕式进行直播，吸引万人观看。同时，新华社也持续推出报道视频：会前，推出解读性视频，配以动画演示、文字解说，介绍两会的作用和意义；会中，用短视频持续报道"部长通道""记者会"等新闻现场，同时引入新华社记者的视角，呈现外媒记者、外交官们的态度观点；会后，通过呈现海外专家的解读性意见，不断展现两会的积极性意义。这些内容的议题相互交汇融合，却又各有侧重，从而形成醒目有效的新闻报道。最终，新华社通过海外社交媒体平台不断加深公众的注意和理解，从而成功地建构国家形象。

新华社通过海外社交平台构建了一个宏观意义上的文本网络：每个社交平台、每个账号都有自身的传播逻辑与传播偏向，但又可被辨识为整体网络中的一部分。国际传播通过多个社交媒体平台的组合加以呈现，每个媒介文本都对国际传播效果的达成做出"独特而有价值的贡献"[1]。在微观层面，不同文本保持故事线索上的关联，体现传播内容的整体性，引导国际社会客观全面地认识和理解当代中国，消除"现实中国"与"镜像中国"之间的反差。在宏观层面，所有文本的思想主旨保

---

[1]　张红军.国际传播能力跨媒介提升的三重维度［J］.新闻记者，2023（1）：13-14，21.

持一致，紧扣中华民族的文化传统与精神价值，向国际社会唱出"一个声音"。

需要注意的是，"一个声音"并不是完全统一的报道、不是通稿，而是建立在中国立场基础上的差异化报道。在使用海外社交媒体进行对外传播的过程当中，新华社以核心价值观为指引、以制度文化基础为内生力量，发挥不同平台、不同账号、不同媒介形式的作用，调动各传播主体的积极力量，向国际社会唱出和谐的"多个声部"。

## 二、对话传播，变单向独白为弥散式分享

在对传播含义的探讨当中，无论具体的表述有何不同，本质上都是从施、受双方行为或活动去规定的。从活动来看，传播是双方的交互流动，即两个主体之间的开放、交流活动。从内容来看，传播就是意义的共享，达到双方共同"拥有"的状态，也即主体之间的相互理解。不难看出，传播的本质具有"对话"的特征。"对话"概念最早源自宗教哲学家马丁·布伯（Martin Buber）关于对话性关系的哲学论述，巴赫金（Bakhtin）将这一概念代入文艺研究领域，提出polyphony fiction（复调小说）的概念。他认为，作品的主人公与作者之间也是一种平等的、自由的对话关系，两者都作为对话的主体。①

从人与人之间的传播到作品的传播，"对话"始终强调双方的主体地位。在国际传播当中，这种主体强调也同样存在，即传播者在传播过程中要寻求与海外受众的开放与交流。但以往的国际传播多为官方主导的对外宣传，新闻报道含有鲜明的政府或政党的意志，在这种强势主体的主导

---

① 巴赫金.诗学与访谈［M］.白春仁，顾亚铃，等译.石家庄：河北教育出版社，1998：386.

传播下，海外受众的主体性减弱，国际传播难以达到预期效果。①但在当今世界，随着国际社会的舆论交锋日趋复杂、海外受众的媒介素养更为深厚，政府在国际传播中的主导地位已悄然退场。虽然国际传播本身被寄予了传达官方诉求的"硬性"任务，但这越来越依靠"软性"的对话传播来实现。在新的国际传播态势下，中国媒体必须变单向传播为双向对话，主动寻求、尊重海外受众的主体地位。也就是说，进入对话关系的双方互相尊重，愿意倾听彼此，并且认为两者之间的互动是这种关系的最终目标。

社交媒体的出现，不仅为对话式传播提供了充分的技术基础，更在助力推进"参与式文化"，使得"对话"成为普遍的传播样态。在国际传播领域，海外社交媒体平台就成为桥梁，连接了中国与国际社会的每一个受众，确保双方成为相互尊重、交流的主体。在实践当中，新华社充分发挥主动性，同时看到海外受众的需求，使得国际传播在双方对话中获得新的成效。

一方面，新华社通过海外社交媒体平台构筑了传播阵地。在一次交流活动中，新华社记者面对"为什么要发Twitter和Facebook"的提问时，作出了这样的解释：由于我们与西方来自两大不同的意识形态阵营，新华社的报道在经过西方媒体的转引后，原意很难不被曲解。网络时代让我们可以实现与终端用户的点对点传播，没有了"中间商"从中作梗，读者看到的就是我们想要表达的。读者想知道的，我们也可以即时了解、及时回应。②也即在国际传播中，海外社交媒体平台帮助新华社确立了传播主体地位，使其直接面向海外受众发布信息，免去了海外媒体引用过程中的意

① 胡智锋，刘俊.主体·诉求·渠道·类型：四重维度论如何提高中国传媒的国际传播力［J］.新闻与传播研究，2013，20（4）：5-24，126.

② 黄燕.中国对外传播：从单向传播到多向传播［EB/OL］.（2019-04-18）［2023-12-28］.http://media.people.com.cn/n1/2019/0418/c40628-31037071.html.

义扭曲。例如，面向国际社会发布中国灾害信息时，新华社第一时间通过海外社交媒体平台发布信息，站在热点事件报道新媒体议程设置的前段。在此基础上，新华社保证信息的权威与准确，有效聚合碎片化信息，不断更新事件最新动态，向海外受众说明情况。此外，新华社也在海外社交媒体平台成为有力的"传声筒"。面对国际社会的质疑，新华社通过社交媒体平台充分了解受众的疑虑，并予以有针对性的说明和回应，且在关键问题上表现出严肃的态度，从而有效引导国际社会舆论的正向转化。另一方面，海外社交媒体平台充分尊重了受众的主体地位。传统的国际传播是单向、线性的，宣传的目的性较强。社交媒体平台的出现使得对外传播方式变为双向的分享，意在将信息传播给远方的受众。通过对于时间节奏、地理空间环境的个性化修辞、情感化表达的方式，实现在移动互联网环境中的对外传播的多层次交互、多样态兼容。

在具体的传播实践中，居高临下的谴责与说教往往带有对受众的轻视，难以构建平等的沟通关系，使得交流思想、传递观点难度加大。新华社竭力避免了这种情况，注重把握基调，以平等、平和、平稳的方式娓娓道来，既开放自信也谦逊谦和，既不妄自菲薄也不居高临下，以引人入胜、循循善诱的方式，构建亲和、多元的立体中国形象。通过传播优质、贴近的信息，补缺海外受众因信息不足而带来的"心理认知失衡"，降低受众对异域文化不确定性的"焦虑感"，从而不断满足海外受众的期待。

"对话"概念认为，有价值、有意义的对话应承认、正视并尊重不同文化之间差异的存在，从根本上理解另一种文化。[①]那么，国际传播就成为不同文化之间的交流过程。新华社正是立足这一理念，既阐释我方的立

①  张小娅.对话的重要性：国际传播中的理解与接受［J］.清华大学学报（哲学社会科学版），2015，30（1）：129-136，183.

场与文化，又尊重他国的思想与文化资源，将此态度与文化融入中国与世界的对话中，为国际传播的开展铺平道路。

## 三、深入基层，深描中国社会的真实个体

从跨文化传播的角度来看，我国有着集体主义的文化语境，有着塑造集体共识的传播目的；而在西方多数国家，平等和人权的原则助长了个人主义思想，偏好个体经验与私人生活。若继续按照集体主义的宏大叙事思路进行国际传播，容易因为文化语境的不同带来误读。但这并不意味着没有沟通与交流的可能。换句话说，任何一种文化群体都具备某种宏大主题的传播潜能，问题的关键在于"宏大"是在哪个层面上被制造和被解读的[①]。

从宏观角度看，需要讲清楚中国的成功基于我们拥有一个强有力的、致力于发展的政府以及富有远见卓识的领导人和正确的政策；从微观角度看，则需要讲清楚新时代的中国人民所感受到的实实在在的变化。这就要求在对外传播中加入个人视角，通过呈现事件见证者或亲历者的态度观点，公开表达个体经验，使个体成为书写历史的重要参与者。因此，对外传播就需要找准宏大战略和微观叙事的最佳结合点，有效引导受众和舆论接受既定的战略目标。海外社交媒体正好契合了这一传播方向。社交媒体平台构筑了公共性空间，赋予基层表达和发声的机会。我国主流媒体遵循"三贴近原则"，加强海外社交平台的传播能力建设，能够真正有效保障海外传播渠道的下沉，从而加强在海外的广泛影响力。

新华社在海外社交媒体平台的传播就很好地平衡了宏大与集体的关系。在传播内容上，除了讲述国家发展与成就，新华社还把目光投至更多

---

① 张毓强.小切口、巧叙事：宏大主题影视作品的国际传播可能［J］.对外传播，2019（11）：44-47.

的普通个体。首先，新华社竭力呈现个体的故事：冬奥赛场上突破自我的年轻新星、为中国发展做出贡献的杰出个人、来华通过奋斗过上幸福生活的海外人士，这些内容以"小故事"折射"大时代"的波澜壮阔，通过讲述个人故事，向世界展示一个不断向前发展的中国形象。其次，新华社致力于呈现丰富多元的民俗文化。民族舞蹈、民间音乐、特色节日等"去政治化"和"去意识形态"的民间生活、民间文化符号，赋予中华文化更多现实可感的意向，形成独具魅力和吸引力的中国叙事。最后，新华社展现出更为博大的人文主义关怀，面对国际社会中个体的不幸遭遇，表达出深切的关怀与遗憾，并呼吁为人类的共同发展作出努力。通过广泛呈现个体的描述，新华社充分肯定了个体的感受与价值，并且通过整合个体的碎片化经验，不断深入、细化国际传播视角，并以此为路径实现了国家形象的跨文化塑造与传播。

在传播策略上，新华社也转向更加生活化、日常化的叙述语态，有效促进不同文化群体间的相互理解。首先，新华社善于使用口语化的亲切表达，用便于国际传播和理解的语言讲述一个个鲜活生动的个体故事，以激发国外人士的情感共鸣，缩短彼此心灵的距离。无论是Twitter平台上发布的文字报道，还是YouTube平台发布的短视频内容，均通过使用柔性的传播语态，拉近媒体与受众之间的距离。其次，新华社也发挥社交媒体平台传播视觉要素的优势，通过细节的刻画与表现将受众代入具体的场景，跨越主体之间的审美距离，自然而然地引发情感共鸣。在影像叙事过程中，新华社既选取全景式的宏大场面，又更多加入拍摄距离更近、视觉范围更小的近景镜头，展现更为细节的中国场景、人物神态，更为充分地展现中国的真实细节，使观众对中国的认知更加细腻、丰富，从而更容易生发情感、建立认同。

# 第七章　中新社海外社交平台国际传播策略

中国新闻社（China News Service，简称"中新社"）是我国国家通讯社，成立于1952年10月1日。在70余年的风雨征程中，中新社积极探索具有自身特色的融合发展之路，形成了以对外宣传为主要任务，以海外华人华侨、港澳台同胞和外籍华人为读者对象，以海外华文媒体为合作对象的独特定位。近年来，中新社以构建全球华文资讯传播共同体为方向，打造新型国际传播主流媒体，为展现真实、立体、全面的中国形象做出贡献。[①]正如中新社社长陈陆军所言，"一部中新社的发展史，既是中国探索国际传播的缩影，也是中央主要媒体发展变迁的缩影"[②]。

## 第一节　中新社海外社交平台建设历程

### 一、中新社国际传播的历程

1952年10月1日，中新社向海外发出了第一篇广播新闻稿《首都纪念

---

① 陈陆军.转型 创新 探索：中新社在新形势下的国际传播新作为［J］.中国记者，2021（7）：16-19.

② 陈陆军.以侨为桥 向世界讲述可信可爱可敬的中国［J］.传媒，2022（19）：9-11.

国庆节举行隆重阅兵式》，冲破了当时西方国家对新中国的封锁，向世界传递了来自新中国的声音。[①]这是中新社事业的起点，也是它进行国际传播事业的开端。中新社最初是新华社的华侨广播组，向海外100多家华文报纸、广播供稿。1957年，中新社从新华社独立出来，成为唯一以对外报道为主要新闻业务的国家通讯社。面临市场环境变化和国家对外宣传事业的重视，以及海外读者对中国新闻需求的增长，中新社抓住机遇，锐意创新，进入新的发展时期。20世纪90年代，中新社积极征求海外华侨读者的意见，在政治报道、经济报道方面作出重大调整，向海外读者传递了中国市场经济体制变革后发生的变化，提升了中新社的国际影响力，向世界各地展示了改革开放初期中国的全面貌。

2000年元旦，由中新社主办的《中国新闻周刊》正式创刊。以"影响有影响力的人"为办刊理念，《中国新闻周刊》中文版的深度报道广受赞誉。[②]除了中文版，《中国新闻周刊》外文版已发行美、英、日、韩、意、南亚、法、俄和阿拉伯共计7个语种9本杂志。2001年，中新社在中国南京举办了首届世界华文媒体论坛，并出版《世界华文传媒年鉴》。此后，每隔两年，世界华文媒体论坛都在不同城市举办，成为中新社沟通海内外媒体的重要渠道，也是海外华文媒体与大陆传媒沟通的桥梁，极大促进了我国国际传播事业的发展。

党的十八大以来，中新社根据党和国家关于国际传播工作的指示，抓住机遇，迎接挑战，大力改革，致力于将自身打造成具有竞争力和影响力的国际一流媒体。中新社以融通中外的话语体系加强国际传播，搭建全媒体传播矩阵，包含网站、客户端、社交媒体等，其中，在推特、脸书等海

---

① 周秉德.中新社70周年：薪火传承 共向未来［J］.传媒，2022（19）：19.
② 中国新闻周刊.中新社70年：应势而生，因变而不同［EB/OL］.（2022-09-28）［2023-12-28］.https://baijiahao.baidu.com/s?id=1745175735160837625&wfr=spider&for=pc.

外主流社交平台，确定了以中文账号为主、英文账号为辅的"差异化发展路线"①，重点聚焦海外社交平台的华文舆论场，构建多元化多声部的社交账号集群。其中，中新社在海外社交平台分别布局建设账号，其媒体官方账号在Facebook、Twitter、YouTube、Instagram等海外社交媒体平台的粉丝数超800万。2022年9月27日，中新社国际传播集团在北京成立，标志着中新社国际传播事业发展进入新阶段，秉承"国际视野＋中国立场"，中新社将继续与海外华文媒体建立更密切深度的联系，在国际舞台上唱响中国声音。

中国新闻社经过70余年的发展和融合，从新华社的分支机构到今天的国家通讯社、国家外宣的重要力量，稳居全球主要国际传播媒体前列。70余年来，中新社从对外广播到国际传播的传播实践，从单一的电报发稿，到形成报、网、端、号的立体传播矩阵，覆盖全球几亿用户，成为传递中国声音、团结华侨的桥梁和展现中国国际形象、积极参与国际舆论争锋的重要阵地。

## 二、中新社海外社交平台的建设与发展

### （一）初步建立账号

根据《2022年全球数字概览》报告，截至2022年1月，全球社交媒体用户超过46.2亿，相当于全球总人口的58.4%，在过去一年，有4.24亿新用户加入社交媒体，相当于平均每天新增100多万个用户。海外主流社交媒体平台包括Twitter、Facebook、YouTube等。社交媒体已经成为世界各

---

① 中国计协.社长总编谈媒体融合|中国新闻社：构建全球华文资讯传播共同体［EB/OL］.（2020-06-13）［2022-12-28］. https://m.thepaper.cn/baijiahao_7821095.

地用户了解一个国家最基本、最便捷的途径，也是国家间进行信息传播的战场、构建国家形象的首要选择。国际传播的话语权之争，本质上就是传播媒体的声音，争取最多海外用户的关注度与参与度。因此，以Twitter、Facebook、YouTube为代表的海外社交平台成为我国主流媒体进行国际传播的主要阵地。

2009年7月，《国务院文化产业振兴规划》的出台将文化产业上升到国家战略层面，提高文化产业国际竞争力得以进一步强化，多家媒体适时开展"走出去"业务。新华社、《人民日报》、中国中央电视台、《环球时报》等主流媒体陆续在海外社交平台开设官方账号。中新社作为我国海外宣传的前沿阵地，从2011年开始在海外社交媒体创建账号，开辟国际传播的新实践。中新社在Twitter平台和Facebook平台分别运营两个活跃度较高的官方主账号，一个是中新社的官方账号——"中国新闻社"，以中文发布内容，另一个是中新社官方网站中国新闻网的官方账号，以英文发布内容，正式开始布局中新社的海外社交平台传播矩阵。

2011年7月，中新社在海外社交平台Twitter上开设了中新社英文网站账号"China News 中国新闻网"（@Echinanews），用英文向全球用户发布国内的最新消息。2013年6月16日，"China News 中国新闻网"（@Echinanews）在Facebook平台上开设账号。2013年7月，"中国新闻社"（@CNS1952）在Twitter平台继续开设官方账号，用中文发布消息。随后，中国新闻社（@ China News Service）官方中文账号相继开设。2014年6月，中新社在YouTube平台开设CHINA NEWS账号，在该号停止使用后于2018年重新开设官方账号中国新闻社（@cnsvideo），具体见表7-1。

早期的中新社账号发布的内容多是简单转载中新网的新闻报道，或是用简短的一句话或者提取新闻导语来描述内容，或是附上中新网的链接，内容呈现形式以中英文+图片、中英文+视频的双语种传播为主。总体来说，中新社的5个官方账号建设初期的内容主要是进行简单的新闻推送，传播手段并不丰富，账号整体运营缺乏统一性、互动性及议题设置能力。

表7-1　中新社海外社交平台开设账号情况

| 排序 | 官方账号名称 | 开通平台 | 开通时间 | 发文语种 |
|------|------------|---------|---------|---------|
| 1 | China News 中国新闻网（@Echinanews） | Twitter | 2011 年 7 月 | 英文 |
| 2 | China News 中国新闻网（@Echinanews） | Facebook | 2013 年 6 月 | 英文 |
| 3 | 中国新闻社（@CNS1952） | Twitter | 2013 年 7 月 | 中文 |
| 4 | 中国新闻社（@ China News Service） | Facebook | 2013 年 7 月 16 日 | 中文 |
| 5 | CHINA NEWS（现已停止运营） | YouTube | 2014 年 6 月 | 中文 |
| 6 | 中国新闻社（@cnsvideo） | YouTube | 2018 年 10 月 17 日 | 中文＋英文 |

## （二）发力搭建账号

2016年7月16日，中新社Facebook中文官方账号改为China News Service，头像为蓝色CNS中国新闻社的标识。同时，在Twitter平台上，中新社英文官方账号也改为China News中国新闻网，头像为红色Ecns.cn中新网的标识，中新社中文官方账号改为China News Service，头像为蓝色CNS中国新闻社的标识。2016年7月21日，中新社Facebook英文官方账号改为China News中新网，2016年8月16日，改为China News中国新闻网，头像为红色Ecns.cn中新网的标识。

中新社YouTube官方账号中国新闻社（@cnsvideo）也使用蓝色CNS中国新闻社的头像作为统一标识。中新社海外社交媒体账号在三个主流平台的媒介品牌形象达成统一，其中文官方账号在简介中进行统一说明："中国新闻社，简称'中新社'，是中国以对外报道为主要新闻业务的国家通讯社，是以海外华侨华人、港澳同胞、台湾同胞和与中国有关系的外国人为主要服务对象的国际通讯社。"〔China News Service（CNS）is not only a state-level news agency in China with spreading news worldwide as its main task，but also an international news agency with the compatriots from Taiwan，Hong Kong and Macao，overseas Chinese and related foreigners as its major subscribers.〕可以看到，中新社已经具备国际传播的品牌意识，给海外用户留下了深刻视觉印象，如图7-1所示。

图7-1 中新社的新旧图标

统一媒体品牌形象后，中新社在多平台、多账号中大量发帖。根据《中国新闻社国际微传播效果分析》①统计分析，中新社Twitter账号虽然在2013年7月开通，但是集中稳定发帖时间在2017年下半年，粉丝数量也是在此之后开始显著增长。仅2017年，在Facebook平台上，China News中国新闻网（@echinanews）发布了6413条英文帖文，中国新闻社（@ China News Service）发布了6413条中文报道。在Twitter平台上，China News中国新闻网（@echinanews）发布了7659条英文推文，中国新闻社（@CNS1952）中文账号起步较晚，发布1469条推文。在上述两个平台，中新社发帖内容大部分是中国国内消息，向海外用户讲述中国故事，形式采取文字+图片的方式。整体来看，政治、军事、经济、文化、科技等内容分布比较均衡。在Twitter平台上，中新社账号发推文的内容字数比较多，内容长度大概在100字以上。在Facebook平台上，中新社中英文账号日发文

---

① 吴潇.中国新闻社国际微传播效果分析［M］//章晓英，刘滢，卢永春.中国媒体微传播国际影响力年度报告（2018）.北京：社会科学文献出版社，2019：119-138.

量稳定并且逐步增加。

中新社在 YouTube 平台上仅有一个账号 CHINA NEWS，截止到 2017 年底，该账号订阅数为 26395 人，2017 年全年发布 600 条视频。随着传播环境的变化，短视频成为信息传播的主要形式，中新社调整国际传播战略，加大视频化传播。2018 年 10 月 17 日，中新社在 YouTube 平台上创建官方账号，以中文为主、英文为辅的形式发布新闻视频，形成一个主流媒体账号矩阵，搭建了海外社交媒体的传播阵地。中新社 YouTube 官方账号通过 "SHORTS"、直播、港澳台、新疆、社会万象 Local&Fun、English News、科技创新 Tech&Innovation、微视界 Small World Big Stories 栏目向海外视频用户推送国内的全方位消息，观看量不断增长。截至 2023 年 4 月 11 日，共有 8835 万受众观看账号视频。除了主账号，中新社还在 YouTube 平台创建视频频道账号 "微视界" "洋腔队" "我是 Z 世代"，从社会深度、海外观众、年轻群体的角度向国际用户进行精准性推送。

党的十九大期间，中新社通过一系列策划报道引领国际舆论场。中新社海外主流平台官方账号提前预热内容，通过多账号协同发力开展宣传报道，采取文字、图片、图表、直播等多种传播形式，设置 #19thCPC 或 # 聚焦十九大话题标签，积极推送有关党代表选举、经济、民生等会议议题的专题报道和新闻推送，实现海内外双向统筹。如 China News 中国新闻网（@Echinanews）发布帖子 "CPC expected to hold 19th national congress on Oc3t. 18."（中共预计 10 月 18 日召开第 19 次全国代表大会。）"The upcoming 19th National Congress of the Communist Party of China（CPC）is 'very very important' as it will draw up new policies that matter not only to China but to the world, says a senior U.S. expert."（一位美国高级专家说，即将召开的中国共产党第十九次全国代表大会非常重要，因为它将制定不仅对中国而且对世界都重要的新政策。）同时，中外对话融媒体节目 *WE*

*Talk*等在海外主流平台播出（图7-2），尝试将"海外受众想听什么"和"我想说什么"结合起来，在海外舆论场打造更多对话空间。

这一时期的中新社社交媒体建设已经具备初步的账号统筹能力，使用5个账号聚焦国内信息的整体传播建设。中新社的中英文账号之间注重差异性传播，英文账号的互动性高于中文账号，中文账号在报道主题、议题设置上优于英文账号，两个语种账号之间协同发力，形成了良好的呼应联动。

中新社北京4月24日电 题：德国汉学家为何感慨"北京上海的书店是天堂"？

作者 彭大伟 吴家驹

4月23日是世界读书日。中国学术界的一代宗师季羡林曾说，中国是世界上最爱藏书和读书的国家。当今时代，中国人还喜欢读书吗？被誉为"欧洲三大汉学家"之一的顾彬，为何谈及自己在北京、上海逛书店的经验，感慨仿佛身处"天堂"？

近日，中新社"东西问·中外对话"邀请德国著名汉学家、波恩大学教授、中国汕头大学特聘教授顾彬(Wolfgang Kubin)和上海外国语大学欧洲研究负责人、德国研究者胡春春，展开对话。

图 7-2　中新社 Facebook 中文账号 *WE Talk* 节目

### （三）持续输出内容

Facebook是全球活跃用户最多的社交媒体平台，最新数据显示，截至2022年1月，Facebook的月活跃用户已达到29.12亿。YouTube是全球知名的短视频社交平台，全球活跃用户数量已经仅次于Facebook排名第二位，用户平均每月在线时间长达23.7小时，也使其成为用户累计使用时间最长的平台。

目前，中新社已经在海外社交平台账号稳定输出内容，不断尝试探索国际传播的新方式，向有影响力的旗舰媒体发展。中新社的英文网站 hina News 中国新闻网（@echinanews）Facebook 账号是中新社在海外平台上粉丝量最高、活跃度最高的账号，粉丝量 142 万、点赞量 138 万（截止到 2023 年 4 月 23 日）。以 2023 年 4 月 6 日发布的某一帖子为例，"Nothing in the world can take the place of #persistence. Pupil demonstrated his stunning kung fu skills after hard training.（Video from Shaolin Temple Shiyandian）#ChineseKungfuMasters #ChinaCulture"［世界上没有什么可以取代坚持。内容：弟子经过艰苦的训练，展现出惊人的功夫。（来自少林寺十堰店的视频）］便是以文字＋视频的形式，获得点赞 4.9 万、评论 853 条、分享 6680 次、观看量 180 万，受到海外用户的欢迎。

首先，中新社官方账号协同发力、统一宣传战线，向海外用户传播中国的伟大历史进程。2019 年，在庆祝新中国成立 70 周年之际，中新社与 40 余个国家和地区的 108 家海外华文新媒体联手推出《全球华文新媒体国庆 24 小时联播》，在海外社交平台同步向全球受众全景式展现中国民族和海外华侨华人共庆新中国华诞的盛况，海外社交平台直播观看人数近 300 万。① 在中国共产党成立百年之际，中新社策划《日出东方——庆祝中国共产党百年华诞特别节目》，回顾中国共产党的百年峥嵘岁月，在海外各大平台均开展直播活动（图 7-3）。除了重大主题报道，在新冠疫情全球蔓延时期，中新社还在海外主流平台开设直播节目，向海外用户传播卫生防护等专业性的内容。

---

① 陈陆军.转型 创新 探索：中新社在新形势下的国际传播新作为［J］.中国记者，2021（7）：16-19.

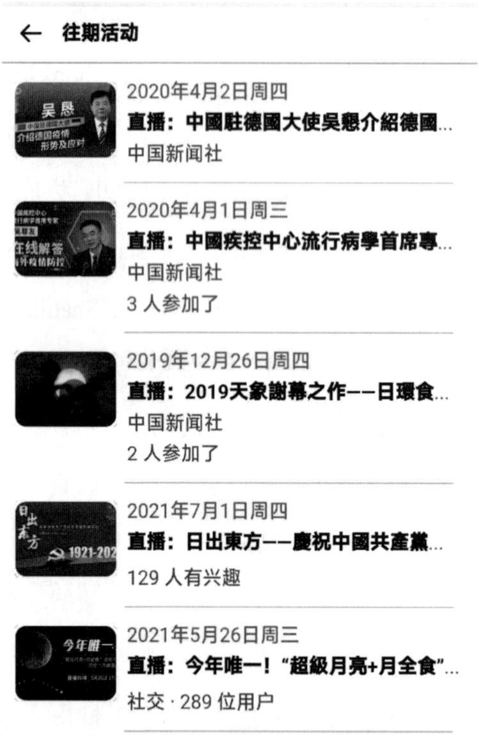

← 往期活动

 2020年4月2日周四
**直播：中國駐德國大使吳懇介紹德國...**
中国新闻社

 2020年4月1日周三
**直播：中國疾控中心流行病學首席專...**
中国新闻社
3 人参加了

 2019年12月26日周四
**直播：2019天象謝幕之作——日環食...**
中国新闻社
2 人参加了

 2021年7月1日周四
**直播：日出東方——慶祝中國共產黨...**
129 人有兴趣

 2021年5月26日周三
**直播：今年唯一！"超級月亮+月全食"...**
社交 · 289 位用户

图 7-3　中新社 Facebook 中文账号策划的直播活动

其次，中新社不断探索海外社交媒体传播的新路径，策划一系列视频节目，用创新方式圈粉年轻受众，播发后形成较好的舆论效果。中国新闻社2021年以来推出特稿视频专栏《东西问》，如"高启安：丝绸之路如何影响中华饮食""郑启明：持证行医，中医何以在菲律宾获得官方认可"等系列视频节目。《东西问》聚焦文明互鉴，依托中外专家，注重学媒结合，推动中外文明交流、民心相通。该栏目还推出了《小新 Talk show》节目（图7-4），以短视频形式紧跟热点。在 YouTube、Facebook 和 Twitter 平台上同步播出，形成全网话题互动，有效配合主题报道。中新社也在 YouTube 平台上发布了大量关于中国文化、经济、科技、人物等方面的视频，并且制作了英文和其他语言的字幕，以便海外观众能够更好地理解和传播这些内容。

图 7-4　中新社 Facebook 中文账号《小新 Talk show》

最后，中新社还陆续在海外主流平台开设特色创意工作室，培养网红记者，开设新闻工作室，发挥记者轻骑兵的优势，中英双语发声解读国际国内热点大事。如"冰洁时间""新闻种草官""国际全欧了"等网红记者、"壹图工作室""牛爷工作室""东篱下工作室"等工作室纷纷从不同角度出发，积极参与各种热点事件的发声。如"冰洁时间"以"×××，请回答"为主题（图7-5），在海外主流平台持续推出一系列脱口秀节目，以犀利并不失幽默的口吻回应各种问题，吸引了大波粉丝。此外，还开设《小新的Vlog》（图7-6）等视频节目，跟着中新社记者的第一人称视角去体验不同的中国故事，让专业内容以更通俗活泼的形式出现在海外受众面前。这一时期中新社的海外社交媒体构建起多元化立体化的国际传播媒体格局，努力回应海外用户关注的问题，尝试寻找新故事的生长点，实现中国声音的有效传播。

图 7-5 中新社 YouTube 账号 "冰洁时间"

图 7-6 中新社 YouTube 账号《小新的 Vlog》

# 第二节 中新社 Facebook 账号报道的话语分析

荷兰学者简·梵·迪克认为"新闻是一种再现的话语",其《作为话语的新闻》一书将新闻作为一种话语进行分析,从定量与定性不同的维度理解新闻报道这种特殊的文本。简·梵·迪克将传统的报纸新闻中的报道频率、报道篇幅(版面、位置大小)、报道类型等进行定量分析,又将报道主题结构、新闻图式、叙事修辞等不同维度进行宏观和微观层面的新闻结构分析,以此来了解报纸新闻中相关报道的情况及其体现的价值观和意识形态。

为了更好地研究主流媒体海外平台的传播策略，提升媒体的国际传播效能，本节借鉴新闻图式—话语分析和框架理论，对中新社海外社交平台账号一个时期内的发帖情况进行分析，以便更为全面地呈现中新社海外社交账号国际传播的情况。新闻图式—话语分析的框架设计分为三个部分，第一部分是总体情况描述，第二部分是宏观新闻话语图示宏观分析，第三部分是新闻话语图示微观分析。而第一部分划定报道数量、报道篇幅、报道体裁、报道形式等四个观测点，第二部分划定报道主题、报道主角、报道来源、报道倾向等四个观测点，第三部分划定报道结构、句式修辞两个观测点，共计十个基本观测点。

## 一、账号总体情况描述

### （一）报道数量

鉴于中新社在海外社交平台上各账号的运营差别不是很大，推送的内容和频率基本一致，本节根据账号受欢迎程度，选取了中新社Facebook账号China News中国新闻网（@echinanews）进行分析。通过对中新社的英文网站China News 中国新闻网（@echinanews）Facebook账号总体发帖情况进行观察，随机选取1周（7天）的推送帖子进行统计。统计发现，该账号共发布163条帖子，在Facebook平台上很活跃，日更新频率平均23条，账号发文时间呈现全天候、全时段的发布，发文时间比较固定，集中在周一至周日上午9点、12点，下午3点、6点、9点。可以看出，新媒体时代，社交媒体账号可以最大限度发挥新闻的及时性，更新率和活跃度都比较高，如图7-7、图7-8所示。但是与西方主流媒体的账号相比较仍有一些差距，比如，CNN和路透社等日发帖均过百，活跃度相当高。

图 7-7　中新社 YouTube 账号日发帖量（平均）

图 7-8　中新社 YouTube 账号发帖时间段

## （二）报道篇幅

议程设置理论认为媒体会利用版面空间对新闻进行显著性排序，来体现对新闻事实的重视程度，越重要的新闻，媒体会花更多篇幅和精力去报道。本节所选取的样本数据为Facebook平台发帖内容，由于无法在Facebook平台对发帖进行版面空间大小统计，我们将中新社Facebook账号China News 中国新闻网（@echinanews）所选取的163条发帖文本进行字数类目归类，通过统计该账号的英文单词的多少来判断该篇发帖文本所占用的篇幅大小情况。

其中，单词数为25—50个的发帖数量最多，占全部发帖数量的50.92%，单词数为10—25个的发帖数量占全部发帖数量的34.97%，单词数为50—75个的发帖数量占全部发帖数量的7.98%，单词数在75个以上的发帖数量只有10条，占比6.13%（表7-2）。通常情况下，新闻文本的字数或单词数量越少，说明该体裁为消息。反之，单词数量多，可以看出文本的信息量丰富，内容深入，结构更加严谨。由此可以看出，中新社Facebook账号一般发帖单词数选取25—50个，发帖内容一般摘取中新社采写报道的导语和新闻主体部分的核心点，便于海外用户详细了解报道内容。

表7-2 文本字数段分布情况

| 报道文本单词数（个） | 报道数量（条） | 报道占比 |
| --- | --- | --- |
| 10—25 | 57 | 34.97% |
| 25—50 | 83 | 50.92% |
| 50—75 | 13 | 7.98% |
| 75 以上 | 10 | 6.13% |

### （三）报道体裁

新闻报道的体裁反映出新闻机构对于新闻事实的意图、新闻报道的可读性。将163条样本数据的报道类型划分为新闻消息类、观点解释类，文化纪实类、娱乐休闲类等四大类别，经过分析得出，新闻消息类帖子占比最大，比例达到了58.89%（表7-3）。经过统计，新闻消息类所涉及的议题也呈现多样化的特征，政治军事、经济发展、社会热点、外交关系、科技创新、生态环境等8个类别均有涉及，其中，尤其关注经济、文化、外交、政治军事、国际类新闻。文化纪实类和娱乐休闲类占比均衡，文化纪实类主要是文化风景类新闻和生态环境类新闻，娱乐休闲类新闻的主题均为文化风景相关的内容。

从海外用户的内容浏览偏好来看，娱乐休闲类占比最大，且主题多与"中国功夫"和"大熊猫"相关的，即具备中国特色元素的内容对海外受众更有吸引力，传播效果更好。这正是威廉·斯蒂芬森（William Stephenson）提出的"传播即主观的游戏"，海外用户可以从娱乐休闲类内容中调节身心，提升对中国文化的认同感。

表 7-3　中新社 Facebook 账号发帖报道类型情况

| 报道类型 | 报道数量（条） | 报道占比 |
|---|---|---|
| 新闻消息类 | 96 | 58.89% |
| 观点解释类 | 15 | 9.21% |
| 文化纪实类 | 23 | 14.11% |
| 娱乐休闲类 | 29 | 17.79% |

### （四）报道形式

经过分析发现，中新社（China News 中国新闻网）会在Facebook平台上利用文字、图片、视频、链接等多种手段展示报道内容。帖子中多采取"文字+视频"或"文字+图片"的组合化形式，分别占发帖总数的48.46%和42.33%（表7-4）。但是相对图片来说，视频更受账号欢迎。每条帖子中视频的数量是1个，图片的数量10张以内，其中4张图片的帖子占据大多数。这直接反映了中新社（China News 中国新闻网）更倾向于用视觉的直观形式向全球用户传播国内生活，讲述中国故事。这也体现了在新媒体时代，图片和视频的传播满足了用户的信息获取需求，增强了信息的可读性。

中新社还少量使用"文字+图片+链接"的内容呈现方式，这在163条帖子中占比为9.2%，链接跳转为中新网的网站，可以看到链接的新闻多为政治、经济类的重要新闻。链接跳转的内容是中新社的英文新闻报道，这也反映了中新社在社交媒体上积极传播更为深度的新闻报道，使浅阅读与深阅读相结合，具身交互阅读契合着深阅读在数字化生存时代凸显的深度参与和意义建构属性，用户在深阅读之中获得丰富的体验，[①]有利于账号达到更好的新闻传播效果，向海外用户展现深层次的中国各方面的具体情况。

最后，设置话题标签是社交媒体的一大特色，可以帮助用户快速搜索整理信息。中新社Facebook账号经常设置话题标签，在本次数据中，设置话题标签的帖子有71条，占据发帖总数的43.56%。通过设置话题标签可以增加中新社账号在Facebook平台的曝光度，还可以帮助用户快速了解帖子内容，增加帖子的话题度和曝光度。通过分析发现，中新社的话题标签设置多为#ChineseKungfuMasters、#China Culture、#AmazingChina、#panda等有中国文化特色的文化符号定位词。值得注意的是，话题标签设置的个别词汇设置大小写和词汇使用习惯未能够持续保持统一，体现在大小写未一致，如#Hanfu和#hanfu、#Flowers和#flowers、#COVID19和#Covid、#China Culture和#Culture China等使用习惯差异，需要账号运营者注意细节。

表 7-4　中新社 Facebook 账号发帖报道形式情况

| 报道形式 | 报道数量（条） | 报道占比 |
|---|---|---|
| 文字＋图片 | 69 | 42.33% |
| 文字＋视频 | 79 | 48.46% |
| 文字＋图片＋链接 | 15 | 9.21% |

---

① 郭青青.具身交互阅读：数字化生存视域下深阅读复归图景［J］.编辑之友，2023（4）：29-36.

## 二、新闻话语图示宏观分析

在历时的书写观下，新闻话语图示主要被界定为内容性的特征，通过对新闻文本的观察、分析梳理，将新闻话语图示的宏观分析指标定为报道主题、报道主角、报道来源、报道倾向等四个观测点。

### （一）报道主题

简·梵·迪克认为新闻话语的主题扮演着十分关键的角色。报道主题作为新闻话语图示的一个宏观观测点，将依据所搜集样本主题种类统计归类，再针对所属类别的文本进行数量统计。本次报道主题按照国际新闻和国内新闻两大类目进行统计，因中新社特殊定位，国际新闻一类没有进行特殊划分，而将国内新闻类目划分为八个子类目进行分析，如图7-9所示。

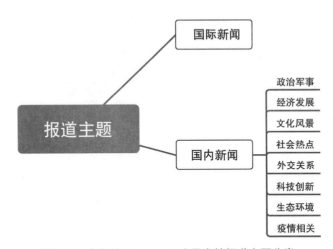

图 7-9　中新社 Facebook 账号发帖报道主题分类

根据数据分析可以看到（表7-5），中新社作为我国的对外通讯社，在进行国际传播过程中发布的国内新闻占据较大比重，国际新闻12条，占比较小。这是因为该账号是中新网的英文网站主账号，基于向海外用户传播国内信息的定位，始终坚持立足国内，兼顾国际新闻。在中新社Facebook

账号的信息发布中，根据帖子发布的国内新闻的主题划分，涉及政治军事、经济发展、文化风景、社会热点、外交关系、科技创新、生态环境、疫情相关等方面。在对外传播上，中新社将国内日常生活的各个方面都作为文化沟通的一种方式，将文化与生活紧密结合，全面向国外用户展现中国式现代化进程与成果。

雷蒙·威廉斯（Raymond Henry Williams）将文化定义为一种整体的生活方式，认为"文化即生活"。首先，文化风景类是中新社发布相关帖子最多的主题，占比37.42%，这反映了海外用户更多喜欢我国传统文化和自然风光，中新社从跨文化交流出发，贴近海外用户的关注，展示我国文化的魅力。其次，经济发展类占比19.02%，这说明中新社非常注重宣传国内的经济发展状况，符合我国当前以经济建设为中心的大局。再次，外交关系类占比15.95%，这说明中新社作为我国国际传播的"桥头堡"，非常重视我国与世界各国的国际关系，也符合我国一贯提倡的人类命运共同体的外交政策，具体数据见表7-5。

表 7-5　中新社 Facebook 账号发帖报道主题情况

| 报道主题 | | 报道数量（条） | 报道占比 |
|---|---|---|---|
| 国际新闻 | | 12 | 7.36% |
| 国内新闻 | 政治军事 | 12 | 7.36% |
| | 经济发展 | 31 | 19.02% |
| | 文化风景 | 61 | 37.42% |
| | 社会热点 | 4 | 2.45% |
| | 外交关系 | 26 | 15.95% |
| | 科技创新 | 9 | 5.52% |
| | 生态环境 | 6 | 3.68% |
| | 疫情相关 | 2 | 1.23% |

### （二）报道主角

报道主角虽然不作为新闻话语图示宏观观测点的一部分，但新闻的聚光灯落在什么样的新闻事实上，哪些国家、哪些人、哪些事件也体现出新闻机构及其生产者的态度，为此，本章将报道主角情况也加入宏观分析维度。

在中新社Facebook账号发布的帖子中，国内消息比重远远大于国际消息，国内各方面信息是它报道的主角。从新闻显著性来看，新闻机构会报道能引起大多数人关注的内容。一般来说，新闻推送的行为主体中可划分为组织（国家地区和领导人、机构、官员）、个人（一般民众），行为主体知名度越高越受到新闻机构重视。从重要性来看，事实所具有的社会意义和重要价值越大，与群众利益越密切，新闻机构越会报道。中新社Facebook账号紧跟时事热点，选取与我国密切合作的相关国家和其官员进行报道。根据分析，在26条外交关系类新闻中，与我国展开密切合作的新西兰和欧盟报道有12条，占比46%。而法国总统马克龙访华的报道在外交新闻中有15条，说明中新社作为国家级通讯社对于我国近期开展的重大外交活动非常关注。在61条文化风景类新闻中，中新社Facebook账号有关"大熊猫"和"中国功夫"、"汉服"的报道共有21条，占比达到34%。说明中新社十分注重利用国际知名的文化符号来讲好中国故事。综上所述，中新社Facebook账号在报道主角上一般选取具有显著性、重要性和趣味性的新闻事件加以推送，以实现账号的议程设置，加深海外用户对这些事件的认知。

国际传播是我国媒体立足全局和未来发展进行的国家政策，因此我国主流媒体在内容选取上会选择比较宏大的报道主题，以体现中国的发展实力。但这样呈现的形象往往不够具体，而中新社Facebook账号使用微观视角、小切口报道，降低宏大叙事基调表达中国立场，淡化宣传意味。首先，重视选择不同话语主体，从领导人、政府官员、组织机构到专家学者、民间个人、特殊文化符号、动物等都纳入中新社的话语建构之中，使账号主体的角色分布更平衡。其次，更为重视民间话语在国际传播中的作用，擅长从普通人的微观生活场景入手，采用平民化视角展开报道。对于海外用户来说，选取以小见大的故事讲述方式可以帮助他们加深对中国实际的理解。

中新社在海外社交平台上推送内容角色、新闻角度力求适应海外用户的阅读习惯。在严肃新闻中，从微观之处进行深层次观察，"东西说"专栏系列的视频，深入挖掘政治、经济单个新闻事件背后的深层原因，观点鲜明，掷地有声；在"软新闻"中，选取具有亲和力、人情味、趣味性、娱乐性的内容，展示普通人的生活方式，吸引海外用户的注意力，力求实现中国故事通俗化表达。表7-6为中新社Facebook账号发帖报道主角情况。

表 7-6　中新社 Facebook 账号发帖报道主角情况

| 报道主题 | | 报道数量（条） | 报道主要内容 | 报道数量（条） |
|---|---|---|---|---|
| 国际新闻 | | 12 | 美国枪击 | 5 |
| 国内新闻 | 政治军事 | 12 | 解放军在台湾岛附近演习 | 7 |
| | 经济发展 | 31 | 中国经济复苏 | 15 |
| | 文化风景 | 61 | 大熊猫、中国功夫、汉服 | 21 |
| | 社会热点 | 4 | 徐州丰县女子生育八孩案 | 1 |
| | 外交关系 | 26 | 马克龙访华 | 15 |
| | | | 新西兰和欧盟合作 | 12 |
| | 科技创新 | 9 | 中国高铁、火箭 | 4 |
| | 生态环境 | 6 | 野生动物保护 | 2 |
| | 疫情相关 | 2 | 疫苗政策 | 1 |

### （三）报道来源

将报道来源作为新闻话语图示的第三个宏观观测点，它是中新社作为一流媒体赢得公信力的保障，也是证明新闻真实可靠的前提条件。本书依据所搜集发帖文本中提到的信源编码，再针对所属信源类别的文本进行数量统计分析。

从发布的163条帖子中进行消息来源分析（表7-7），统计出具有消息来源的帖子共计147条。从统计结果中可以看到，中新社Facebook账号很大一部分的消息来源是媒体（记者）和官方机构，分别占比42.86%和42.18%。正如迈克尔·舒德森（Michael Sctudson）所认为的那样，媒体新闻的多数信源都是政府机构，而政府利用各媒体传播新闻。根据媒体的信源发布帖子可以最大限度地保持新闻新鲜性和真实性。在63条媒体信源中有51条帖子是中新社自己发布的（图7-10），占比达到80.95%。从中可以看到中新社作为国家级通讯社的媒体实力。国家及有关部门、机构、国际组织等官方机构的占比达到了42.18%，这些都是较为权威的信源，使中新社的帖子更为真实可信，能够获得海外用户的信任。个人、自媒体的信源占比也达到了近14.97%，观察到所发布内容都是文化风景和生态保护相关的新闻，这些新闻具有贴近性和趣味性，更能引发海外受众的共鸣。

表 7-7　中新社 Facebook 账号发帖报道来源情况

| 消息来源 | 报道数量（条） | 报道占比 |
| --- | --- | --- |
| 官方机构 | 62 | 42.18% |
| 媒体（记者） | 63 | 42.86% |
| 个人、自媒体 | 22 | 14.97% |
| 总计 | 147 | 100% |

单位：条

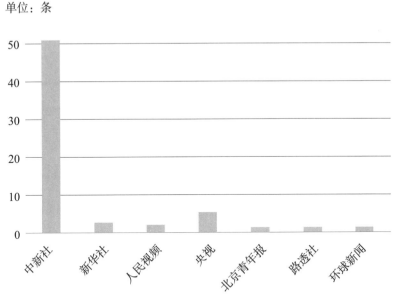

图 7-10　中新社 Facebook 账号发帖媒体信源分布

### （四）报道倾向

本书将报道倾向作为新闻话语图示的第四个宏观观测点，将163条样本数据按照正面、中立、负面进行分类，针对所属倾向进行数量统计，分析其占比。从报道涉及的倾向来看，中新社Facebook账号中立、正面、负面的报道数量相差很大，以正面报道为主，占据数据总数的73.01%，中立新闻占比15.95%，负面新闻占比11.04%（图7-11）。诺曼·费尔克拉夫（Norman Fairclough）曾提出，意识形态被置于两种东西之内，一是结构（就是话语秩序）——它们构成了过去事件的结果和现在事件的条件；二是事件本身，它们再造和改变自身的条件性结构。某种累积的、自然化的方向既被建构到规范和习俗之中，也被建构到一个正在进行的工作之中。[①]
发帖的报道倾向反映了中新社的立场和报道方针是以正面宣传为主，这也

---

① 费尔克拉夫.话语与社会变迁［M］.殷晓蓉，译.北京：华夏出版社，2003：181，179-180，74，94，82.

是我国主流媒体进行国际传播的一贯报道方针。

在正面报道之中，国内新闻又占据很大比重（表7-8），涉及中国新闻的正面报道较多，包括我国经济恢复新进展新增势、文化风景、生态环境等。词汇使用有"recovery""enjoy"等，主要原因是国内市场状态势头良好，重振了国际社会和跨国企业对中国市场的信心，而文化风景和生态方面的报道主要展示了我国在生态环境保护方面做出的贡献。

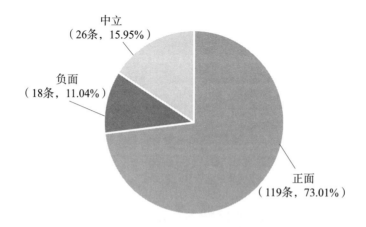

图 7-11　中新社 Facebook 账号发帖报道倾向分布

表 7-8　中新社 Facebook 账号发帖报道倾向分布情况（单位：条）

| 报道倾向 | 国内新闻 | 国际新闻 | 合计 |
|---|---|---|---|
| 正面 | 117 | 2 | 119 |
| 中立 | 22 | 4 | 26 |
| 负面 | 13 | 5 | 18 |
| 合计 | 152 | 11 | 163 |

## 三、新闻话语图示微观分析

新闻话语图示的微观分析表现为形式—结构，主要通过语言学视角上的句构和词汇来进行分析，结合社交平台的文本特征，将报道结构、句式修辞作为新闻话语图示的微观观测点，分析中新社 Facebook 账号发帖背后的新闻规则呈现和深层意义。

### （一）报道结构

简·梵·迪克提出以"新闻图示"来解释新闻的常规形式和范畴，旨在分析固定文本结构后的意义。他认为一篇典型的新闻报道存在 5 个固定的基本要素，概述（标题和导语，新闻报道的中心）、情节（新闻语境中的主要事件和背景，全面丰富）、后果（决定了新闻价值，有时候比事件本身更重要）、口头反映（消息来源，重要人物发表评论）、评价（新闻事件的价值和意义）或预测（未来发生的事情，后果）。这些要素在新闻文本中的排序有着特定的规则，这些规则的使用都离不开新闻生产者特定的价值观和意识形态。由于样本量大，本章仅随机选择 3 个发帖文本进行详细分析。

表 7-9　中新社 Facebook 账号发帖分析文本列表

| 顺序 | 时间 | 发帖内容 | 发帖形式 |
|---|---|---|---|
| 1 | 2023 年 4 月 11 日 | Grassland fires from Mongolia which threatened to spread across the border to China were put out successfully by Chinese firefighters on Tuesday. （来自蒙古国的草原大火跨越边境蔓延到中国，在星期二被中国消防队员成功扑灭。） | 文字+图片+链接 |
| 2 | 2023 年 4 月 10 日 | Chinese singer Jay Chou launched a lawsuit against NetEase for rights infringement, which has sparked debate on Sina Weibo, a Chinese social platform, on Monday. （中国歌手周杰伦对网易侵权提起诉讼，引发了中国网友在社交平台新浪微博上的讨论。） | 文字+图片+链接 |

续表

| 顺序 | 时间 | 发帖内容 | 发帖形式 |
| --- | --- | --- | --- |
| 3 | 2023年4月10日 | China's State Taxation Administration announced on Monday that online cross-border tax service for non-resident enterprises has been launched nationwide，through which overseas enterprises can directly pay tax online.（中国国家税务局周一宣布，全国范围内已启动非居民企业网上跨境税务服务，海外企业可直接在线纳税。） | 文字+图片+链接 |

案例1（图7-12）：

概述：中国消防员扑灭中蒙边境蒙古国草原大火。

主要事件：中国呼伦贝尔市森林草原防火指挥部的官员利用卫星遥感监测发现该市两个县——新巴拉格左旗和右旗的边界外有火情。共有140名消防员被派去拦截草原火灾。

背景：140名消防员被派去拦截草原火灾。

口头反映：消防队。

评价：中国消防员将继续巡逻，以确保大火不会重新燃烧。

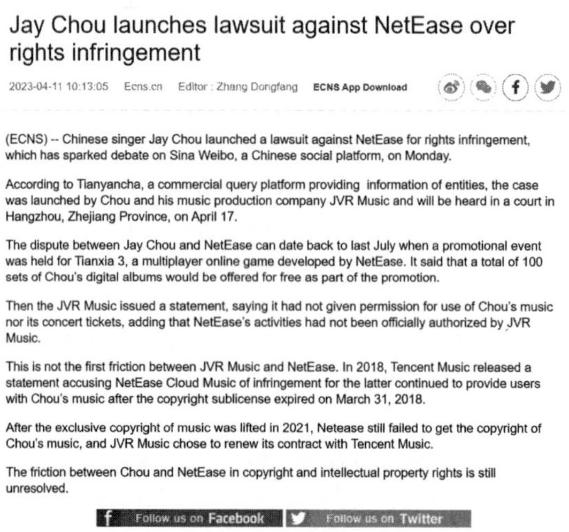
Jay Chou launches lawsuit against NetEase over rights infringement

2023-04-11 10:13:05 Ecns.cn Editor：Zhang Dongfang ECNS App Download

(ECNS) -- Chinese singer Jay Chou launched a lawsuit against NetEase for rights infringement, which has sparked debate on Sina Weibo, a Chinese social platform, on Monday.

According to Tianyancha, a commercial query platform providing information of entities, the case was launched by Chou and his music production company JVR Music and will be heard in a court in Hangzhou, Zhejiang Province, on April 17.

The dispute between Jay Chou and NetEase can date back to last July when a promotional event was held for Tianxia 3, a multiplayer online game developed by NetEase. It said that a total of 100 sets of Chou's digital albums would be offered for free as part of the promotion.

Then the JVR Music issued a statement, saying it had not given permission for use of Chou's music nor its concert tickets, adding that NetEase's activities had not been officially authorized by JVR Music.

This is not the first friction between JVR Music and NetEase. In 2018, Tencent Music released a statement accusing NetEase Cloud Music of infringement for the latter continued to provide users with Chou's music after the copyright sublicense expired on March 31, 2018.

After the exclusive copyright of music was lifted in 2021, Netease still failed to get the copyright of Chou's music, and JVR Music chose to renew its contract with Tencent Music.

The friction between Chou and NetEase in copyright and intellectual property rights is still unresolved.

Follow us on Facebook Follow us on Twitter

图7-12　案例1

案例2（图7-13）：

概述：中国歌手周杰伦对网易侵权提起诉讼，引发网友热议。

主要事件：网易促销活动未获得杰威尔音乐的正式授权，周杰伦所属公司杰威尔音乐提起版权诉讼，将于4月17日在浙江省杭州市法院开庭审理。

背景：周杰伦与网易之前有过多次音乐版权纠纷。

口头反映：信息来源于商业查询平台天眼查。

评价：周杰伦和网易在版权和知识产权方面的摩擦仍未解决。

## China opens online cross-border tax service for non-resident enterprises

2023-04-10 16:37:47　　Ecns.cn　　Editor : Zhang Dongfang　　**ECNS App Download**　　

(ECNS) -- China's State Taxation Administration announced on Monday that online cross-border tax service for non-resident enterprises has been launched nationwide, through which overseas enterprises can directly pay tax online.

Non-resident enterprises can register using an E-mail address and then upload certificates. After verification, they can obtain the Identification Code of Non-resident Enterprise, which is available nationwide. The online cross-border tax service platform supports both Chinese and English. Meanwhile, the enterprises don't need to fill forms and they can calculate tax due with a smart tax calculator.

China has been optimizing the international business environment for taxation and trying to remove barriers for cross-border tax payment.

Lam Ho Wang, a staff member from Cinderford Investments Limited, a U.K. enterprise, finished tax-related business of equity transfer and paid more than 500,000 yuan of corporate income tax through Guangdong Electronic Taxation Bureau.

"I planned to fly to China to deal with tax-related issues, but I can now handle them through China's online tax payment service. The whole process is smooth and convenient, and has saved me a lot of time," Wang said.

Non-resident enterprise means an enterprise that is established and actually managed in a jurisdiction other than China, either having an office or premises established in China, or having income derived from China although it does not have an office or premises in China.

**f** Follow us on Facebook　　**y** Follow us on Twitter

图 7-13　案例 2

案例3（图7-14）：

概述：中国开通非居民企业网上跨境报税服务。

主要事件：非居民企业跨境纳税网上办税服务已在全国范围内开通，境外企业可通过该服务直接在网上完成纳税。英国某企业员工王林浩通过广东电子税务局完成股权转让涉税业务，缴纳企业所得税50万余元。

背景：非居民企业可以使用邮箱注册，上传证书。经核实后，可获得全国通用的非居民企业识别码。在线跨境税务服务平台支持中文和英文。同时，企业无须填表，通过智能计税器即可计算应纳税额。

口头反映：中国国家税务总局宣布。

评价：中国不断优化国际营商税收环境，努力消除跨境纳税壁垒。

图 7-14　案例 3

在以上 3 个文本中，新闻图式结构的 5 个基本要素都存在，通过概述和主要事件可以简单了解事件。从中新社 Facebook 英文账号的发帖中可以看到，概述中的内容传达的信息性、概括性比较强，在文本最前面。该账号的发帖内容将中新网的标题和导语结合放在帖子中，而从链接中则可以进一步看到对相关新闻事件的详细描述。背景中体现着事件的发生环境，为事件情节展开铺垫，而图片也可以作为一个背景了解的过程，方便海外用户更清楚新闻事件。口头反映体现了新闻的来源，从"消防队""天眼查""国家税务总局"三个部门中可以看到发帖来源全面，来自不同的部门机构且权威性高。而从评价中可以直接看到新闻生产者的态度，3 个新闻报道均体现出中新社 Facebook 英文账号客观、中立、公正的新闻报道原则。

从话语分析视角来看，一个文本的主题经历了若干原子命题—若干命题—宏观命题—主题这样层级建构过程，从而使文本背后的意义表现出来。从案例1来看，"中国消防员扑灭中蒙边境蒙古国草原大火"这个主题是先从概括性的宏观命题出发，强调"大火被扑灭"。然后由"森林草原防火指挥部的官员利用卫星遥感监测到火情""被派去拦截草原火灾"两个命题层层递进，最后以"中国消防员将继续巡逻，以确保大火不会重新燃烧"的宏观命题结束，完成主题的构建。从案例2来看，"中国歌手周杰伦对网易侵权提起诉讼，引发网友热议"这个宏观命题由"将于4月17日在浙江省杭州市法院开庭审理"这个概括性的宏观命题出发，追溯到"去年7月、2018年、2021年的三次版权纠纷"三个命题进行论证，得出"周杰伦和网易在版权和知识产权方面的摩擦仍未解决"这个宏观命题，完成主题的建构。从案例3来看，"中国开通非居民企业网上跨境报税服务"这个主题由"非居民企业跨境纳税网上办税服务已在全国范围内开通"这个概括性的宏观命题出发，继而又通过"英国某企业员工王林浩通过中国的在线纳税服务来处理缴税"这个命题进行事实的论证，最后用"对非居民企业概念的解释"引入来完成主题的建构。

## （二）句式修辞

有学者认为新闻语言是一种用来描述事实真相的语言，受众能否看懂新闻、理解新闻的深层意义，能否有兴趣地阅读新闻，很大程度上取决于记者准确捕捉到新闻事实之后，怎样写作新闻。[①]在新闻报道的写作中，不同句式结构的使用可以传递不同层次的信息。从句式样式来看，可以分为陈述句、祈使句、感叹句、疑问句、反问句等（图7-15）。其中，陈述句主要提供信息、讲述事实，祈使句和感叹句主要表达建议和情感态度，

---

① 高钢.新闻报道中的遣词造句与段落构建［J］.新闻与写作，2019（2）：107-108.

疑问句主要表达问题和进行提问。

从选取的样本数据来看，中新社Facebook账号发帖以陈述句为主，"软硬"各类新闻中都有涉及。陈述句一般客观地报道事实，概括信息、描述事情的经过，帮助用户准确、简洁理解事实，而又不涉及情感态度，符合新闻客观性原则，也是消息中最常见的句式，符合中新社一贯公正的对外态度。

通过观察，在政治军事新闻中，中新社大多采用陈述句进行发帖，最大限度体现了新闻专业性，弱化了新闻机构的主观色彩。在文化自然类"软新闻"中，则多使用祈使句和感叹句，以描绘中国普通人的幸福生活和多彩活动、描画中国大地的自然风光。从语法来看，中新社Facebook英文账号发帖中多使用英文复合句结构，即将陈述句和祈使句相结合来完成文本叙述，这也是英语写作中的常见句式。

图 7-15　中新社 Facebook 账号发帖句式示例

新闻话语的修辞手法是指在新闻生产过程中，媒体通过对一系列修辞手法的运用去表达和阐释话语，在新闻报道中较为常见，目的是更好地达到传播效果，使用户更易于接受内容。

中新社在文本中常用的修辞手法包括比喻、拟人、排比、夸张、反问、用典、互文、反复等。个性化的"中新体"报道风格是中新社进行对外传播的立足点。中新社 Facebook 英文账号使用英语表达，其文本采取了"中话西说、长话短说"的叙述，即文学修辞手法，语言风格上体现出中国文化的魅力，力求使报道具有亲和、清新、国际化的特质又不失中国语言的魅力。

例如，"Nothing in the world can take the place of #persistence. Pupil demonstrated his stunning kung fu skills after hard training.（Video from Shaolin Temple Shiyandian.）#ChineseKungfuMasters #ChinaCulture"（世界上没有任何东西可以取代坚持。经过艰苦训练，学生展示了他令人惊叹的功夫技能。来自少林寺的视频。）一句使用修辞手法来描述少林寺弟子的艰苦训练，向海外用户展示中国功夫。又如 "Bamboo shoots are my favorite! #panda"（竹笋是我的最爱！）一句使用拟人的修辞手法，表现出大熊猫的说话语调，展示出大熊猫的可爱形象。

词汇是语篇中很重要的部分，可以再现文本背后的意识形态。[①]中新社 Facebook 英文账号在文本中使用 "Amazing"（惊叹的）、"Touching"（感动的）、"stunning"（惊人的）等正向性的形容词，增强文本的情感表达。此外，还使用标点符号表示充沛的情感色彩。该账号在发布大熊猫的帖子时，基本上都用感叹号来表达大熊猫的可爱，以此来引发读者的共鸣，激发他们观看视频的兴趣。例如 "Cute alert! The giant#panda is eating bamboo shoots." "Cuteness overload! The giant#panda enjoys bamboo shoots

---

① 迪克.作为话语的新闻［M］.曾庆香，译.北京：华夏出版社，2003：132.

at Beijing Zoo." 等，均通过对标点符号的使用来加强情感色彩的表达，让海外用户体会到大熊猫的可爱有趣，进入文本生产者所构建的情境中，从而产生积极的反馈。

罗兰·巴特（Roland Barthes）提出"视觉修辞"，认为视频图像是对新闻事实的再现和重构。视觉修辞包含语言修辞和图像修辞，二者共同形成了修辞情境，为海外用户营造一个传播情景，进而赢得海外用户对中国故事的关注。视觉修辞主要表现为镜头语言的视觉化和背景图式的相关性。文本内容与视觉画面彼此映照，使得海外用户能够更好地理解话语所传达的信息。在中新社Facebook账号的163条发帖中，视频79条，发帖内容语言为英文，视频中的语言，如果为中新视频制作则为中英文两种语种，其他则以中文为主；字体一般在视频画面中居中，且区分为不同颜色；视频中全部带有音乐伴奏和背景音、画外音等形式，视频中的声音多选取庄重、昂扬向上、欢快的声音形式。

例如，"Nothing could be more important than taking the meal during the everyday life. Check out the video to see the #panda taking the barbecue at a wildlife park in the tropic island province of Hainan."（没有什么比在日常生活中吃饭更重要了。查看视频，看看#熊猫在海南热带岛屿省份野生动物园烤肉。）该视频选取的音响背景为欢快搞笑音效，搭配大熊猫开心吃饭的画面，使文本内容与视觉背景互相呼应。视频中配有中文字幕交代大熊猫名字、网友搞笑评价，并且用不同颜色的字体进行区分（图7-16）。

值得一提的是，在修辞手法上，emoji表情包是中新社Facebook账号经常使用的，在"大熊猫""花朵""飞机"中都使用过，增加了发帖的活泼性。在17条熊猫的帖子中，有10条帖子都在文本呈现上加入了"熊猫头"的表情符号，以体现该账号轻松愉悦的推送风格。哲学家马丁·海德格尔（Martin Heidegger）将图像时代表述为："世界被把握为图像，世界图像并非意指一幅关于世界的巨大图像，而是指世界被把握为图像了，它标志着现代之本质。"①emoji表情包作为一种表情达意的图像，使不同民族的多元文化意义得以共通。

从时长来看，在79条视频中，15—60秒的视频数量占比为72.15%，是所有视频中数量最多的（表7-10），这说明中新社通常选取1分钟以内的视频（表7-11），以适应社交媒体时代用户对内容的注意力时长，且大多喜爱度排名靠前。

图 7-16　中新社 Facebook 账号发帖视频的视觉修辞示例

---

① 海德格尔.林中路［M］.孙周兴，译.上海：上海译文出版社，2007：86，89.

表 7-10　中新社 Facebook 账号发帖视频时长分布情况

| 视频时长 | 报道数量（条） | 报道占比 |
|---|---|---|
| 0—15 秒 | 13 | 16.46% |
| 15—60 秒 | 57 | 72.15% |
| 60—120 秒 | 8 | 10.13% |
| 120 秒以上 | 1 | 1.27% |

表 7-11　中新社 Facebook 账号发帖视频时长与观看量分布情况

| 排名 | 主题内容 | 观看量（万） | 视频时长（秒） |
|---|---|---|---|
| 1 | 中国学生展示功夫 | 82.4 | 43 |
| 2 | 少林寺学生展示功夫 | 5.9 | 33 |
| 3 | 大熊猫吃零食 | 4.8 | 53 |
| 4 | 少林寺练太极拳 | 3.7 | 36 |
| 5 | 大熊猫可爱调皮 | 3.7 | 77 |

在数据修辞方面，简·梵·迪克提出话语常见的策略性修辞手段应该是事实修辞，目的是增加新闻事实的可信度。真实是新闻的生命，客观是新闻报道的方式，数字作为一种特殊的文字符号能精确客观表达出文本的新闻真实性和客观性，提高媒体公信力。

例如，"China's consumer market has expanded rapidly in the past decade, with the country's retail sales exceeding 40 trillion yuan（about \$5.81 trillion）in 2019 and reaching 44 trillion yuan in 2022, more than double the 2012 figure, a Ministry of Commerce official said on Tuesday."（商务部官员周二表示，中国的消费市场在过去十年迅速扩张，2019年中国零售销售额超过40万亿元，2022年达到44万亿元，是2012年的两倍多。）该文本使用"40 trillion""44 trillion""2012""2019""2022"等一系列数字符号来表达中

国消费市场的增长情况，表达出报道的真实性和可靠性，从而增强海外用户对中国市场的信心（图7-17）。

图 7-17　中新社 Facebook 账号发帖数据修辞示例

## 四、中新社 Facebook 英文账号传播效果

首先，从图片、视频和链接三大方面入手，研究其传播效果，将点赞量、评论量、分享并称为互动量。中新社受到海外用户喜爱的图片、视频、链接前10的内容基本都跟"中国功夫""大熊猫"等中国传统文化习俗相关，这已经成为我国展示国家形象的有效名片，是中国传统文化的典型符号。这种典型的文化符号跨越国家和民族的边界，实现共同意义的传播，为海内外用户建构一个文化交流的空间。

在国际传播的叙事议题与叙事风格的选择中，年轻用户聚集的海外社交平台更倾向于小角度和感性色彩浓厚的表达方式。中新社热度较高的文本大都从小的角度切入，选取图片和视频的视觉呈现方式，通过大量的精选议题拼贴出一个真实的中国形象。

其次，通过本文话语分析和框架分析后发现，中新社在Facebook平台的发帖具有比较明确的话语策略。通过对国内全方位的新闻报道和积极的情感倾向，向海外用户呈现出了一个开放兼容的中国形象。从政治视角来看，中国积极建设国家社会，与各国进行真诚合作，坚持主权独立；从经济视角来看，中国经济快速发展，国内市场稳定增长、科技发明不断创新；从人文视角来看，中国文化源远流长，中国人民生活多姿多彩，高度重视对野生动物和生态环境的保护。借助特定的词汇和修辞的使用，通过多个角度互文建构，共同塑造了真实、全面、立体的不断发展的大国形象，也向世界表达出中国将进一步开放、发展的意愿。

总体而言，中新社的国际传播策略经过长期的发展和探索，在报道主题、角色、信源、倾向、形式、结构、句式和修辞等方面不断趋于成熟。未来，还将继续探索国际传播规律，通过高质量新闻的推送增加海外用户对中国的了解和认知，进而提升中国的国家形象和国际影响力。

# 第三节　中新社海外社交账号的分层传播策略

在世界百年未有之大变局的背景下，国际舆论争锋日益激烈，基于国际社会公共议题的讨论极大地考验国际传播能力，中国主流媒体致力于探索全新的国际传播思路。中新社Facebook账号尝试用新的传播理念、新的传播战略、新的传播话语来助力新时代国家形象的塑造。

## 一、宏观：让世界读懂中国的传播理念

实现国家形象的真正自塑，关键在于理念上摆正心态，打破"他者"的审视和"东方"话语的禁锢。"让世界尊重中国"的理念，"尊重"并不是希冀或要求其他国家"仰视"中国，而是对中国自身发展成就、发展道路及其为世界发展所做贡献的应有态度，还意味着要强化舆论斗争实力和能力，有效压制和反击西方国家对中国的肆意抹黑。[①]

我国整体实力不断上升，但国家形象塑造之路道阻且长，新秩序的形成并非朝夕之功。因此，中新社作为中国国际传播第一梯队的媒体，应正视"东方"和"西方"之间的文化差异，打造融通中外自主的中国传播理念体系，主动创造让国际社会认识和理解中国的机会。

### （一）平常心态塑造形象

中新社Facebook账号应以平常心态来塑造一个真实的国家形象。对于敏感问题不回避，积极客观地开展报道。例如多次发布"解放军围绕台湾岛演习"的视频，正面亮明自己的立场，坚定支持国家主权完整，清晰表明国家对于"台湾问题"的坚定态度。

### （二）爱国主义传播立场

爱国主义的表达一贯是中新社进行海外报道的重要方针，而其国际传播的一项重要任务就是唤起海外华人华侨的爱国思乡之情。中新社Facebook账号多次传达具有典型文化意蕴的内容，在唤起民族认同和情感共鸣的基础上，借助华人华侨中的影响力把中国构建人类命运共同体的理

---

① 高伟，姜飞.全球传播生态发展报告（2021）［M］.北京：社会科学文献出版社，2022：57-71.

念传播出去。

### （三）共性中寻找相处之道

从理论范围角度来看，国际传播与跨文化传播具有较大的交叉性，需要尊重不同国家、民族的文化差异，在此基础上通过求同存异的交流方式达到有效沟通。宋朝朱熹在《己酉拟上封事》中首次提出"兼容并蓄"的概念，周恩来总理在"万隆会议"中提出"和平共处、求同存异"的外交之道。中新社选取精品视频栏目《东西问》多次推送，围绕差异对话，实现不同国家、不同民族、不同习俗之间的交流，形成了一种问答体的国际传播话语方式，完成了由对话交流而构建的话语空间。

### （四）创新话语传播理念

作为我国的官方媒体，中新社 Facebook 账号在出海过程中将国际传播理念具象化，淡化官媒宣传色彩，摒弃晦涩难懂的概念表达，通过寻找与海外用户之间的最大公约数提升传播效果。党的十九大以来，中新社推出融媒体专栏《中国共产党的"十万个"为什么》以及中外对话融媒体节目 *WE Talk* 等，尝试在国际传播中构造更多对话性的场域，努力将"海外受众想听什么"和"我想说什么"结合起来，力图在设问中求解，在"他塑"中破圈，实现外宣和外需的有效契合。

## 二、中观：推进社交媒体战略融合传播

中国故事既要注重全球化表达，也要有针对性、分众化表达，不能用同一个版本讲故事。中新社在讲好中国故事时采用求同存异策略，与国际媒体合作，面向海外目标受众提供丰富多元的故事呈现形式，持续推动建立全面的社交媒体策略体系。

## （一）面向目标受众

从报道内容来看，中新社Facebook账号针对海外目标受众来策划其传播内容，将用户定位在海外年轻人、华人华侨、专业人士、学者和世界华文媒体机构等。中新社邀请了英国牛津大学、美国哈佛大学等知名机构和学者共同研究全球人们关切和期待的问题，通过发布相关研究报告等方式，将中国的思想、文化和智慧传递到全球。

## （二）与国际媒体等机构合作

中新社Facebook账号通过与美国、日本、俄罗斯等国的诸多知名媒体建立合作伙伴关系，互相转载和交流相关新闻等方式，促进中外文化交流和理解。国际媒体官方社交媒体账号互推机制将进一步加深我国主流媒体与国际媒体合作，提高曝光率和影响力，从而更大幅面地覆盖当地的目标受众。

## （三）多元主动策划议题

中新社Facebook账号在新闻选题上从多角度出发，立足国际视野，贴近海外用户的需求，针对海外用户普遍关心的中国热点、焦点问题采取"用事实讲道理"的方式争夺国际话语权，扭转西方媒体不实报道下所歪曲的中国形象。中新社Facebook账号客观报道中国参与的国际事务，如中欧合作、环境保护、承担大国责任、"中欧之间紧密联系"、"马克龙访华"、"中国积极推动沙特阿拉伯和伊朗恢复外交"等。中新社在重大国际事件上主动设置议程，让国际社会了解中国在具体国际事务上的态度，更有利于海外用户了解一个负责任的大国。

## （四）创意形式丰富多样

新媒体的发展为中新社的内容生产提供了多媒体创意手段，通过推陈出新的创意方式给海外用户留下深刻印象。中新社Facebook账号在发帖上充分利用图片、短视频、漫画、链接等方式为海外用户提供更加丰富的信息。

## 三、微观：革新话语叙事方式注重传播效果

在媒介融合传播的环境下，国际传播的生产方式也发生着重要变化，话语语态以特定的话语语气、叙事视角、表达方式等影响着传播内容的有效表达。中新社Facebook账号十分注重话语叙事的表达方式，在文本表达上努力实现以外国受众听得懂、易接受的语态，不失深度地传达内容与情感的话语理念。

### （一）叙事贴近年轻视角

中新社Facebook账号积极贴近Z世代年轻人，尽力采用生动活泼、通俗易懂的网络语言和贴近海外社交平台用户习惯的话语传播技巧来表达观点，从而让海外用户更容易接受、更乐于传播。在共情传播的基础上突出典型文化符号，如"汉服""中国功夫"等，彰显中国文化特色，搭建与海外用户的沟通桥梁，用中华特色与魅力吸引海外用户沉浸其中，展示中华文化的特殊魅力。另外，在讲述妙趣横生的故事时，该账号还会在文本中穿插"花朵""熊猫"等活泼俏皮的表情包符号，表达颇具"网感"，增加了帖子的"悦"读性，成功吸引了年青一代用户的注意力。

### （二）发布特色视频节目

视频作为一种低语境化的媒介，能够帮助用户理解和接受其传播的内容。首先，中新社Facebook账号在视觉传播方面继续发力，中新视频制作出了很多精美的视频节目。比如将中新网客户端制作的《东西问》专栏中的系列节目同步更新到其Facebook账号上，以短视频形式紧跟热点，设置

话题标签，形成话题网络互动，有效配合主题报道。其次，中新社积极与其他主流媒体联动，在Facebook账号上转载CCTV、人民网等媒体的视频。再次，中新社Facebook账号选取国内社交平台上广泛传播的传统文化相关视频推送。最后，选题视野向下，中新社通过挖掘和打造"魅力乡村"等新的文化符号，展示充满活力和朝气的新时代中国乡村的美丽景象。

### （三）积极报道日常生活场景

沃尔特·李普曼（Walter Lippmann）在《舆论》中指出，读者的个人兴趣通常是与他们日常生活和自身利益紧密相关的消息。中新社Facebook账号除了要利用好国际知名人士、学者开展对话交流，还积极利用民间力量。账号中发布了大量关于中国人生活的内容，如人们参加"花朝节""杏花节"等庆祝活动，从生活化的视角出发，展现中国人的一日三餐和节庆文化。

### （四）链接深度新闻

马歇尔·麦克卢汉（Marshall McLuhan）认为文字媒介更能推动人们对事情抽象的、深层次的认识。中新社Facebook账号会在涉及政治军事、经济发展、外交关系等重大主题的"硬新闻"的帖子中分享新闻的英文链接。国际新闻深度报道从更深、更广的层面挖掘新闻事件发生的背景、对新闻当事人进行全方位的介绍，并对新闻事件的未来走向以及域内域外影响进行分析和预测。[①]中新社Facebook账号借助深度新闻来帮助海外用户理解全面、真实、客观的中国，也帮助中新社提升深度稿件的影响力，塑造一个严肃媒体的国际媒体形象。

---

① 林颖.如何做好新时期国际新闻深度报道［J］.青年记者，2019（32）：60-61.

# 第四节　海外社交账号国际传播效果的提升路径

对中新社的发帖内容进行分析发现，中新社海外社交账号呈现涵盖主题丰富、报道范围全面、重视视觉传达、报道原创性强、更体现人情味、以小见大、中西结合凸显"中新风格"等传播特点。在国际传播能力建设的系统工程中，中新社海外社交账号的影响力和公信力将持续提升。

## 一、合理分配议题，打造全球新闻

以克利福德·克里斯琴斯（Clifford G.Christians）为代表的媒介伦理学者基于全球化的时代背景提出了全球新闻伦理的构想，并展开激烈讨论。[①]全球新闻的传播议题是全人类的共同话题，传播对象是全球用户，从对话出发，关乎全人类命运，可以扭转国家利益所引起的新闻报道倾向。从选取的数据样本来看，在中新社Facebook英文账号发布的新闻报道中，国内新闻比重较高，占全部报道比例的93%，而国际新闻只占7%。进一步分析中新社国内新闻发帖，可以看到，其以正面报道为主，负面报道比例很小。在国际新闻中，报道的国家分布和报道倾向还需要进一步合理分配。

在未来的传播实践中，中新社作为我国国际传播的前哨，三大平台的中英文账号都应该加大全球新闻报道，广泛收集世界各地的新闻，报道全球用户需要的全球新闻，服务于打造人类命运共同体的外交理念。同时，

---

① 牛静，毕璐健.现实图景与理论探寻：多重观念下构建全球新闻伦理的困境与展望［J］.新闻与写作，2022（1）：94-103.

善于把中国故事转换为全球话题，以更全面的主题、更丰富的视角、更平衡的态度来呈现中国与世界的面貌，在涉及重要全球新闻中主动发声，摆脱被动局面。正如盖伊·塔奇曼所说，"对于难以确认的观点，新闻报道可以呈现两面、多面意见，让读者去判断"，也正如卡尔·霍夫兰（Carl Hovland）的"两面提示"研究，提供正反两面的平衡报道，使海外精英用户对中国形象有更为清晰的认知，实现与来自不同国家的人们建立真正的对话，提出中国智慧和中国建议，在国际舞台上塑造积极参与和开放的国家形象。

## 二、结合账号优势，增强用户黏性

由于账号设置，未能进一步分析中新社Facebook英文账号粉丝用户的国别等详细信息，但是从账号发帖下的评论中可以看到，英语用户是最多的，葡萄牙、西班牙、捷克、土耳其、挪威、法国、俄罗斯、德国、意大利、波兰、保加利亚等语种的用户也有积极参与。可以看到中新社账号受到海外用户的普遍欢迎，大量用户在帖子的评论区发文和发表情包进行点评。

根据数据采集的结果，在中新社账号163条的发帖反馈中，有些发帖点赞量和视频观看量虽然热度很高，但是评论和分享却相对较少。需要注意的是，在少量的评论中，有一些"超级粉丝"会进行积极正面向的评论，而且频率较高，但官方账号却未作出任何回复。中新社海外各账号可以借鉴美联社等西方主流账号的做法，积极与用户进行话题讨论，挑选适当的海外用户的评论进行回复，提升海外用户的参与感和社交感，提高中新社账号的粉丝黏性，赢得海外用户的深度认同。

美国学者J. A.巴伦（J.A.Balen）最早将受众参与媒介看作一项基本权利，亨利·詹金斯（Henry Jenkins）也提出"参与式文化"，认为受众可以以一种更为积极的姿态迈入媒介生活。用户可以通过社交媒体传播观点表达意见。用户的互动性也正是衡量社交媒体账号传播效果的重要指标，包括发帖文本的浏览量、点赞量、评论量、分享量等。中新社各海外账号在运营时可以采用专业的设计营销工具评估账号覆盖人群、热门内容、互动量，通过回复评论等方式与用户互动，积极调动用户的转发、推荐等意愿，增加中新社在国际舆论场中的影响力和公信力。

## 三、统筹中英文账号，塑造品牌形象

任何单一主体都不可能完成中国形象建构，但任何单一主体都可能或大或小地影响中国形象。[①]整体而言，在中新社在海外主流媒体平台开设的5个中英文账号中，英文账号的互动效果要比中文账号活跃度高。但是英文账号中富有人情味、趣味性、消闲性的"软新闻"报道偏多，主要包括社会热点、文化风景、生态环境类新闻，而政治军事、经济发展、外交关系、科技创新等严肃主题的"硬新闻"较少。未来，中新社英文账号可以逐步拓宽视野，提高严肃新闻的报道比例，创新报道角度。

在推送体裁上，中新社的英文账号以消息为主，可加大国际国内新闻的深度报道，以评论、综述、述评、新闻分析等方式平衡消息与深度报道的比重，争取在全球重大议题上的话语权，打造媒体权威性。在推送语种上，中新社也可以进一步兼顾法语、西班牙语、俄语等语言账号，开通更多语种的海外社交媒体账号。

总体而言，中新社将用充分扎实的国际传播实践塑强自身的传播力，用积极互动的传播姿态增强媒体话语的阐释力，用真实、有吸引力的故事加强国际新闻报道的感染力，提升我国主流媒体在国际社会的公信力，实现中国声音的有效传播和中国形象的真实呈现。

① 范红，张毓强.系统重构与形象再塑：中国国际传播新形势、新任务、新战略［J］.对外传播，2021（7）：63-67.

# 第八章 中国出版"走出去"的
创新表达与路径拓展

党的十八大以来，我国大力推进国际传播力建设，创新发展我国对外传播的话语体系。习近平总书记在党的二十大报告中对"增强中华文明传播力影响力"作出重要部署。提出促进对外文化交流和多层次文明对话是不断增强中华文明传播力影响力、提升国家文化软实力的重要途径，也是推进文化自信自强、加快建设社会主义文化强国的必然要求。[①]出版"走出去"作为我国国际传播体系的重要组成部分，需要紧密结合产业特性，精心设计传播环节和路径，有效提升传播效果。

## 第一节 中国出版"走出去"的历程回顾

我国的出版"走出去"政策于2003年正式提出，然而新中国出版的"走出去"历程却可向前推溯至新中国成立初期，迄今已有70余年的发展历程，经历了探索起步、稳定发展和不断深化的阶段，在产业规模、地缘

---

① 崔乃文.加强我国际传播能力建设［N］.人民日报，2022-10-27.

范围和传播效果等方面均已经取得了显著的成绩。当前，在世界百年未有之大变局的历史背景下，"走出去"作为国际传播能力建设的重要组成部分，已经进入新的阶段。在这一重要的历史节点对新中国成立以来出版"走出去"的历程进行系统的梳理和回顾，是进一步明确发展思路的应有之义。

## 一、阶段分期与建设成绩

### （一）服务于外宣需求的探索阶段（1949—1977 年）

新中国成立之初，亟须对外树立国际形象，出版"走出去"相关工作根据我国政府的对外宣传需求而展开，主要通过中国图书进出口（集团）总公司（简称中图公司）以及中国外文出版发行事业局（简称中国外文局）展开相关工作。

1949 年 11 月 1 日，中央人民政府政务院专门设立的新闻总署和出版总署开始办公，随即着手建立新中国对外出版发行队伍，开展国际出版交流与合作。1951 年 12 月 21 日，政务院颁布《国外印刷品进口暂行办法》，国际书店实际成为统制书刊进出口贸易的机关，而国际书店是中国图书进出口（集团）总公司之前身、中图公司成为出版"走出去"的主要从业主体之一。1963 年 9 月，外文出版社进行了改组，中国外文出版发行事业局成立。中国外文局先后出版 18 种外文版的《毛泽东选集》，发行外文版毛泽东各类重要著作 40 多种，300 多万册。这些书籍被作为权威译本在全世界广泛发行，促进了毛泽东思想的国际传播。从新中国成立之初到改革开放前，我国的对外出版主要采取非贸易的方式。随着时局的变化，图书的输出区域也发生改变，经历了从苏联、东欧社会主义国家到非洲、亚洲、拉丁美洲的变化。

### （二）接轨国际版权交流的发展阶段（1978—2000 年）

1978 年 12 月 18 日，党的十一届三中全会召开，以此为标志，我国的出版界也随着改革开放大政方针的确立重启了出版"走出去"的脚步。在这一时期，各家出版社在出版"走出去"的过程中集体出航，发展极为迅速。1990 年，我国通过了新中国第一部《著作权法》，1992 年，我国加入《保护文学和艺术作品伯尔尼公约》和《世界版权公约》，逐步完善的出版领域法律法规和加入国际出版领域条规促进了中国出版与国际的接轨。从此之后，在不放弃对外产品出口以及合作出版的基础上，图书版权贸易出现在出版贸易领域，并逐渐成为出版"走出去"最为重要的方式。改革开放以后，不仅出版产品"走出去"的数量增多，出版人员"走出去"的数量也快速增加，参加国际书展和出国访问都成为他们参与对外出版、提升自我的途径，出版"走出去"的方式得到了拓展。

### （三）多点开花、全面发展的深化阶段（2001 年至今）

进入 21 世纪，我国的出版"走出去"也发生了新的变化。2001 年 12 月 11 日我国正式加入世界贸易组织，这不仅是中国参与经济全球化的重要一步，也是我国对外出版贸易发展的新起点。[①]

这一时期，我国出版"走出去"布局逐步完善，同世界 180 多个国家发生了贸易往来，我国出版产品全面进入世界各国，而在国有出版单位占据出版"走出去"主体的同时，各种民营出版机构也开始进入中国图书对外出版的领域，形成了多元化的主体从业格局。在政策上，2003 年 1 月，国家提出推动新闻出版业发展的"走出去"战略，号召国内出版业加快对外开放步伐，鼓励一切外向型新闻出版单位尤其是实力雄厚的出版集团向海外发展。随后，又陆续出台了中国图书对外推广计划、中国文化著作翻

---

① 万安伦，刘浩冰.新中国 70 年出版"走出去"的路径、特征及前景 [J].出版发行研究，2019（12）：21-25.

译出版工程、经典中国国际出版工程、丝路书香工程等政策，提高了出版社的积极性，促进了一大批优秀图书向国外的出版。从形式上来看，出版"走出去"实现了由产品"走出去"到版权"走出去"再到资本"走出去"的转变，互联网技术与5G技术的应用更是为对外出版增添了数字化"走出去"这一发展模式，多种出版形式的混合协调发展加速了出版"走出去"的进程。从版权输出地区上来看，对外出版从中国的周边国家走向了"一带一路"共建国家（地区）。近年来，我国出版"走出去"真正面向了全世界，成为中国国际传播能力建设的重要构成部分。

## 二、深化发展的困境与挑战

### （一）政策衔接力度有待加强，数字出版政策偏少

近年来，我国出台了多项出版"走出去"支持政策，并且极大地推动了产业实践的发展。然而项目之间缺少整体规划，多数项目各自运行，彼此之间缺少协作和统筹机制，导致出版"走出去"在内容和形式的选择上出现了同质性和重复性。

随着数字出版产业的蓬勃发展，数字出版产品"走出去"已经体现出开阔的发展空间和媒介形态优势。艾瑞咨询《2021年中国网络文学出海研究报告》显示，截至2020年底，我国网络文学市场作品累积规模存量达到近2800万，已成功输出海外的优质内容超过10000部。网络文学头部企业阅文集团积极培育海外原创，提升内容能力，地区从以欧美为主，向东南亚、欧美、印度等海外市场全面拓展。在互联网络全球化的背景下，网络文学可以通过自身的优势实现内容传播的全球化，在互联网上获得较高热点和关注度的图书将会基于IP价值溢出效应产生巨大的衍生效益。然而，我国需进一步加大数字出版"走出去"的扶持力度，开发更多的专项数字出

版"走出去"项目，进一步扩大网络文学、网络游戏等新兴数字出版产品在国际上的传播效果。

## （二）出版选题同质化程度偏高，对当代中国的立体呈现不足

长期以来，武术、中医、饮食、旅游这四大题材占据了我国"走出去"图书的大半比例。由于研究程度不够深入且表现形式不够生动，它们往往无法达到预期的传播中国传统文化的效果。此外，在提升中华传统文化表达能力的同时，也要注重对改革开放40多年来中国的发展实践和当代中国人的生活场景的展现，既要讲好"传统中国"的故事，也要讲好"现代中国"的故事。通过对联机计算机图书馆中心（OCLC）的信息查阅可知，近年来国际社会高度关注中国的发展，研究当代中国的著作大量涌现，而这些"他者之维"的中国研究却长期缺少同我国"本体言说"的对话。阐释中国发展模式、价值理念的优秀出版物依然缺乏，如何采取更加适宜的方式去讲好中国故事，建立中国形象是目前亟待解决的问题。

## （三）出版形式的数字化升级有待提高

当今时代，互联网技术的迅速发展打破了人类交流的地理阻隔，不同文明之间可以通过网络科技进行实时且充分的交流，这建立起了数字化时代的"巴别塔"，数字媒介的传播渗透力已经在国际舆论空间中被普遍接受。出版领域也积极融入时代发展，运用信息技术改造自身，实现了传播载体和渠道的多样化，提升了传播能力。我国出版企业也面向国内市场蓬勃发展的数字出版产业，加快了"走出去"的数字化进程。

然而，距离形成成熟的数字产业链，我国各大出版社在数字化产品开发和运营实践上还有相当长的路要走。以"网文出海"为例，中国网络文学在海外传播的过程中囿于缺少翻译人才、版权保护机制不完善、商业模式不成熟等因素，无法复制中国网络文学海量阅读和IP开发的产业盛景。

出版企业和管理部门亟须基于数字出版产业链的新构型，以及国际化传播的新通道确立数字化思维。

### （四）渠道拓展仍需加强，平台效应不显

出版"走出去"承载着传递中国价值观念和全球治理思想的文化使命，打通"走出去"的渠道建设将有益于将文化传播的动能转化为文化沟通与价值认同的势能，在价值传播和产业发展的双轨维度更好地服务于我国新时期的国际传播主题。渠道拓展一直是出版"走出去"重视的领域，2014年推出的"中国文化译研网"项目、2017年推出的"海外中国文化中心建设与发展工程"和"对外文化交流品牌拓展工程"都属于这一领域，[①]但是中国出版在"走出去"的过程中还是面临着巨大的阻力，渠道不畅通的问题仍然存在。同时，缺少专门的对外出版平台也使得出版"走出去"困难重重，以亚马逊"中国书店"为例，其销售数据和反馈效果都不甚理想。此类依附于外国出版平台的对外出版和传播方式，使得出版"走出去"受到了许多限制。

### （五）效果评估关注不足，指标体系欠缺

近年来，尽管管理部门制定了一些综合性的项目效果评价指标，但是面向出版"走出去"的专项效果评估体系建设依然欠缺。部分出版社只将眼光放于书籍输出的前期阶段，对于市场反响的关注不足，严重影响了出版"走出去"的落地实效。针对出版"走出去"传播效果的专项研究尚缺乏权威性评价体系，既有的评测模型也存在指标模糊、赋权合理性存疑、数据采集路径狭窄、关联要素协同性不足等问题。

后疫情时代复杂的国际环境和话语生态给中国出版"走出去"的效

---

① 裴永刚.出版"走出去"政策和项目现状、问题及建议［J］.编辑之友，2020（4）：47-52.

果评估提出了新的挑战。基于"信息在场"的"走出去"落地标准亟待提升，中国出版物须同其他形态的媒介产品形成合力，共同为"沟通共识"的国际传播新目标提供助力，尽快建立多要素汇集的、具备可操作性和可延展性的效果评价指标体系。

## 三、基于国际传播能力建设的优化策略

### （一）加强国内外政策衔接力度，重视数字政策建设

从产业需求和政策指导的角度，健全"走出去"项目统筹设计和协作制度，将出版"走出去"作为中国国际传播能力建设的有机构成，使其能够发挥"讲好中国故事"、系统化展示中国国际形象、传播中华文化价值观的作用，是中国出版"走出去"行稳致远、高质量发展的核心要素和重要任务。整合出版"走出去"的相关项目政策，使其整体化、系统化、最大限度地发挥效用，不仅能够降低对外出版的成本，提升对外出版的效率，还能够增强对外传播的效果。而加强政策衔接的力度不仅体现在国内各项目政策之间，还体现在同国外出版市场政策的衔接上。无论是面向广泛的、多元异质文化构成的海外个体或群体受众，还是基于区域、国别差异，都需要有的放矢地开展本土化、对应性传播策略。建立督促检查工作机制，对重点项目建设情况开展考核检查。政策支持为中国文化和出版"走出去"的决策提供了指导思想和重要依据，为出版"走出去"系列工程的精准实施和动态评价提供策略参考和支持。

### （二）立足原创内容，讲好中国故事

随着中国经济的发展，中国的国际地位不断提升，中华文化在世界上的影响力也越来越大，许多文学、影视、游戏，以及时尚领域都以中国

元素为流行趋势。立足原创内容，讲好中国故事是中国出版"走出去"在内容生产上应该注意的方面，当今的国际社会日益关注中国在做什么、中国为什么能以及中国共产党为什么能的问题。以介绍中国红色文化为题材的图书，如《习近平谈治国理政》《历史的轨迹：中国共产党为什么能？》等畅销海外，满足了海外读者迫切了解中国的需求。而国内一些作者的作品在获得了具有国际影响力的文学奖项后也在国际出版市场上获得了更广泛的关注，比如获得诺贝尔文学奖的莫言的多部作品、获得"雨果奖"的刘慈欣的"三体"系列等。

这些出版物虽然在主题题材上有所不同，但它们讲述的都是中国故事。这种多视角讲述共同呈现了中国故事的丰富性，也在更开阔地幅面向不同知识和接受心理的海外民众介绍中国，从而实现多维度合力形塑中国的国际形象。同时在出版内容的叙述方式上也避免了理论教导式的描写，而是以故事内容为核心，以润物细无声的叙事去敲响读者的心门，切实推进了当代中国文化在出版领域的"走出去"。

### （三）加速出版数字化进程，实现多形式的国际传播

近年来，我国持续推进数字中国、网络强国战略，媒介融合的内涵与形式不断丰富。随着全球传媒行业的数字化转型趋势不断加剧，大数据、智能化发展比重不断增加。数字传播技术的强渗透力、社交媒介等新兴渠道的舆论引导能力必然会带来权力变迁，这为我国国际传播发展提供了新思路。在国际出版领域，数字化阅读越来越普遍，互联网技术的发展和移动终端的普及都营造了数字化阅读迅速发展的土壤，手机阅读、kindle阅读早已成为人们司空见惯的阅读方式，加强对于对外出版数字化的重视已经成为刻不容缓的问题。我国也开始加快数字化"走出去"项目的布局，如在2018年申报出版"走出去"项目的通知中，就对数字出版"走出去"做了具体要求，新立项项目要注重同步开发数字版，探索采用音频传播等

新方式,主动对接国外市场。[①]胡正荣、王润珏在《智能传播时代国际传播认识与实践的再思考》中提出传播机构需要具备四个方面的数字化、智能化传播能力,即内容生产环节,要能够生产全类型、多终端适配的高品质内容;传播渠道环节,能够实现多渠道、多平台协同传播;传播需求环节,能够适应多场景、多形态的传播需求和特征;传播受众环节,要具备面向规模庞大的、人口特征差异显著的受众群体开展差异化、垂直化有效传播的能力。[②]在出版"走出去"过程中,数字化思维需要在"生产—传播—消费—反馈"的全环节发挥作用。出版企业基于数字出版产业链的新构型,主动开发出版产品的数字化和融合化形态,应用数据优势准确对接受众需求层次,在知识服务、舆论导引、市场调研等多环节实现高质量、高水平的国际传播。

同时,也不能够忽略其他出版形式,传统出版形式的出版"走出去"仍然是对外出版的重要领域,想要增强出版"走出去"的传播效果,就要实现多种出版形式的并驾齐驱、混合发展。

### (四)拓宽国际传播渠道,加强平台效应

在新的时代背景下,渠道创新首先要积极响应我国国际传播力建设的关键任务,加强布局设计,充分利用数字技术手段和国际合作机制,切实提升出版物的国际传播效能。首先,面对全球传播困境,增强区域性传播议题设置,目前"一带一路"建设的发展已经从"大写意"进入"工笔画"阶段,出版"走出去"也由"走出国门"进入"落地生根"的新目标;其次,顺应数字化技术发展趋势,数字化通信技术的快速发展为我国国际传播的精准、深度、"一国一策、一书一策"的策略转向提供了技术

---

① 参见国家新闻出版广电总局办公厅《申报出版"走出去"三大项目的通知》。

② 胡正荣,王润珏.智能传播时代国际传播认识与实践的再思考[J].对外传播,2019(6):61-64,1.

支持，在出版"走出去"的平台搭设、营销渠道、国际合作等方面提供了新的空间，构建出版"走出去"数字平台不仅顺应了时代潮流，还具有低成本、高便捷性的优点，我国在出版"走出去"过程中，可以通过构建多功能的网上国际营销平台系统，实现数字出版、数字资源服务、版权贸易、网络营销一体化发展；[①]最后，立足"双循环"格局发展需要，增强出版"走出去"图书市场的国际化运作效能，实现高水平"走出去"，加强合作出版深度，进而实现图书出版的本土化运营和全球化传播。

### （五）建立完善的效果评估指标体系，加强对传播效果的关注

科学完善的效果评估指标体系的建立是出版"走出去"的政策评审和项目投放的重要依据，也是相关出版企业提供行动的指引，这有利于出版"走出去"政策发挥最大的效果。构建出版"走出去"效果评估指标体系可以从认知、态度与行为三个阶段的传播效果入手，构建整体评估框架，[②]而对应这三种传播效果，可以从中国出版的国际市场竞争力、国际社会影响力和国际价值引导力三个层面展开研究。具体实施过程中需要基于多端口关联要素的数理模型建构，全面嵌入话语环境与话语形态、受众需求、出版物属性的多维体系。客观评估后疫情时代充满挑战的话语生态和受众需求，是效果评估的起点。将多元要素加以整合，并形成严密的、科学的归因关联，能够有效诊断出版"走出去"产品在国际传播中的效果呈现，并有针对性提炼优化策略，进而为提升中国出版"走出去"应对严峻挑战和复杂局势的国际传播能力提供支持。需要注意的是，由于出版"走出去"的影响因素变化性大、来源多元，所以效果评测模型要具备可以随时调整关联要素的可拓展性，并充分考量其切实的可操作性。

---

① 侯欣洁，戚德祥.数字技术驱动下的出版"走出去"数字平台建设［J］.科技与出版，2021（5）：60-65.

② 李怀亮.浅析中国文化走出去效果评估体系的构建［J］.南开学报（哲学社会科学版），2018（3）：68-75.

当前，全球化动力失调导致受众对媒介的不信任感进一步加强，基于文化差异的社会冲突和误读表现出更加强烈的趋向，国际话语秩序和情感沟通方式面临重构，出版物作为国际交流底层核心的功能不断被消解，文化交流的合作形式亟待重新定位。与挑战相伴随的，是国际传播秩序亟待重构的新机遇。在此契机下，中国出版"走出去"在新中国成立后的70余年历程中，一路披荆斩棘，砥砺前行，这也必将为出版"走出去"的新发展提供源源不断的动力。

# 第二节　效果评测指标模型的创设思路

在"走出去"系列工程正式实施以来，中国出版物国际传播效果不断提升，"中国故事"的国际影响力和价值感召力日益广泛。尤其是"十三五"时期，出版企业的跨文化传播能力、品牌运营能力和国际推广能力均获得了历练。后疫情时代复杂的国际环境和话语生态给中国出版物的国际传播能力提出了新的挑战。政府主管部门和出版企业都需要因应势变，积极推动人类命运共同体理念更加走深走实，为新时期中国形象的国际传播和价值传达增信释疑。

## 一、效果评价阶段性重点与方法

### （一）出版"走出去"效果研究的阶段性

中国出版物国际传播效果的整体性考察可大致分为三个阶段。

2004年中国图书对外推广计划正式实施。中国出版科学研究所（现中国新闻出版研究院）最早开展系统研究，《中国主题图书在主要发达国家出版情况综述》集中考察了1996—2006年中国主题图书在美国、英国、法国、德国、日本、俄罗斯、西班牙等7个国家、6个语种的出版情况，分析了我国图书出版走进国际市场的整体情况和存在问题。多个"走出去"工程项目的陆续实施，为出版"走出去"提供了政策动力。这一时期，郝振省等学者已经明确提出，出版"走出去"更要关注"走进去"的落地实效。随着效果研究的视角逐渐聚焦，国别研究和政策研究逐渐增多，关于中国图书在日本、美国等单一区域的研究成果不断涌现。在调研方法上，基于数据库和图书馆联网系统的研究思路较早地实现了连贯性的效果评测。北京外国语大学何明星教授团队的《中国图书海外馆藏影响力研究报告》自2012年启动以来，每年统计并发布当年中国图书的海外图书馆收录情况，其延续性的数据积累为中国出版物国际传播效果的考察提供了一个可观测的路径。

自2014年，为了响应"一带一路"倡议，出版业进入以"丝路书香出版工程"建设为重要任务的创新阶段，图书发挥着文化交流"深层次、持续不断的作用"。[①]2015—2017年，中国翻译研究院组织实施了"中国文化翻译出版与国际传播调研"项目，调研样本来自联机计算机图书馆中心中直接或间接翻译自汉语的有关中国文化主题的图书书目数据，旨在考察中国文化在世界主要国家和地区的传播与接受状况。报告通过考察"一带一路"共建国家和地区以非通用语种翻译出版的中国图书，发现尽管中国出版物数量种类增长显著，但是表述当代中国文化精神、阐释中国制度特色、解释中国发展理念的图书依然比较稀缺，无法满足当地人民对中国信息的巨大需求。

2018年以来，改革开放40周年和新中国成立70周年的重要时间节点带动了学界对出版"走出去"历程的系统性梳理。这一时期，多位学者将

---

① 聂震宁.关于制定"一带一路"出版业走出去相关规划的思考［J］.科技与出版，2016（10）：4-7.

我国出版"走出去"的阶段分期与国家发展、产业政策相结合，阶段性、全景性地展示了出版物"走出去"历程所取得的突出成绩。明确提出中国出版对外交流与国际合作正在进入新的发展阶段，应从量的增长向质的提升转变，通过输出更多精品图书，讲好中国故事、传播好中国声音，扩大中国图书的传播力、引导力、影响力、公信力，提高国家文化软实力和中华文化影响力。[1]随着研究的深入，中国出版"走出去"的效果导向逐渐被前置，呈现出"从注重外延式扩张向注重内涵式深耕的推进"[2]。

### （二）研究范式与评测框架

服务于传播实践对科学问效体系的迫切需求，评测模型及研究范式的理论探索不断推进。自20世纪80年代开始，关于"影响力"的研究从社会心理学领域开源并辐射到新闻出版领域。《影响力》一书对人们在生活中的劝说和顺从行为进行了探究。学者喻国明将媒介影响力定义为媒体对目标受众的社会认知、判断、决策和行为打上"渠道烙印"，由"引起注意力"和"引起合目的性的变化"两大基础构成。[3]关于媒介影响力的评价指标体系，郑丽勇等学者较早开始探索，提出可以基于广度、深度、强度和效度四个指数展开测量。[4]

关于出版物影响力统计的科学化、体系化、指标化，可以推溯至1955年"影响因子"概念的提出。至今，文献计量学家已经开发出数十种计量学指标和方法。方卿、孙寿山、黄先蓉等学者先后建立了出版业国际竞争

---

① 周蔚华，杨石华.中国出版对外交流与国际合作40年［J］.中国出版，2018（20）：19-26.

② 刘燕南，刘双.国际传播效果评估指标体系建构：框架、方法与问题［J］.现代传播（中国传媒大学学报），2018，40（8）：9-14.

③ 喻国明.关于传媒影响力的诠释：对传媒产业本质的一种探讨［J］.国际新闻界，2003（2）：5-11.

④ 郑丽勇，郑丹妮，赵纯.媒介影响力评价指标体系研究［J］.新闻大学，2010（1）：121-126.

力和影响力的测量模型。北京外国语大学、中国出版传媒商报社联合发布的《中国图书海外馆藏影响力研究报告》自2012年启动以来，通过监测联机计算机图书馆中心统计当年中国图书被海外图书馆收录的情况，其延续性的数据积累为中国出版业国际传播效果的评价提供了一个可观测的路径。然而，针对出版"走出去"传播效果的专项研究尚缺乏权威性评价体系，既有的评测模型也存在指标模糊、赋权合理性存疑、数据采集路径狭窄、关联要素协同性不足等问题。

相对而言，国际传播框架的效果评价研究的体系建构和方法路径更加成熟。学者程曼丽、王维佳在《对外传播及其效果研究》[①]一书中，较早提出国际传播效果评测体系。将评价指标分为主体评价指标和客体传播指标，前者指对传播者及直接传播效果的评估，后者指对传播对象和间接传播效果进行的分析。胡智锋、刘俊从主体、诉求、渠道、类型四重维度研讨提高中国传媒国际传播力的策略。[②]唐润华在《中国媒体国际传播能力建设战略》一书[③]中针对不同媒介形态的传播能力评测提出了多元标准。近年来，更有多位学者提出创新性评测指标的设计思路。相关的研究主要聚焦两个问题。一是强调科学定量和数据挖掘技术的引入。研究者提出在国际传播的效果评估上应从"模糊定性"转向"科学定量"，建立我国国际传播效果能力评估体系的核心指标。二是效果评测框架与要素构成体现出多维视角。尤其是随着数字媒介生态下受众研究的"主动转向"，借助大数据对受众偏好进行挖掘成为构成效果评价体系的重要维度，研究范式呈现出明显的科学化、数据化趋向。数据挖掘技术的广泛应用为建构科学

① 程曼丽，王维佳.对外传播及其效果研究［M］.北京：北京大学出版社，2011.
② 胡智锋，刘俊.主体·诉求·渠道·类型：四重维度论如何提高中国传媒的国际传播力［J］.新闻与传播研究，2013，20（4）：5-24，126.
③ 唐润华.中国媒体国际传播能力建设战略［M］.北京：新华出版社，2015.

問效系统、量化呈现效果提供了前所未有的支持，传播效果同国家政策、产业实践之间形成了日益紧密的联动机制。

## 二、新时期出版"走出去"的效果目标

2020年，新冠疫情暴发并快速蔓延，我国在处理新冠疫情过程中展现的中国智慧和大国气度有效增强了我国国际形象的关注度和感召力，以建构人类命运共同体为代表的中国国际治理方案的科学性不断被验证，出版产业的数字化国际合作和"云端"交流模式渐趋成熟，基于价值沟通和共识达成的新型国际传播话语体系日渐成形。针对后疫情时代复杂的国际局势和传播生态，中国出版"走出去"的效果目标进入了新的发展阶段。

### （一）推动沟通达成，提升价值认同力

新冠疫情的持续蔓延反映出现行全球化价值和规则在全球治理中的乏力。"信任赤字"导致国家间价值观念、制度机制等方面的差异被刻意放大，无法形成真正有效的全球协作集体抗疫行动。习近平主席出席"2022年世界经济论坛视频会议"时提出："当今世界正在经历百年未有之大变局。这场变局不限于一时一事、一国一域，而是深刻而宏阔的时代之变。时代之变和世纪疫情相互叠加，世界进入新的动荡变革期。如何战胜疫情？如何建设疫后世界？这是世界各国人民共同关心的重大问题，也是我们必须回答的紧迫的重大课题。"①党的十八大以来，我国多次倡导和呼吁重塑全球治理体系，提出构建"人类命运共同体"重大理念，倡导尊重世界各国在历史、文化、国情等方面的差异性与多样性，为全球携手走出困境贡献中国智慧和中国方案，为形塑全球共享价值观提供助力。

---

① 新华社.习近平在2022年世界经济论坛视频会议的演讲（全文）[EB/OL].（2022-01-18）[2023-12-28]. http://www.lydjw.gov.cn/search.php?id=d498a58e93bdb72dd8396e9b38146fe4.

261

新冠疫情作为重大公共卫生事件，直接影响了风险社会背景下全球舆论生态的演变。在公共危机等信息极化时期，受众会表现出"对于价值观的看重和对价值观信息的暂时性渴求"，这是国际传播的重要价值阐释空间。然而，高心理压力导致的信息辨识能力暂时下降，也使得受众有可能被含有价值观导向的不实传言影响和驱动。①复杂国际局势和新的时代使命推动我国的国际传播能力建设进入了"深水区"，需要承担起双重任务："一是建立与综合国力相匹配的传播格局，有效传播中国声音；二是平衡国际传播秩序，体现大国责任和担当。"②参与出版"走出去"的文化产品作为中国对外话语体系的有机构成、一种面向全球的符号资源，有义务和责任积极参与中国话语的国际传播。面对近年来日趋严峻的国际话语环境，以及中西方一系列激烈的舆论博弈，出版"走出去"同其他媒介形态融通协作，共同致力于引导国际受众对我国价值观念的理解与认同，助推中国倡议进入国际议程，助力传播我国负责任大国的国际形象。

### （二）开掘资源优势，提升文化影响力

新冠疫情的暴发直接冲击了国际出版业的文化交流形式和贸易稳定性。全球化动力失调导致受众对媒介的不信任感进一步加强，基于文化差异的社会冲突和误读表现出更加强烈的趋向，国际话语秩序和情感沟通方式面临重构，出版物作为国际交流底层核心的功能不断被消解，文化交流的内容和形式亟待重新定位。

随着中华文化对外传播话语体系系统工程的实施，中国国际传播力内涵不断丰富。出版"走出去"作为中国对外传播话语体系"陈述群"的资源构成，应当积极参与全球文化竞争，不断提升自身的品牌影响力和产业

---

① 寇佳婵，董关鹏.跨文化传播中的信息消费满足：一个消费文化的分析框架［J］.新闻爱好者，2020（8）：74-77.

② 姜飞.与时俱进，守正创新：中国国际传播能力建设规划急需升级版［J］.国际传播，2020（1）：10-16.

传播力。从产业需求和政策指导的角度出发，我国出版管理部门多次发布实施"走出去"效果监测的相关文件和政策，明确提出健全"走出去"效果评价机制和评估指标体系，使其能够发挥前期侦测预警、中期跟踪研判、后期反馈校正的作用，已成为中国出版"走出去"行稳致远、高质量发展的核心要素和重要任务。政策支持为中国文化和出版"走出去"的决策提供了指导思想和重要依据，为后疫情时代中国出版物国际传播的精准实施和动态评价提供了策略参考和理论支持。从企业实践的角度，出版机构需要发挥主观能动性，一方面要对同质化程度较高的文化选题进行调整和创新性开发，避免资源滥用；另一方面要积极挖掘全新的选题资源，将"传统中国""当代中国""未来中国"的国际形象相统整，推动丰厚的中华文化储备所形成的势能转化为助力国际影响力的文化动能。

### （三）深化融合发展，增强传播效能力

近年来，我国持续推进数字中国、网络强国战略，媒介融合的内涵与形式不断丰富。数字媒介的传播渗透力已经在国际舆论空间中被普遍接受。随着全球传媒行业的数字化转型趋势不断加剧，大数据、智能化发展比重不断增加。尤其是面对当前西方本位的国际传播话语权力关系，我国积极倡导重建平等对话的全球话语传播秩序。虽然在数字媒介语境下，国际交流的结构性重塑尚需时日，但数字传播技术的强渗透力、社交媒介等新兴渠道的舆论引导能力必然会带来权力变迁，这为我国国际传播发展提供了新思路。

在互联网社交媒体及社群平台上，我国多家出版机构设有账号或主页，用于发布相关出版信息和文化主题。然而目前依然停留在"信息在场"的阶段性目标，缺乏精湛的议程设置能力与话题引导能力，未能实现对社交媒介几何级数传播功能的充分开发，以及话题孵化和舆论发酵，未能吸引更广泛的海外受众。出版"走出去"的传播需要建立明确的受众本

位，以传播的精准性确保传播效果的实现。无论是面向广泛的、多元异质文化构成的海外个体或群体受众，还是基于区域、国别差异，都需要有的放矢地开展本土化、对应性传播策略。在出版"走出去"过程中，数字化思维需要在"生产—传播—消费—反馈"的全环节发挥作用。出版企业基于数字出版产业链的新构型，主动开发出版产品的数字化和融合化形态，应用数据优势准确对接受众需求层次，在知识服务、舆论导引、市场调研等多环节都可实现高质量、高水平的国际传播。

### （四）降低文化误读，提升情感沟通力

爱门森在《世界文化和文化纷呈中的传播策略——一个致力于跨文化融洽交流的计划》一文中提出，目前席卷全球的文化冲突与对话，正体现着人类精神视野的不断交流融合，然而在全球文化的选择与互动过程中，尚明显存在着严重的交流编码失误和交流媒介译码误读问题。[①] "讲好中国故事"代表着一种国际传播整体理念和实践导向的变化，强调的是"整个国家和民族在明晰的自我认知基础上进行'全面、客观、立体'的自我描述与自我表达的主体行为"[②]。在对外传递中国价值的过程中，由于"听故事的人"和"讲故事的人"处在不同的符号体系里，传者在编码时如果只参考自身的文化符号体系，忽略与受众的文化差异，而受者由于缺乏对编码者的符号体系的理解或者出于自身主观性因素进行对抗式解读，就必然产生文化误读。

后疫情时代，尽管信息技术推动各国间文化交流和对话通道不断升级，但意识形态差异的影响却日益突出。全球抗疫合作为后疫情时代的情感激活提供了"共同经验"，有助于双方在共同心理感知范围内发生交叉。根据情感激活机制，出版物在由"走出去"转向"走进去"的过程中，需

---

① 爱门森.国际跨文化传播精华文选［M］.杭州：浙江大学出版社，2007：2.
② 张毓强，黄珊.中国：何以"故事"以及如何"故事"——关于新时代的中国与中国故事的对话［J］.对外传播，2019（3）：53-56.

要提升传播主体或者在地的桥接主体的共情性，判断传播对象的情感需求和价值认同。基于人类情感共同体的合作目标，探索深层心理交流的有效达成。

## 三、模型建构：效果评测体系构成

后疫情时代是中国国际传播能力建设的战略机遇期，也是出版"走出去"系统工程实施的重要关口期，参与国际传播的出版物是集中展现我国国际形象和全球治理主张的公共文化产品。对传播效果的评价需要多端口数据汇集后建构指标构成，厘清模型编码入口的数据来源是对效果评价维度进行客观研判的前提。如图 8-1 所示的中国出版物国际传播效果评测模型充分结合后疫情时代的话语环境、出版物属性层次和读者需求，以多元数据采集作为输入端，对传播实践进行全视角准确评估，切实提升了中国出版物的国际传播能力。

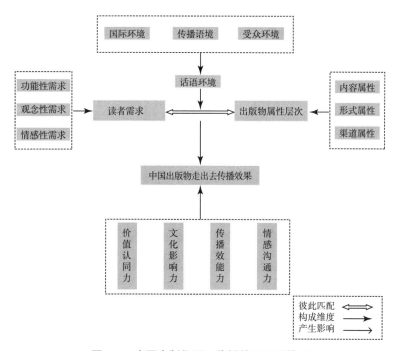

图 8-1　中国出版物国际传播效果评测模型

下面对中国出版物国际传播效果评测模型的构成要素进行分解说明。

一是话语环境。此评价模型将出版"走出去"视为国际传播的一种"会话"形态。经过多年的砥砺前行，中国出版物的国际传播在题材内容、地域范围和产业规模方面均取得了亮眼的成绩。但是出版业的国际传播能力与中国国际地位之间还存在着较大的不匹配性。中国文化对外交流和传播严重"入超"，中华文化优势未能充分转化为传播优势，依然存在着较大的"话语赤字"①。本模型将后疫情时代出版物国际传播的话语环境作为影响传播效果的重要因素，并进一步将话语环境细分为国际环境、传播语境和受众环境，从而形成对出版物国际传播话语环境要素的全景性、多层级的观察。

二是出版物属性层次。根据出版物产品的整体概念，将出版物细化为三重属性，即内容属性（核心层）、形式属性（形式层）和渠道属性（服务层）。在内容属性层面，基于价值传播与共识达成的传播目标，结合话语环境和国际受众的需求属性，利用数据化手段生成内容主题和表达逻辑，回归国际传播"内容为王"的价值呈现路径。在形式属性层面，新冠疫情虽然在一定程度上对实体经济造成了冲击，却也催化了数字经济的快速发展。新冠疫情期间，国际版权贸易的实体出版物交易量下滑，而数字出版产品由于其传播的便捷性、非接触必要性、社群传播优势等特征在一定程度上对冲了新冠疫情的影响，更适于疫情期间及后疫情时代的消费环境，并在潜移默化中再次推动受众阅读习惯的改变。在渠道属性层面，将文化服务视为出版物商品的有机构成，要紧密结合国际环境和受众的信息及文化消费心理，将有形的物流运输、营销调研、运营推广、公关宣传等

---

① 张萌，赵永华.新公共外交视域下国际受众成像与信息结构解析：基于"一带一路"议题的受众访谈和扎根分析［J］.宁夏社会科学，2019（5）：206-216.

服务内容与无形的思想内涵、文化形象、品牌文化等因素紧密结合，进而实现我国出版物所承载的价值观念、理论倡议的全球性流动。

三是读者需求。习近平总书记在中共中央政治局第三十次集体学习时强调，国际传播"要采用贴近不同区域、不同国家、不同群体受众的精准传播方式，推进中国故事和中国声音的全球化表达、区域化表达、分众化表达，增强国际传播的亲和力和实效性"[①]。近年来，媒介研究视角下"受众转向"的理论命题为受众画像的生成提供了丰富的阐释层次。本模型围绕后疫情时代中国出版"走出去"的价值目标，将受众需求细化为功能性需求、观念性需求和情感性需求三个维度，以此呼应作为公共文化产品的出版物国际传播的影响力。具体的受众数据来源包括联机计算机图书馆中心海外馆藏数据、亚马逊网络书店销售数据、谷歌热词趋势搜索的搜索热词图表（利用这一基于知识图谱建构的序列检索工具分析中国出版物的热度趋势图）、谷歌消费者调研工具（开展跨国读者问卷调查）、社交平台推特（Twitter）中关于中国出版物的传播线索追踪及社交话题分析、在线分享读书社交平台（Goodreads）的评价及分享数据（考察出版物在趣缘社群的口碑评价度）、字节跳动旗下的海外视频分享平台（TikTok）的图书分享类视频内容［由于其分享性和感染力，生成了图书视频虚拟社交板块（BookTok）的标签，对其转发、点赞、留言的信息整理可以考察中国出版物的海外影响力］等。在研究中配合版权交易和商品输出数据，根据指标维度需求交叉分析数据，避免单一渠道的片面性，实现效果评价模型的科学性。

本模型将后疫情时代"走出去"的出版物视作承载中国文化和价值表达的公共文化产品，对其传播效果的评价维度也突破了单一维度，并将其

---

① 习近平在中共中央政治局第三十次集体学习时强调 加强和改进国际传播工作 展示真实立体全面的中国［N］.人民日报，2021-06-02.

提升到更有延展性和阐释空间的文化影响力效果评价框架中。本模型在综合分析多种文化影响力评估指标体系方案的基础上，紧密结合后疫情时代对出版"走出去"传播效果提出的新诉求，筛选出对出版物及其产业形态具有较强适配性的维度，由此建构国际传播效果初级指标，将后疫情时代中国出版物"走出去"传播效果的评价分解为价值认同力、文化影响力、传播效能力和情感沟通力四个维度。这四个维度的数据构成、赋权加成等具体量化公式还需要通过专家访谈、焦点小组、问卷调研等研究方法的导入进一步形成数理关联。

四是模型应用。此模型是基于多端口关联要素的数理模型建构，全面嵌入话语环境与话语形态、受众需求以及出版物属性的多维体系，能够确保跟踪问效结果的科学准确。客观评估后疫情时代充满挑战的话语生态和受众需求是效果评估的起点。将多元要素加以整合，并形成严密的、科学的归因关联，能够有效诊断后疫情时代中国出版物"走出去"传播中的效果呈现，并有针对性地提炼优化策略，进而为提升中国出版物应对严峻挑战和复杂局势的国际传播能力提供支持。

总体而言，中国出版"走出去"的效果评价经历了由现象描述到量化评估的基本进程，其理论主线和阐释话语也兼容了媒介经济学、国际传播学、编辑出版学等多元的学科视角，体现出这一主题丰富的研讨空间。本书将中国出版"走出去"作为我国国际传播力建设的重要构成，将后疫情时代话语环境、读者需求和出版物属性层次内嵌为传播效果的影响因素。复杂的国际形势和多元的文化交流形态，对出版"走出去"的质量与效果提出了更高的要求。传播策略的失控或话语机制的失灵，都可能导致传播效果偏离沟通共识的达成，而走向分歧与误解。这就需要政策部门和出版企业理性分析国际局势的深层次变化，客观评估国际舆论的复杂性，审慎制定传播策略，助力中国故事的国际传播行稳致远。

# 第三节　"讲好中国故事"内容生产的个性化创新思维

在2019年5月的亚洲文明对话大会上，习近平主席做了题为"深化文明交流互鉴 共建亚洲命运共同体"的主旨演讲，提出"文明交流互鉴是推动人类文明进步和世界和平发展的重要动力"[①]，对于构建人类命运共同体具有重要意义。近年来，随着我国国际传播话语体系不断建构，中华文化"走出去"等系统工程的实施取得了丰硕的成果，并逐渐由数量导向过渡到效果导向的新阶段，注重"将文化互动建立在'从他者出发'的基础上，既尊重文化的差异性，又积极建构多样性的互动关系"[②]。在移动互联网不断普及与发展的今天，中国出版"走出去"作为一种以出版物为传播媒介的跨文化交流过程，将充分以大数据、云计算等新技术作为驱动力，从"他者"的个性化需求出发，在内容生产的维度上对跨文化交流进行创新的思维阐释与实践。

## 一、个性化思维参与下传统出版的内容变革

在中国出版"走出去"的进程中，出版的文化产品与海外受众之间并非对立的主体与客体的关系，而是出版活动中共生互动的两个主体。出版工作者需要突破"自我主体偏好"，将考察视角由"走出去"拓展为"走

---

① 习近平.深化文明交流互鉴 共建亚洲命运共同体——在亚洲文明对话大会开幕式上的主旨演讲［N］.人民日报，2019-05-16.

② 单波.跨文化传播如何可能？［J］.新闻与传播评论，2009（0）：212-225，261，275-276.

出去"+"走进去"的完整观测链条，将中国图书海外传播整体环节要素纳入项目考察视野，动态调整从选题策划到国际营销的全链条。只有从海外受众的个性化需求出发，才能形成高效能的文化传播与文化交流。

随着移动互联网的普及以及信息技术的发展，出版行业的相关数据正以指数级速度增长，包含了出版的文化产品数据，作者的相关数据，读者的阅读、消费以及反馈的数据等。[①]随着海外受众对个性化阅读需求的日益增加，大数据技术不仅能够通过对相关项目数据的挖掘、清洗与整合，对海外受众的阅读和接受效果作出评估，通过语义分析、爬虫技术等手段实现评估的细化处理；而且能够对海外受众的阅读需求提供画像，对出版选题策划、语言表达等环境展开预测，进而形成对文化传播最具效能的内容生产。

### （一）"他者"角度：对接输入国家市场需求的选题策划

海外受众对出版产品个性化的需求首先体现在对出版物主题的选择上。要打破对海外受众需求调研的困局，出版"走出去"便要利用大数据技术对输入国家的市场需求与热点倾向进行智能化的分析与运算，拓宽出版选题的范围，进行"走出去"选题策划的新探索。在全球化范围内不同特色的文化映照下，各国、各民族之间的文化差异日益凸显。在以出版物为媒介的跨文化交流中，了解海外读者的文化习俗，基于生活事实与文化的动态性发展进行有效的"对话式"理解，找寻可对话性、可沟通性是出版主题选择的重要依据。在中国稳步向前发展的今天，越来越多的国家和人民想要了解当代中国发展的方方面面。这些需求已经不仅仅局限于带有中国特色的汉语教学、中国武术、园林、中医药等传统主题上，还包括随着时势不断变化的时代热点，以及出于输入国家自身立场与文化底蕴所倾

---

① 周国清，陈暖.AI+中国出版"走出去"：方法、价值与启示［J］.出版发行研究，2018（10）：82-85.

向的个性化主题选择。

首先，出版工作者可以对输入国家的文化价值"群像"进行刻画，了解不同国家、民族对于图书的整体性接受偏好。输入国的畅销书排行榜数据是"群像"刻画的重要依据，这些数据大多出自具有公信力与数据收集、整合能力的媒体之手，反映各类型图书在本国受众中的影响力如何。其次，在"群像"的基础上，使用大数据技术进行与中国需求相关、更为细致的数据处理与统计分析。这个阶段可以对国外各大社交网络与新闻媒体网站中有关中国时事的热度数据，以及国外读者在图书馆官网、网络书籍销售渠道等平台上与中国关联的需求反馈与评论数据进行收集与分析，对市场进行实时有针对性的把控，弹性响应，策划出更契合"他者"个性化需求的选题。最后，针对选定主题的可行性判断，也可依据现有海量的出版行业数据进行评估，如类似主题的已出版作品信息、销售及馆藏情况、受众的接受程度以及其在输入国家的实际影响力等，对海外出版的选题策划进行及时的策略调整。

### （二）通而不同：国际化的话语表达与翻译逻辑

文化折扣是出版"走出去"过程中必须面对的客观存在，语言交流障碍是产生文化折扣的主要因素之一。为了降低在以出版物为媒介的跨文化交流中，因话语表达和翻译逻辑等不佳而导致的文化折扣，以及海外受众对出版物对抗式解读现象的出现，出版"走出去"要在面向不同国家和地区的语言翻译环节采取一定的策略。近年来，学者们在归化与异化两种策略上不断实践与探索，前者以流畅自然为主，通过消除原文中的历史和地域色彩①，降低受众的接受难度，以达到更广泛的传播效果；后者则以原语为主，保留差异化，通过向受众传递原汁原味的异域文化而进行更为深切

---

① 王东风.归化与异化：矛与盾的交锋？［J］.中国翻译，2002（5）：26-28.

的传播。

在全球文化互相交流、碰撞与融合的今天，采取何种翻译策略不仅代表着两国之间能否功能对等、语言相通，传递好浅层的话语与深层的文化逻辑，还隐喻着交流中各国、各民族间文化身份是否平等。归化翻译策略采取过多，会低估海外受众的接受能力、使出版物中的文化底蕴更显浅薄；异化翻译策略应用过剩，加大海外受众对中国思维、生硬"主控符码"的刻板印象，同时使自身处于文化传递的制高点，不利于平等的文化交流。因此，在出版物向海外传播的过程中，应采取两种翻译策略相结合的方式，但以哪一种为主、哪一种为辅，要具体地参照各国家、地区受众的个性化需求。这种个性化需求包括海外受众对中国人物形象、谚语、特有词汇等的接受与解读能力、期望的高语境或低语境的阅读体验以及各种出版物类型偏好的直译或意译策略等。出版工作者可以结合当地专家意见或已有的受众调研数据进行相关的分析与论证，通过不断加强出版物自身话语表达与翻译逻辑的适应性，使出版活动中的两个主体能够在"通而不同"的语境下进行更为高效的文化交流。

## 二、个性化思维主导下数字出版的模式创新

随着数字出版产业的不断成熟，信息服务技术简化了受众获取资源的方式，他们可以通过搜索、阅读与消费，轻易地获取海量的数字出版内容。互动性与受众主体性的凸显，也放大了文化消费过程中受众的个性化需求价值。移动阅读时代受众对出版内容创作的参与感体验、对"碎片化"阅读形态的偏好、对多感官阅读的追求以及对个性化内容的青睐等，都一定程度地为中国出版"走出去"在数字出版模式上的创新提供了新的思路，这其中包括了内容写作、内容推送以及阅读消费等环节上的个性化呈现。

### （一）"以作者为主、与读者合作"的个性化写作

在互联网时代新的出版背景下，出版物的作者与海外读者的关系已经跳出"主体—客体"的单向维度，而升级为"主体—主体"的互动传播状态。输出国与输入国在互为主体的传播过程中，以出版内容为沟通介质、以网络媒体为沟通平台，进行充分、理性、平等的诉求与表达，达成"协商性的理解"，这在我国与不同国家之间的出版物交流过程中显得格外重要。一方面，由于价值观、风俗习惯等差异，同一作者的写作内容经过译介后在不同国家进行传播时会产生不同的反响，只有了解与适应海外读者个性化的阅读需求，才能使出版物在"平等对话"的基调下更加具有跨文化属性；另一方面，双方积极的沟通交流使得海外读者能以更加主动的身份参与到内容的创作中来，提升出版物的亲和力和在地性。而在这个交流与打磨的过程中，大数据、云计算等技术为满足海外受众的个性化需求提供了最为全面与及时的反馈信息，以促成"以作者为主、与读者合作"的写作新方式。

围绕同一个出版内容，不同的读者会发表多元的看法，想要做到更好地向作者反馈读者的意见，就需要更具备参考性和体系性的信息呈现。大数据技术能够将当下针对同一内容已发表过的观点收集起来，并分析出较高频次的词语表达，将反馈信息以分类列表的形式更加明晰地传达出来。对于处在不断变化中的读者喜好信息，大数据技术还能够以设定的时间间隔为周期，对更新、覆盖的数据进行分析，保证了反馈信息的及时性。这种以大数据技术为支持的"与读者合作"的内容写作方式，更好地实践了"以受众为先"的互联网思维，但同时需要注意的是，要"以作者为主"，确保作者个人的写作风格与特色，作者还是出版内容写作的主体，这是大前提。而与读者沟通、反馈的过程，其更多的目的在于增进读者对受众偏好特点的深入了解，以便创作出更适应国际市场的个性化作品。

### （二）基于受众阅读行为的个性化内容推送

2016年是"智媒"时代元年，在大数据、云计算技术的基础上诞生的人工智能已经改变了多个行业的业务链。个性化的内容推送服务作为其中的一部分，同样也为数字出版的模式创新带来了新的可能。虽然数字出版的出现使得出版内容能够跨越时空的界限以海量的形式进入受众的视野，但与此同时，出版内容的过载也需要受众花费更多的精力去寻找自己感兴趣的相关信息，而这一检索过程在跨文化传播和接受过程中则更为繁复。个性化的内容推送服务在一定程度上降低了受众在信息主动检索上的消耗，能够有效降低异国读者主动搜索信息所产生的行为负担，增加传播内容的真实到达率。出版社可以基于对受众已有阅读行为的关联性分析，主动依据受众的潜在需求进行个性化的内容推送服务，对已有的出版资源进行整合与分配。

要做好海外数字出版中的个性化内容推送，首先，出版工作者要想清楚出版内容要"推给谁"。中国出版"走出去"的受众，是来自各国、各民族的不同群体，个性化的推送不仅要对他们与本国读者的异动进行比较，还需要针对不同民族、不同群体，甚至不同个体对象建立专属的"用户图像"，图像的数据来源包括对受众的静态个人信息，如所属民族国家、语言类别、所在族群的习俗等，也包括其动态信息，如阅读的中国读物类型、访问资源的方式、已阅读的与中国相关的内容、偏好的装帧板式等。通过对这些数据的记录与分析，能对受众群进行更为精细的区分，为实现精准化的内容服务打下基础。其次，出版工作者需要考量"推什么"给海外受众。在形式层面，数字出版的内容依托不仅包括传统的电子书，还包括种类丰富的数字期刊、报纸，以及以出版主题为中心的视听相关内容、种类丰富的数据库等，以适应海外受众在不同时间、差异化场景提供可选择性的内容表现形式。最后，出版工作者要为个性化内容推送服务制定相关的规则，即"如何推"，要将已有的"用户图像"与对外出版的数字资源信息相关联，以受众的兴趣点为中心，进行内容的筛选、重组和关联，编辑加工后通过不同的出版渠道与海外受众完成内容推送的交互服务。

### （三）视听阅读体验与组合下载的个性化定制

数字化阅读时代，海外受众在开展阅读活动过程中的感官体验以及在内容消费时的专属定制体验，对出版物的传播效果来说是举足轻重的。随着近年来"身体传播"概念从哲学领域向传播学领域的拓展，以及数字化出版技术的快速成熟，视听感官体验的交融与完善已经突破定式思维中的认知范畴。出版工作者可以借助全媒体技术，实现一次制作、多元发布。一部作品可以有多种媒体呈现形态，受众的接收方式也可以依据个性化的体验习惯进行选择，不仅可以优化视觉阅读的个性化定制，比如阅读亮度、背景、字体大写、标注方式等，还可以放大听觉感官的接受维度，通过以各个国家、民族的语言为标准，对同一出版内容进行不同方式的演绎。进而实现在拓宽海外受众感官体验维度的同时，满足读者对于伴随式阅读的个性化需求以及对特定语言版本定制的亲和力体验。

除此之外，互联网时代受众对便捷性的需求也推动了其对个性化"按需出版"进行付费的意愿。相较于传统媒介环境，互联网时代的"按需出版"模式应用范围更加广泛。它将出版物以数字形式存储在计算机系统中，不仅为需要纸质印刷品的出版商省去制版印刷的环节，可以做到"即需即印"，也为个性化的受众提供了自行组合与下载所需数字化内容的空间。在数字出版与"按需出版"相结合之前，海外读者多是被动地对选择的出版物进行整体性下载与付费，而"按需出版"的出现使得读者可以根据自己的个性化需求进行出版物的多向拼贴与组合，提供更为全面的数字化出版服务。这种"以我的传播为中心"到"以受众的选择为先"的思维模式转变，依托的同样是大数据技术支持下精准的个性化推送服务。一方面，出版工作者可以参考大数据所提供的更多人喜欢的章节、印刷样式等信息，了解各地区的海外受众需求，拓宽他们选择的范围；另一方面，海外受众也可以从中选择、重组属于自己的出版物，使得"按需出版"真正做到以满足每位读者的需求为标准。

## 三、内容生产的制约因素与创新要素

### （一）归因制约因素，重视文化的深层会话性

随着全球文化传播与交流的日益频繁，不同文明间的关联性、对话性和沟通性需求不断增强，各原生文化的异质性使得各民族之间的文化交流中"他者之维"的价值趋向日渐明显，不同民族在跨文化交流过程中出现对彼此的理解、冲突甚至抵触都属于对"他者"的认知和对于自我的构建过程。

"会话制约理论"将跨文化交流视为一种"会话"。"制约"会话效果的因素主要有两类：社会关系和任务导向。其中的"任务导向制约"强调信息被清晰传播的程度。"走出去"图书承载了中华民族的文化精神，是海外读者了解中国深层次文化精神的重要渠道。提升文化交流的深层会话性有助于实现各文化间的相互理解与认同，消解疏离与隔膜。因此，"走出去"图书在跨文化传播的过程中，一方面需要在图书内容生产环节充分考虑到文化差异导致的文化误读等现象，另一方面也应考虑全球化语境中中国文化的独立性与全球性，以构建深层次的跨文化交流。

### （二）重塑传受者关系，促进对话主体间的传播互动

约翰·尼尔森的"对话式传播"理论认为传播双方要本着"平等相处的意识"协力合作，在尊重彼此文化差异和文化共性的基础上展开对话，在合作中产生认知、共识与意义。随着我国对外传播"多主体、精准化、

一国一策"①的策略转向，中国出版"走出去"也面临着对传播者与接收者关系的重塑。出版企业或"走出去"图书的传播主体与海外读者之间并非单向度的主体与客体的关系，而是出版活动中共生互动的两个主体。出版工作者需要突破"自我主体偏好"，注重对于受众需求的研究与满足，从而有效地结合起传播的行为及受众的需求与反馈，形成不同文化间的"互惠性理解"。

"走出去"图书的海外传播可以在前期调研的基础上对多元的读者群体展开差异化内容生产和形式呈现。以文化典籍类图书为例，针对儿童群体强化趣味要素、针对大众群体的"在地性"语言风格和价值链接、针对研究群体的专业化注释、针对有声阅读群体移动社交趋向的数字读物等，都可以进行更加多层次的开发，进而满足不同受众的不同需求。贯彻整体营销思路，以调研始、以反馈终，形成良性循环生态。在调研手段上，鉴于跨国读者市场调研的现实困境，应尽量借助网络数据采集手段，采用流量跟踪、问卷调查、关注热点趋向等多数据渠道，结合田野调查、深访等手段，深入了解目标国家对中国图书的阅读期待、价值判断和传播需求。通过对于海外读者进行区分及差异化管理，组建专业人员组成专业的编辑团队，进而与传播对象形成对话性的传播互动。

### （三）合理使用数据，充分发挥出版工作者的主体创新性

在个性化思维的引导下，出版"走出去"无论是传统的纸质图书出版，还是更为便捷的数字出版，都可依托大数据、云计算甚至人工智能技术，以"他者"数据为支撑，即时满足海外受众的个性化需求。尽管对数据的挖掘与分析能够帮助出版工作者转变思维方式，以海外受众个性化的需求为中心，但数据分析结果并不能完全取代"走出去"中各环节把关人

---

① 胡正荣.国际传播的三个关键：全媒体·一国一策·精准化［J］.对外传播，2017（8）：10-11.

的主体创新价值。

大数据技术中对海外读者数据的挖掘、统计与分析是了解"他者"个性化需求的重要入口，但目前还停留在初期探索阶段。过度依赖大数据技术有可能陷入"他者"满足的单一导向，影响出版者自主性创新的活力，制约内容生产的新思维与新理念。出版工作者需要保持把关人的创新自觉性，通过对出版内容的时时筛选与把控，在满足受众需求的基础上，最大限度地传递公共价值。一方面要做到对受众偏好的动态把控，受众的选择性是处于不断变化中的，即时了解并调整对受众的内容满足能够在一定程度上防止信息被囿于固定圈层；另一方面要在受众偏好的基础上，向其推送超越其既有选择偏向的、能够传达中国核心价值观的出版内容，出版把关人对内容的动态调整与创新开发，能够在一定程度上弥补过度依赖数据带来的信息封闭性，进而拓展海外受众对中国的认知局限。

## （四）价值观认同为主，个性化手段为辅的对外传播

中国出版"走出去"是中华文化走出去的一个重要支点。针对目前某些国家存在的对中国或局部，或有偏差的刻板印象，对外出版活动不仅要以出版物为中介将这种印象加以校正，还要向国际传递中国核心价值观和优秀的文化内容，使海外受众了解更加全面丰富的中国，并使其在这一过程中形成理解与认同。个性化思维主导下内容生产的相关创新能够有效配合我国对外传播"多主体、精准化、一国一策"的思维转向。

在世界文化相互交流与不断交融的今天，基于文化价值观差异而产生文化误读是跨文化社会交往的普遍认知现象。在出版"走出去"的过程中需要辩证看待文化误读现象，通过数据采集分析的方式对误读或文化定式予以有效的梳理和沟通，"而不是简单地清除它"①。以"文化自信"为出

---

① 霍尔.跨越文化障碍［M］.麻争旗，等译，北京：北京广播学院出版社，2003：170.

发点，建设好全面而系统的中国特色内容体系是文化"走出去"的前提条件，只有完善了以媒介载体为壳、以中国核心价值观为内核的内容体系，才能从根本上增强中华文化在海外交流中的核心竞争力，进而使海外受众在中国的独特魅力影响下增强对中华文化的理解与认同。在这个基础上，满足受众个性化需求的交流手段则是对价值观认同目标的加持，它能够通过"换位思考"的方式，沟通民心，弥补民族间的文化差异，使出版内容以适应时代受众需求的方式更准确、快速地与海外受众见面。

总体而言，面对数字生态的不断升级，出版技术和出版理念不断突破与创新，中国出版"走出去"在内容生产上面临着全新的可能性，这些可能性将帮助出版主体积极转换思维，以"文化自信"为基点，以"海外受众需求"为先行考量，满足受众的个性化需求，使中华文化不仅能"走出"国门，更能"走进"国际读者的心目中，产生更为深远的影响。

# 第四节　立足"在地性"传播的渠道建设

《出版业"十四五"时期发展规划》明确提出要推动出版业高水平"走出去"，并且在内容建设、方式渠道和国际影响力等方面都提出了明确的要求。我国出版"走出去"自2003年提出，迄今已有十余年的发展历程，在产业规模、地域范围和国际评价等方面均已经取得了显著的成绩。复杂的国际局势和传播生态催生中国出版物的国际传播进入新的发展阶段，在内容、形式、渠道、营销等环节上都面临着新的方向调整和策略调节。渠道创新需要积极响应我国国际传播力建设的关键任务，加强布局设计，充分利用数字技术手段、本土化运营模式的创新和国际合作机制，切实提升出版物的国际传播效能。

# 一、产品进入包括互联网在内的国际主流渠道

随着全球出版行业运营的网络通道不断扩容，全球化、国际化经营拥有了更广阔的接触面和更便捷的传播渠道，中国出版也有了新的空间和机遇进入国际主流渠道。

## （一）利用外部网销资源，打破"他者"偏见

中国出版行业在进入国际市场的初期主要是通过售卖发行权和图书实体国际运输来进行跨国销售，在这个过程中存在的运费高、时间长、存储难、交易复杂等问题影响了我国出版产品在海外的传播。通过与国际主流渠道的合作，利用其本土化成熟的销售平台和运输、物流等方面存在的优势进行销售，并且借助"在地性"的配送以及销售网络进入使用世界主要语言国家的主流市场，打破了中国出版以异文化身份进入本土市场的陌生局面。在平台化功能日益强化的媒介生态下，以社交平台和趣缘社群为媒介的数字化营销焕发出蓬勃的生机。继优兔（YouTube）平台的图书分享社区BookTube之后，基于短视频平台抖音海外版TikTok的书籍分享推荐视频集合地BookTok快速发展，自2020年4月起正式发展为阅读社区。这一标签的全球浏览量已经超过700亿次，美国最大的实体书店——巴诺书店（Barnes & Noble）在其网站也专门开辟了*BookTok*专栏，设置了热门图书展架。我国参与国际传播的出版物，应充分利用平台化算法推荐与网络社群属性，积极适应数字化环境下新的营销路径和发展趋势。

## （二）打造跨国移动终端，实现图书出版国际化

在媒介全球化的背景下，积极借助数字渠道和对象国既有渠道，通过应用市场的合作实现图书阅读渠道全球化的铺设。在移动终端的运营开发方面，对出版内容进行分类包装，借助内容影响力推出优质版权并且通

过在线付费阅读的形式实现赢利。通过移动终端全球化的铺设，缩短了读者、创作者和出版商的时空距离，实现了全环节、整体性传播方案的设计和落地。以"丝路书香出版工程"项目"海外中小学移动数字图书馆"为例，该项目的首期为浙江出版联合集团与咪咕数字传媒有限公司合作，采用"数字平台＋数字终端＋数字图书＋数字化阅读"的形式，为马来西亚500所国民型华文小学提供海量电子图书及借阅服务，以此培育青年一代的国际读者，增强文化认同，促进不同文明的交流互鉴。中国图书进出口（集团）有限公司自主研发的数字资源交易与服务平台——易阅通（CNPeReading）以"一个平台、海量资源、全球服务"为定位，广泛汇聚了海内外出版机构的200余万件高品质数字资源，涵盖电子书、电子刊、有声书、数据库等多种产品形态。这种灵活的使用方式和创新的服务理念，能够为国际读者提供荐购、阅读、管理、整合一站式的服务方案，提升用户黏性。

## 二、全方位高水平合作出版

随着数字出版产业产值连年大幅度递增，新的产品形态不断优化，数字出版的商业运营模式也越发成熟。数字化时代的到来给中国出版业带来打破原有产业闭环、以环节性要素的形态融入更高层级产业链条的巨大变革。所以"走出去"命题下的数字出版意味着出版行业从选题策划到营销发行都要树立一种新的全局观。

### （一）选题策划的网络合作

不管是在传统条件还是数字化条件下，选题策划始终是出版过程的核心工作。数字出版模式下，内容生产是整个产业链得以持续延展的起点。新媒体渠道信息生成与传播的新形态，影响了出版方获取选题的途径和方式，意味着图书出版编辑要充分考虑到网络新媒体的特点。网络原生文学的出现实现了网络阅读平台和创作者之间的双向联结，甚至在一定程度上消解了传统出版商在整个产业链中的枢纽价值。[①] 在开发参与国际传播图书的相关选题过程中，编辑一方面要对适于海外传播的出版选题保持足够高的敏感度和关注度，另一方面要具备信息挖掘能力和数据采集能力，实现跨媒体、多途径获取选题，利用社交媒体或趣缘社群了解市场动向和读者偏好，进行选题策划的网络合作。

### （二）图书编辑合作

编辑活动作为创作的延伸，对出版传播过程中的内容进行着严格把关，是"策划审理作品使之适合流传的再创造活动"[②]。在中国出版产品进入全球文化市场的过程中，国际化信息交流趋向与信息交流方式的丰富性为编辑合作提供了极大的空间。基于国际传播目标受众的精准化需求，编辑团队的构成可以采用"本国＋目标国"的双向成员结构，从而在编辑流程上保证内容及表现形式的"在地性"。在保障信息传输安全的前提下，通过联合网络办公的方式及时分享和更新合作进度。伴随着推文科技（北京推文信息科技有限公司）等高新技术企业推出多语言 AI 翻译生产系统，并日益广泛地应用于跨境文学作品出版与传播中，行业效率获得极大提高，为国际编辑合作工作提供了技术支持。

### （三）出版合作

出版合作主要是指出版社之间参与进行的合作活动，通过出版社之间在选题、编辑、制作、发行上的国内或国际合作，实现资源的合理配置以

---

① 汤普森.数字时代的图书［M］.张志强，等译.南京：译林出版社，2014：327.

② 李新祥.出版传播学［M］.杭州：浙江大学出版社，2007：69.

达到理想共赢的合作效果。国际间的出版合作在产品、资本、知识三大产业链条上均出现了不同形式与程度的合作，呈现出了以政策导向为动力、合作主体多元化、合作趋势网络化的特点。[①]产品链合作即主要通过合作开发内容产品以及相关的衍生品，并针对产品合作进行推广营销。在此过程中，出版社之间利用共设国际编辑部、国际组稿等形式进行集体智慧的合作。资本链合作即以资本为手段与相关企业进行合作，资本手段包括以收购兼并原有企业、共资共建新企业、绿地投资本土化经营等形式进入目标消费市场。知识链的出版合作模式即知识的共享和共创，出版社之间在信息技术、管理经验以及市场信息等方面进行深度的共享和合作。因此，打造完善中国出版自身的产品链、资本链、知识链是中国文化产品"走出去"出版合作的重要方面，也是中国出版打造国际影响力和国际品牌的重要举措。

### （四）发行合作

数字出版时代下的发行业务，一方面，指通过对图书的销售策划，借助国际主流渠道的网络销售平台和移动社交媒体进行图书宣传，扩大图书在市场上的知名度和影响力，进而完成对图书销售的行销沟通。编辑在作者认知和作品辨别上有着天然的优势，他们可以依据不同国家的文化差异和多样的阅读习惯，为图书内容制定合适的宣传策略，并且推动出版商和消费者针对图书信息交换活动实现双向沟通。另一方面，要开发跨界合作，深度开发数字化渠道下的版权经济，拓展IP衍生产品的发行路径。以互动式视觉小说平台Chapters为例，作为中文在线IP轻衍生业务板块，通过网文创新，为用户提供剧情有趣、互动性高的内容改编作品，将文字作品转化成图文并茂的呈现方式，在海外市场具有强大的影响力。

---

① 陈虹虹，卿志军.中外童书出版合作的新模式探析［J］.出版广角，2019（11）：14-17.

### 三、借研发机构和绿地投资进行本土化经营

在文化多元开放的全球化背景下，文化软实力建构的主要途径就是文化产业的投资建设和文化产品的全球化输出。而全球化输出的落地阶段就是本土化经营，相对于西方国家出版业100多年的市场化之路，我国出版企业在管理、经营等方面还有很多需要改进和提升的地方。在此情况下，中国出版企业要想实现本土化经营就需要强大的研发力量和智力支持。

#### （一）进行绿地投资，掌握本土化经营的自主权

中国出版物国际传播的基本模式经过了贸易式的图书商品输出、契约式的图书版权输出，如今正逐渐向直接投资方向转变。尽管还在起步阶段，但这种转变对中国出版业的长远发展具有重要意义。在贸易式的图书商品输出阶段，中国出版"走出去"受到运费、时间、价格等条件的制约，难以扩大海外市场，在契约式的图书版权输出阶段，中国对于国外的中国出版市场难以管理和把控，而绿地投资既减少了自身和外界环境的限制又方便了对海外图书市场的管理。绿地投资作为国际直接投资的重要方式，在带动东道国生产力提高和经济增长的同时，也带来更多的就业机会，所以绿地投资的企业更容易受到东道国的欢迎和支持，企业在很大程度上掌握着主动权并且可以在一定程度上降低东道国的政策限制。在这种环境下，我国出版企业可以有效地规避因实物运输成本、政策壁垒、跨国管理困难等多种不利因素带来的影响，也在一定程度上降低了跨国经营的运输成本和传播渠道限制。

#### （二）设立研发机构，打造自身优势

随着国际出版环境的不断变化和国际市场竞争的日益激烈，中国的跨

国出版行业亟须设立出版研发机构，以应对跨国经营中可能出现的问题。对于研发机构的作用方向可以从以下几个方面着手。

### 1. 对出版物的选题、内容进行综合筛选

出版物在国际环境下出版，要重视不同民族、不同国家之间的差异性和相通性，减少文化冲突和文化不适应性。研发机构在从事国际出版的过程中要起到"先头兵"的作用，对目标市场的政治、文化、经济环境作出准确的分析预测并提出具体的出版方法，以指导出版活动。出版研发机构的设立能够为中国出版物国际传播的顺利开展保驾护航。

### 2. 明确出版定位，打造国际出版品牌

随着中国出版企业"走出去"规模的不断扩大，需要对中国出版的方向和内容风格进行明确定位。杰克·特劳特曾提出"定位四步法"：第一步是对整个外部环境进行详细的分析，了解竞争对手是谁、竞争价值是什么；第二步是避开竞争对手在顾客心中的优势，利用对手的弱势或不足确定自身品牌的优势；第三步是为这一优势定位寻求证明；第四步是将企业内部运营中的各个方面与这一定位进行整合。[①]研发机构要明确中国出版的整体外部环境，对竞争对象作出详细的分析，从而寻找自身的出版优势。在对自身的出版风格和选题进行定位的基础上，深入挖掘中华民族文化资源，走中华民族文化资源与国际读者阅读需求相适应的文化产品创新之路。

### 3. 本土化雇用和移民群体成为助推力量

在中国出版"走出去"海外落地的过程中，要足够重视移民群体和华文市场，通过海外机构的落地生根和本土化雇用的便利性，吸引更多的海外华人投身到中国出版本土化的建设传播中，帮助提高中国海外文学作品

---

[①] 里斯，特劳特.定位：有史以来对美国营销影响最大的观念［M］.谢伟山，苑爱冬，译.北京：机械工业出版社，2018：绪5.

在内容策划、产品开发、制作、发行与推广等环节的本土化程度，增进彼此之间的理解，以此来减少进入的阻碍。研发机构可以充分吸纳和发挥海外华人的力量，通过设立研发翻译工作组，帮助文化之间的融会贯通，减少在意义传达上的偏差。在宣传策划活动方面更要发挥在地桥接群体力量，更好地了解当地市场和消费者心理，在图书发行的过程中进行精准有效的图书营销策划活动。

## 四、面向全球建立互联网营销渠道

中国的互联网技术在国际上一直处于优势地位，5G技术的研发更是促进数字出版发展的重要助推力量。中国出版物国际传播要充分利用自身的互联网优势面向多边开展合作，促进全球范围内互联网营销渠道的建设，使中国出版物的国际传播拥有自身的便捷通道。

### （一）加快互联网销售平台建设的国际化合作

互联网营销渠道具有传播速度快、覆盖面广、渠道管理费用低等优势，同时它也解决了传统出版业进行跨国经营时实物运输时间长、运费高、储存成本高的问题，凭借互联网技术的优势以及全球化的媒介环境，中国越来越多的文化企业开始进行数字化改革并且积极地参与国际出版市场的激烈竞争。国内大型电商平台直销海外建立全球销售渠道，京东海外站、阿里巴巴国际站等电子销售渠道的搭建使得图书的国际销售途径更加通畅。在媒介全球化的背景下，互联网营销渠道在图书发行中占有越来越重要的地位。that's books平台是五洲传播出版社瞄准阿拉伯和拉美地区缺乏有实力的数字阅读平台的市场机遇，"造船出海"，将中国内容镶嵌在本地内容中，自建的多文版数字阅读平台。截至2021年10月，that's books西语APP下载量达52万，用户覆盖墨西哥、哥伦比亚、秘鲁、智利等国；

阿语APP下载量超过640万，用户遍及全球175个国家和地区，在阿拉伯本地数字阅读平台的排行榜上位居第二。[①]以我为主借助互联网实现出版业的多边合作并在全球范围内建立起自身的营销渠道是中国出版业进行渠道建设创新的关键。

### （二）立足数字内容，注重领先企业的拉动效应

中国社会科学院发布的《2021中国网络文学发展研究报告》显示，2021年，中国网络文学出海实现阶段性跨越，全方位传播、大纵深推进、多元化发展的全球局面正在形成，出海模式从作品授权的内容输出，提升到了产业模式输出，"生态出海"的大趋势已崭露头角。"网文出海"极大地带动了中国出版"走出去"的步伐，进一步推动了具有传统文化特色和丰富情感内核的中国故事全球传播。我国多家立足于数字内容的技术平台借势出海，探索出一些卓有成效的"走出去"新路径。作为一家专注于移动端正版数字阅读内容生产和分发的国家高新技术企业，点众科技（北京点众科技股份有限公司）面向海外数字阅读市场专设了"Webfic"数字阅读APP，明确提出了"走出去"、"走进去"和"走上去"的"三步走"策略。截至2021年10月，该公司已经为全球100多个国家和地区的500多万用户提供了英语、西班牙语、泰语、印尼语等多语种数字阅读服务。[②]领先企业的成功经验能够起到明确的示范作用，带动中国出版企业对海外市场的深刻洞察和精准传播。

## 五、积极面向"一带一路"开展国际合作

"一带一路"倡议是带动经济发展合作的机遇，也是文化出版业发展

---

① 张鹏禹.建平台 强翻译 培养海外作者：网络文学创新"出海"模式［N］.人民日报海外版，2021-10-21（8）.

② 张鹏禹.建平台 强翻译 培养海外作者：网络文学创新"出海"模式［N］.人民日报海外版，2021-10-21（8）.

的机遇，作为中国文化"传声器"的中国出版业，要从共建共享的角度，以搭建合作平台为主要形式，加强文化"走出去"和"引进来"的双向交流。

### （一）正确认识"一带一路"上的阻碍，机遇与挑战并存

"一带一路"共建国家和地区大部分分布在西亚、中亚、南亚。由于各国在政治环境、经济、文化宗教等方面存在不同，其新闻出版的发展交流也存在着许多障碍。这些障碍主要表现在三个层面：一是技术层面，互联网的使用是实现数字出版的关键，也是自身文化储存及对外传播的必要渠道，但是部分"一带一路"共建国家和地区的互联网普及程度比较低；二是文化层面，"一带一路"共建国家和地区有着强烈的宗教文化信仰，不同国家之间存在着明显的宗教和文化差异，在出版内容方面要注意主题的选择，以免造成文化冲突；三是政治层面，"一带一路"共建国家和地区中涉及民族争端和事故多发地区，国家和地区之间长期存在的矛盾冲突使得出版行业"走出去"面临较大困难。快速发展的信息技术产业、悠久的文化历史以及稳定的政治环境，为中国在"一带一路"的建设过程中有能力、有责任成为文化交流和合作的主导力量提供支持。随着"一带一路"建设的逐步深入，我国与其他国家和地区日益紧密的文化和经贸合作将成为影响出版业国际化发展的强大助推力量。

### （二）共建社交数字出版平台，成为"局内人"

P.K.默顿在《科学社会学》中提出"局内人"和"局外人"这两种社会结构，"局内人"由于生物学或者社会方面的原因，能够垄断知识，或者可以优先获取新的知识。[①]"局内人"往往享有共同的价值观念、生活习

---

① 默顿.科学社会学［M］.鲁旭东，林聚任，译.北京：商务印书馆，2003：140-141.

惯和行为方式。面向"一带一路","局内人"就是各个国家的本地人或者长期生活在该国家或地区的人。相对而言,"局外人"便是处在生活习惯、文化体系之外的群体或个人。而通过搭建共同参与的社交数字出版平台,"局外人"获得了一个成为"局内人"的切口,通过平台上的交流使"局外人"进入"局内人"的圈子。扩大图书出版的影响力、拓展出版的范围需要与共建国家的出版业开展多方面的合作,搭建由多国人民共同参与、无门槛无国界的"一带一路"出版交流平台。借助社交数字出版平台实现与各国作者、读者的网上及时沟通交流,不同国家的当地人可以使用"局内人"的身份帮助"局外人"获得信息,进而增进"一带一路"共建国家的友好交流和文化认同。

### (三)体现大国担当,建设交流通道

自"一带一路"倡议实施以来,我国文化"走出去"和出版"走出去"工程都向这一建设目标倾斜。由于目前部分"一带一路"共建国家和地区的互联网普及度并不高,不同程度地影响了数字出版的交流实践。中国在经济和技术方面拥有优势地位,在积极地与多边其他地区进行互帮互助的过程中,发挥了大国的担当精神。中国互联网企业通过与相关地区的文化教育机构合作,参与对当地数字技术人才的培育。在这个过程中,中国文化通过自建的互联网营销渠道"走出去",实现了大型线上销售渠道的合作以及移动终端的开发、优质版权的网络营销,不仅为其他国家和地区带来了发展机遇,也拉近了与其他国家和地区的交往距离。中国出版业要充分利用自身的互联网技术优势和政策的支持,加快数字化建设的步伐,立足本国优秀文化,加强与国际出版平台和营销渠道的交流与合作,面向国际建设更加完善的互联网销售渠道。

当前阶段是中国国际传播能力建设的战略机遇期,也是出版"走出去"系统工程实施的重要关口期,而参与国际传播的出版物是集中展现我

国国际形象和全球治理主张的公共文化产品。渠道创新有利于打造出版物选题的国际化视野和图书营销的国际市场思维与数字化思维，从而更好地应对本土市场和目标国市场之间的要求与需求关系，使我国的出版产品在议题属性、形式属性等方面切实满足海外市场的需求。出版物国际传播承载着传递中国价值观念和全球治理思想的重要文化使命，创新渠道建设有益于将文化传播的动能转化为文化沟通与价值认同的势能，在价值传播和产业发展的双轨维度更好地服务于我国新时期的国际传播主题。

# 参考文献

## 一、学术专著

［1］LATOUR B，LAW J，HASSARD J. Actor network theory and after［M］. Malden：Blackwell，1999.

［2］FISHER W R. Human communication as narration：toward a philosophy of reason，value，and action［M］. Columbia：University of South Carolina Press，1987.

［3］GITLIN T.The whole world is watching：mass media in the making and unmaking of the new left［M］.Berkeley & Los Angeles：University of California Press，1980.

［4］萨默瓦，波特.跨文化传播［M］.闵惠泉，王纬，徐培喜，等译.北京：中国人民大学出版社，2010.

［5］福特纳.国际传播：全球都市的历史、冲突与控制［M］.刘利群，译.北京：华夏出版社，2000.

［6］萨马迪.国际传播理论前沿［M］.吴飞，黄超，译.北京：中国传媒大学出版社，2016.

［7］费尔克拉夫.话语与社会变迁［M］.殷晓蓉，译.北京：华夏出版

社，2003.

［8］屠苏.国际传播：沿袭与流变（第三版）［M］.胡春阳，姚朵仪，译.上海：复旦大学出版社，2022.

［9］迪克.作为话语的新闻［M］.曾庆香，译.北京：华夏出版社，2003.

［10］汤普森.数字时代的图书［M］.张志强，等译.南京：译林出版社，2014.

［11］默顿.科学社会学［M］.鲁旭东，林聚任，译.北京：商务印书馆，2003：140-141.

［12］爱门森.国际跨文化传播精华文选［M］.杭州：浙江大学出版社，2007.

［13］塔奇曼.做新闻［M］.麻争旗，刘笑盈，徐扬，译.北京：华夏出版社，2008.

［14］程曼丽，王维佳.对外传播及其效果研究［M］.北京：北京大学出版社，2011.

［15］刘滢.全媒体国际传播：理论创新与实践转向［M］.北京：清华大学出版社，2021.

［16］赵化勇.中央电视台发展史（1958～1997）［M］.北京：中国广播电视出版社，2008.

［17］张长明.传播中国：二十年电视外宣亲历［M］.北京：人民出版社，2011.

［18］任金州. 电视外宣策略与案例分析［M］. 北京：中国广播电视出版社，2002.

［19］臧国仁.新闻媒体与消息来源：媒介框架与真实建构之论述［M］.台北：三民书局，1999.

## 二、期刊文献

［1］DOMINGO D，MASIP P，COSTERA MEIJER I. Mapping digital news practices：towards an integrated framework of the dynamics of distributed journalistic production and consumption［J］. Physica status solidi，2014，244（10）.

［2］STRAUS D. How to make collaboration work：powerful ways to build consensus，solve problems，and make decisions［J］. T+D，2002（3）.

［3］朱江丽.媒体融合行动者网络的制度逻辑及"散射效应"研究［J］.新闻大学，2022（1）.

［4］白红义，曹诗语.重塑新闻理论？——行动者网络与新闻研究的STS转向［J］.新闻大学，2021（4）.

［5］史安斌，盛阳.从"跨"到"转"：新全球化时代传播研究的理论再造与路径重构［J］.当代传播，2020（1）.

［6］刘滢，伊鹤.回顾与前瞻：国际传播研究的新思考、新概念与新路径［J］.新闻与写作，2021（3）.

［7］史安斌，胡宇.讲好短视频蓝海中的"非凡故事"［J］.青年记者，2019（34）.

［8］程曼丽.西方国家对中国形象认知变化的辩证分析［J］.对外传播，2021（3）.

［9］张志安，李辉.平台社会语境下中国网络国际传播的战略和路径［J］.青年探索，2021（4）.

［10］胡正荣，田晓.新时代中国国际传播话语体系的构建：分层、分类与分群［J］.中国出版，2021（16）.

［11］李宇.中国电视国际传播的理念嬗变与定位回归［J］.中国记者，2019（6）.

［12］李舒东，傅琼.中央电视台国际传播现状及战略前瞻［J］.电视研究，2013（12）.

［13］刘煦尧，许静.媒体国家形象塑造效果及策略分析：以Facebook中的央视网CCTV全球页账号为例［J］.对外传播，2017（1）.

［14］申勇，石义彬.主流媒体国际传播力构建实践与路径：以中央电视台为中心的考察［J］.中国广播电视学刊，2017（4）.

［15］胡正荣，李涵舒.机制与重构：跨文化背景下中华传统文化的国际化叙事［J］.对外传播，2022（9）.

［16］宋梓怡.融合、想象与存在：主流媒体国际传播中的图像修辞与文化表达［J］.青年记者，2023（4）.

［17］陈虹，秦静.中国特色国际传播战略体系建构框架［J］.现代传播（中国传媒大学学报），2023，45（1）.

［18］王佳炜.中华文化国际传播能力建设的"转文化"创新路径［J］.青年记者，2022（18）.

［19］陈先红，秦冬雪.全球公共关系：提升中国国际传播能力的理论方法［J］.现代传播（中国传媒大学学报），2022，44（6）.

［20］王怀东.《人民日报海外版》对中国文化的传播［J］.青年记者，2017（14）.

［21］王树成.融媒时代，我们的角色和担当：人民日报海外版建设对外传播能力的探索［J］.青年记者，2016（28）.

［22］曲莹璞.联接中外、沟通世界，推动国际传播高质量发展［J］.新闻战线，2022（10）.

［23］吴沁宇，韦清琦.以整体性环境叙事构建中国绿色国际传播体

系：以《中国日报》"北向追象"报道为例 [ J ]．传媒观察，2022（1）．

[24] 胡正荣．国际传播的三个关键：全媒体·一国一策·精准化 [ J ]．对外传播，2017（8）．

[25] 左志新，孙航．走进中国日报网 走进"中国有约"：专访中国日报网总编辑韩蕾 [ J ]．传媒，2022（20）．

[26] 胡正荣，王天瑞．系统协同：中国国际传播能力建设的基础逻辑 [ J ]．新闻大学，2022（5）．

[27] 胡正荣．当代性与世界性：国际传播效能提升的重要路径 [ J ]．国际传播，2022（3）．

[28] 张毓强，潘璟玲．内外弥合：新时代中国国际传播的全球价值趋向 [ J ]．对外传播，2022（10）．

[29] 马龙，李虹．论共情在"转文化传播"中的作用机制 [ J ]．现代传播（中国传媒大学学报），2022，44（2）．

[30] 刘海明，宋婷．共情传播的量度：重大公共卫生事件报道的共振与纠偏 [ J ]．新闻界，2020（10）．

[31] 喻国明，耿晓梦．"深度媒介化"：媒介业的生态格局、价值重心与核心资源 [ J ]．新闻与传播研究，2021，28（12）．

[32] 侯东阳，高佳．媒介化理论及研究路径、适用性 [ J ]．新闻与传播研究，2018，25（5）．

[33] 喻国明．算法即媒介：如何读解这一未来传播的关键命题 [ J ]．传媒观察，2022（4）．

[34] 赵云泽，刘珍．情绪传播：概念、原理及在新闻传播学研究中的地位思考 [ J ]．编辑之友，2020（1）．

[35] 李龙飞，张国良．算法时代"信息茧房"效应生成机理与治理路径：基于信息生态理论视角 [ J ]．电子政务，2022（9）．

［36］苏涛，彭兰.虚实混融、人机互动及平台社会趋势下的人与媒介：2021年新媒体研究综述［J］.国际新闻界，2022，44（1）.

［37］彭兰.连接与反连接：互联网法则的摇摆［J］.国际新闻界，2019（2）.

［38］张毓强.小切口、巧叙事：宏大主题影视作品的国际传播可能［J］.对外传播，2019（11）.

［39］张红军.国际传播能力跨媒介提升的三重维度［J］.新闻记者，2023（1）.

［40］张萌，赵永华.新公共外交视域下国际受众成像与信息结构解析：基于"一带一路"议题的受众访谈和扎根分析［J］.宁夏社会科学，2019（5）.

［41］刘涛，刘倩欣.新文本 新语言 新生态"讲好中国故事"的数字叙事体系构建［J］.新闻与写作，2022（10）.

［42］姬德强，朱泓宇."网红外宣"：中国国际传播的创新悖论［J］.对外传播，2022（2）.

［43］陈陆军.转型 创新 探索：中新社在新形势下的国际传播新作为［J］.中国记者，2021（7）.

［44］周秉德.中新社70周年：薪火传承 共向未来［J］.传媒，2022（19）.

［45］李怀亮.浅析中国文化走出去效果评估体系的构建［J］.南开学报（哲学社会科学版），2018（3）.

［46］高钢.新闻报道中的遣词造句与段落构建［J］.新闻与写作，2019（2）.

［47］缪晓娟，左为.如何利用境外社交媒体更有成效：以新华社在Twitter上的探索为例［J］.对外传播，2015（3）.

［48］唐润华，刘滢.媒体国际传播能力评估体系的核心指标［J］.对外传播，2011（11）.

［49］周蔚华，杨石华.中国出版对外交流与国际合作40年［J］.中国出版，2018（20）.

［50］刘燕南，刘双.国际传播效果评估指标体系建构：框架、方法与问题［J］.现代传播（中国传媒大学学报），2018，40（8）.

［51］寇佳婵，董关鹏.跨文化传播中的信息消费满足：一个消费文化的分析框架［J］.新闻爱好者，2020（8）.

［52］姜飞.与时俱进，守正创新：中国国际传播能力建设规划急需升级版［J］.国际传播，2020（1）.

［53］张毓强，黄珊.中国：何以"故事"以及如何"故事"——关于新时代的中国与中国故事的对话［J］.对外传播，2019（3）.

［54］万安伦，刘浩冰.新中国70年出版"走出去"的路径、特征及前景［J］.出版发行研究，2019（12）.